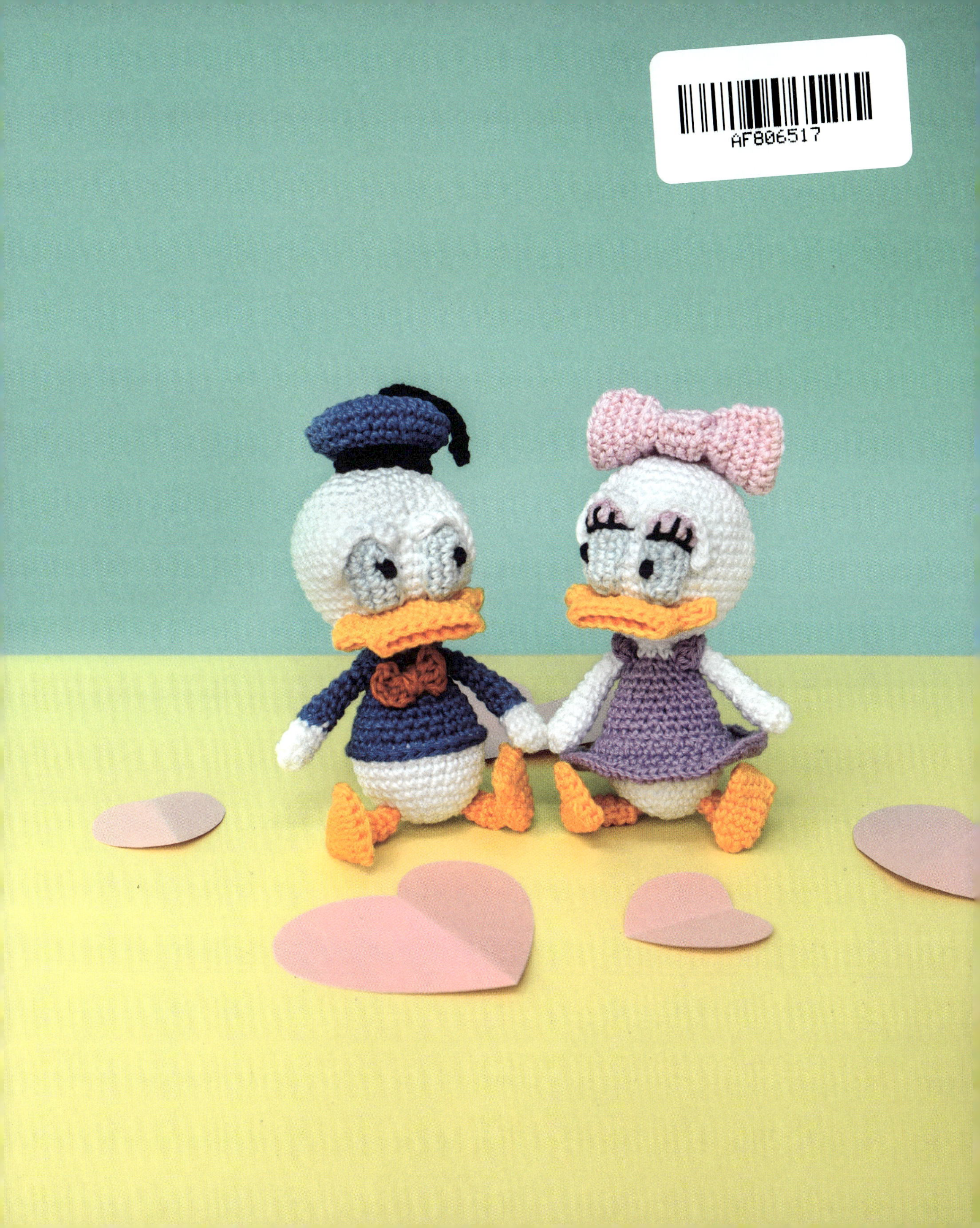

HELDEN DER KINDHEIT

DAS HÄKELBUCH

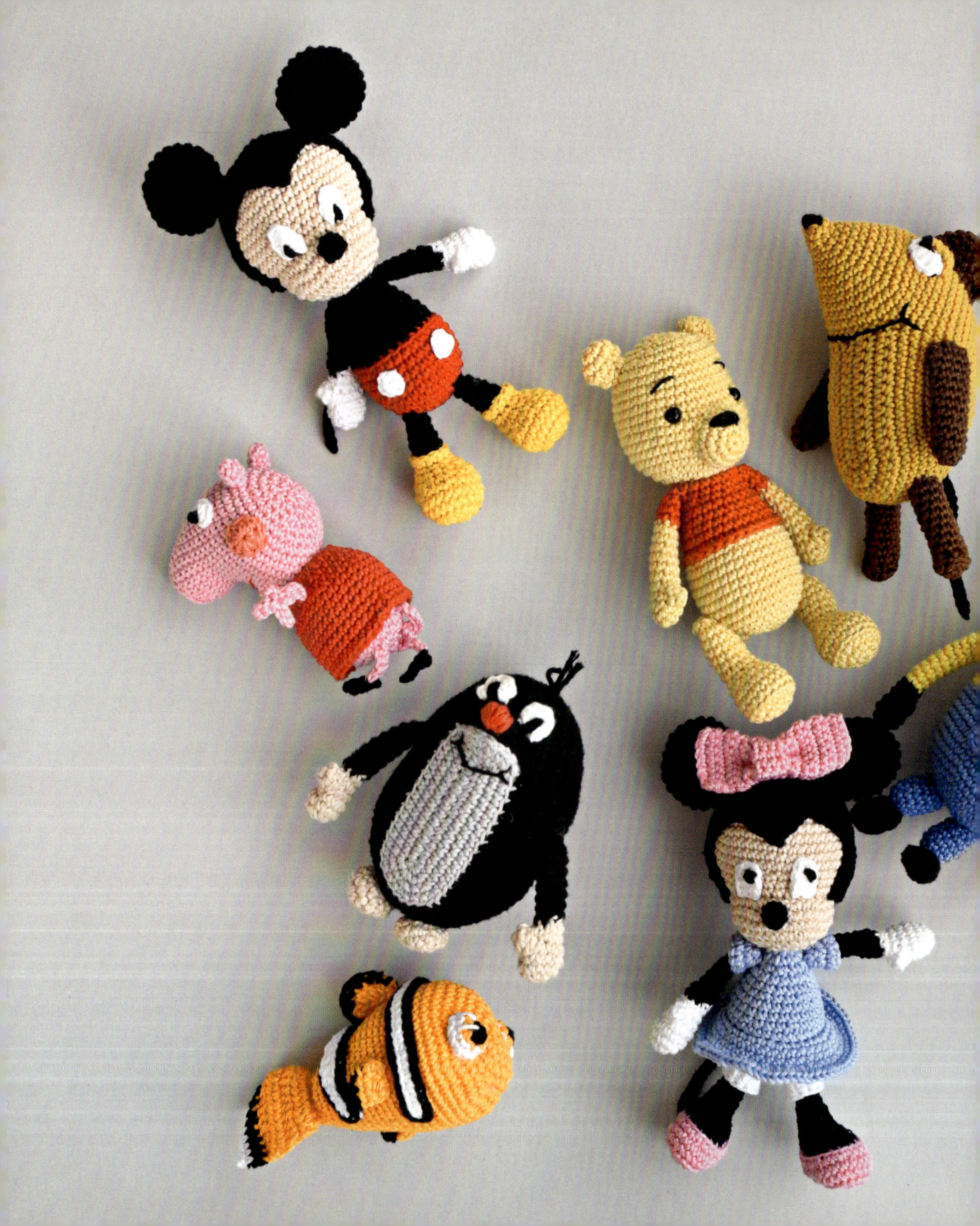

SOPHIE KIRSCHBAUM

HELDEN DER KINDHEIT

DAS HÄKELBUCH

TRICKFIGUREN, KULTHELDEN
UND MEHR AMIGURUMIS HÄKELN

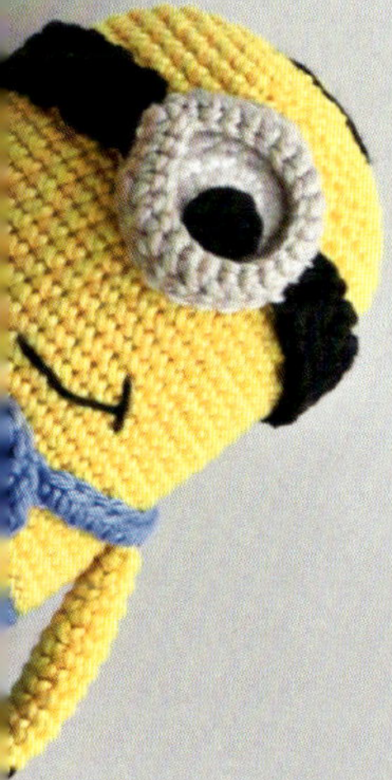

EMF

EIN BUCH DER
EDITION MICHAEL FISCHER

INHALT

GRUNDLAGEN

PROJEKTE

HELDEN VON HEUTE

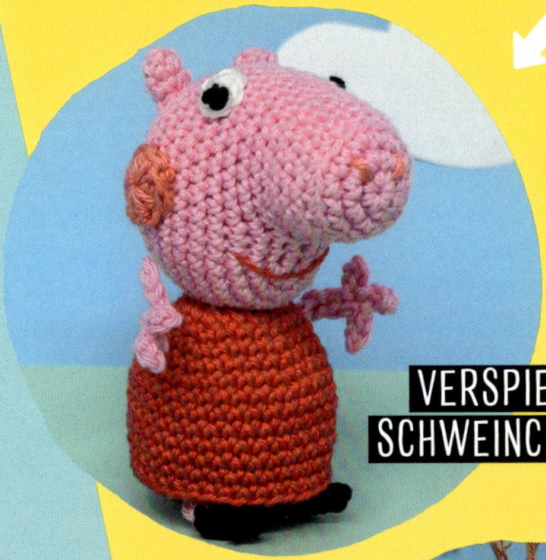

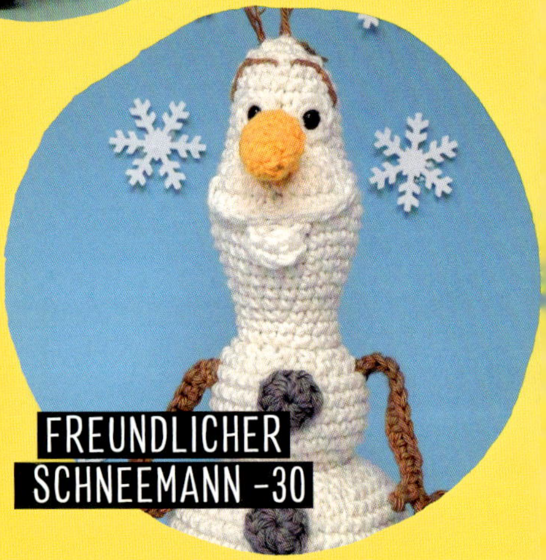

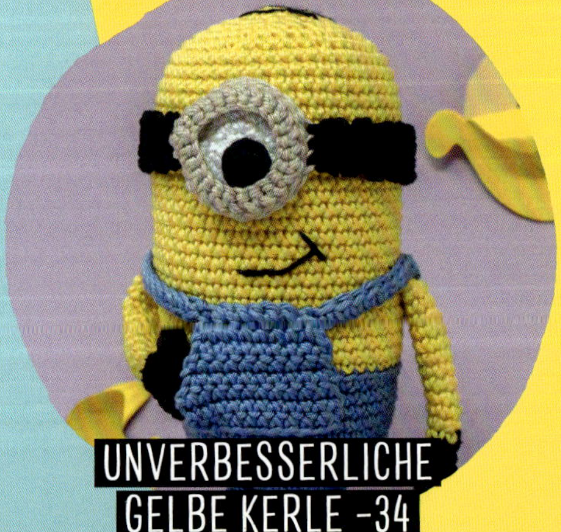

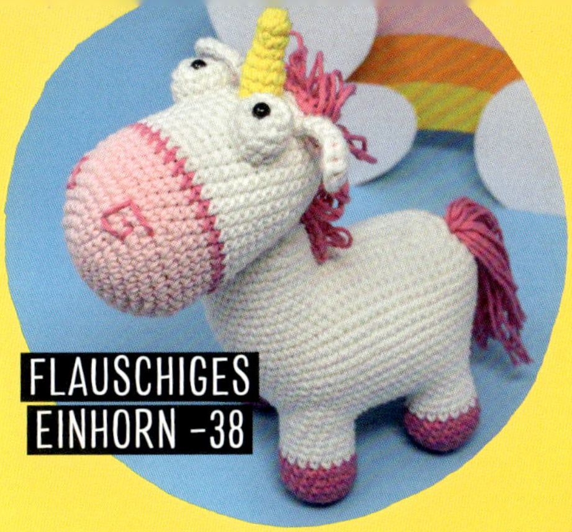

HELDEN
DER 80ER
& 90ER

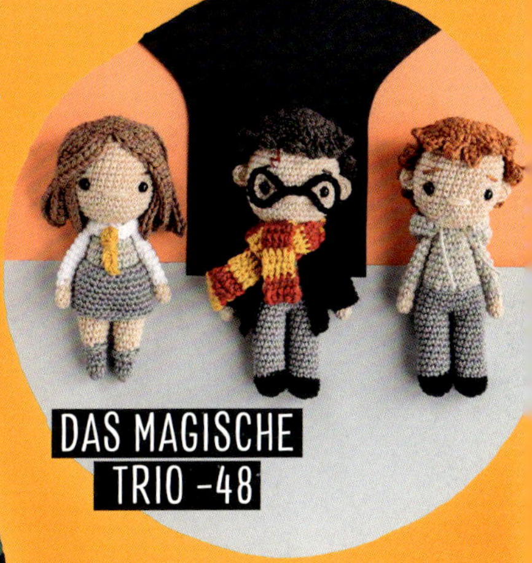

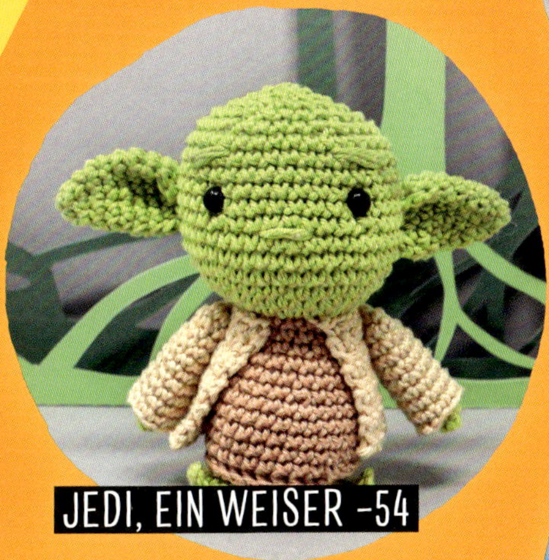

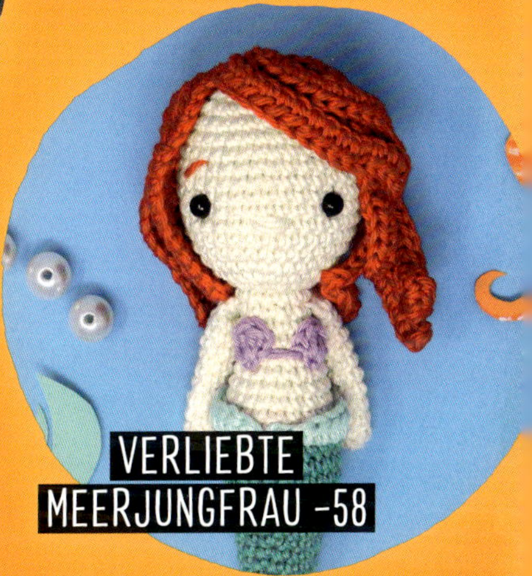

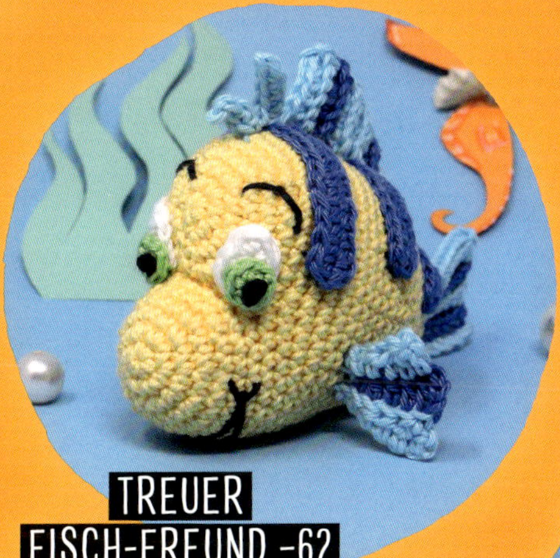

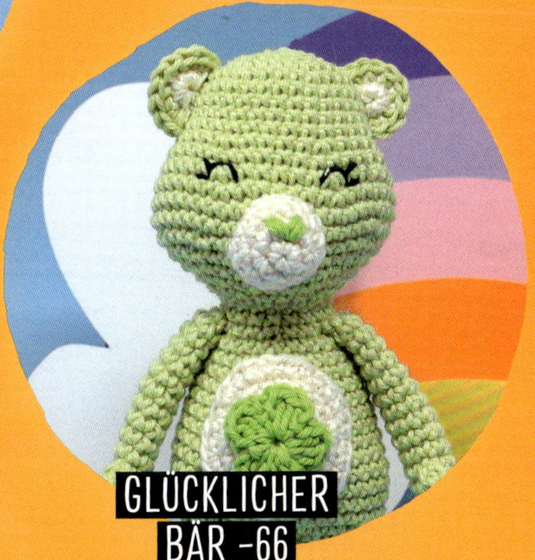

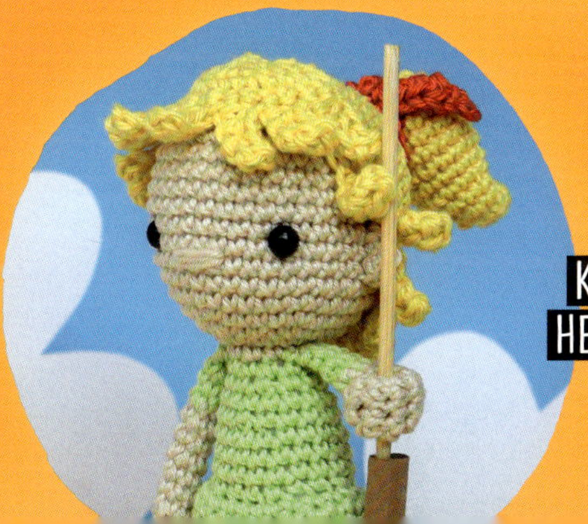

HELDEN FÜR IMMER

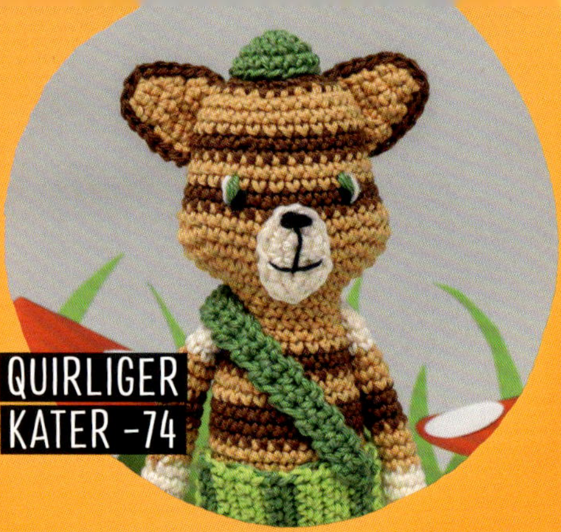

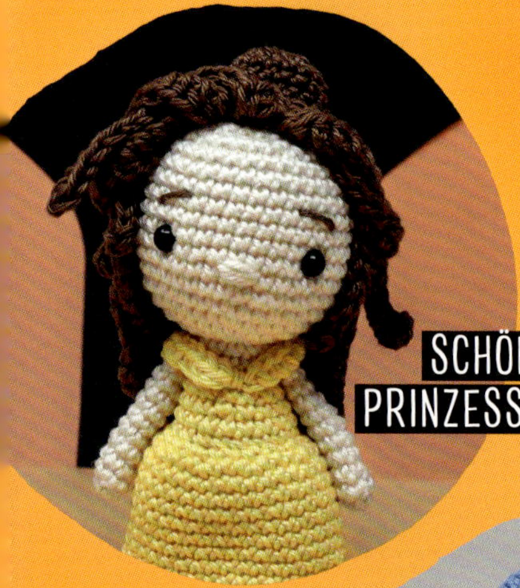

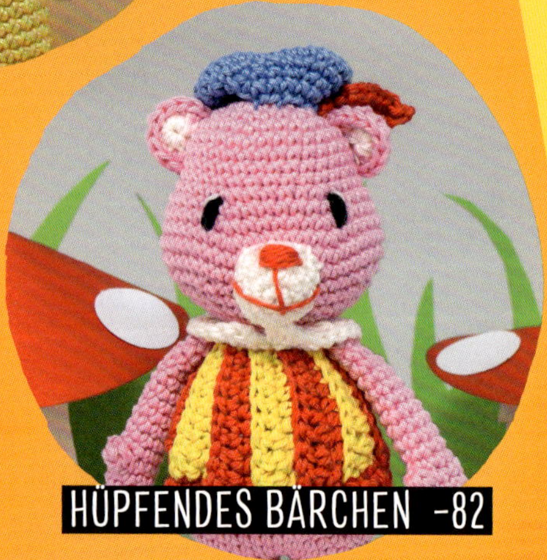

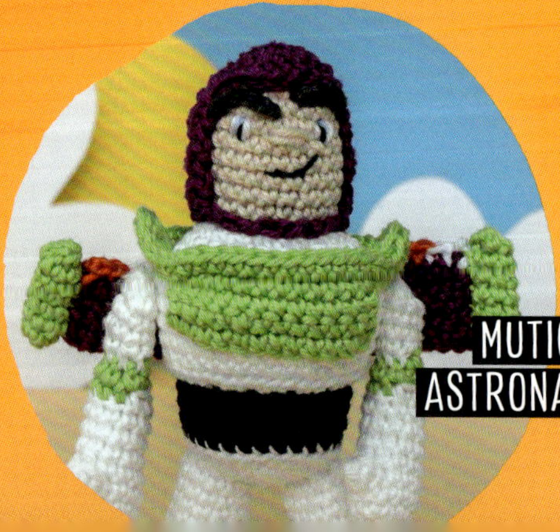

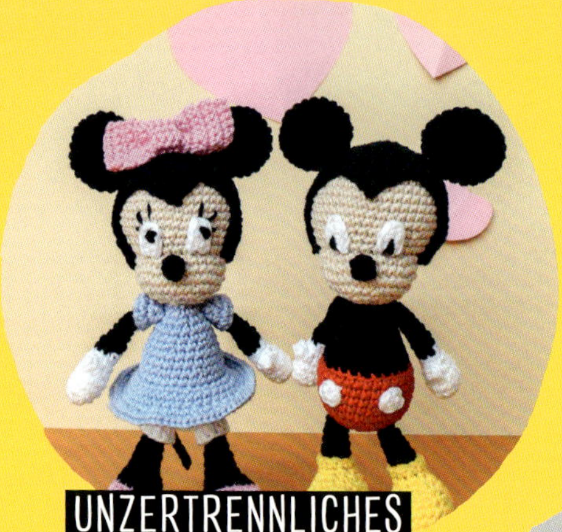

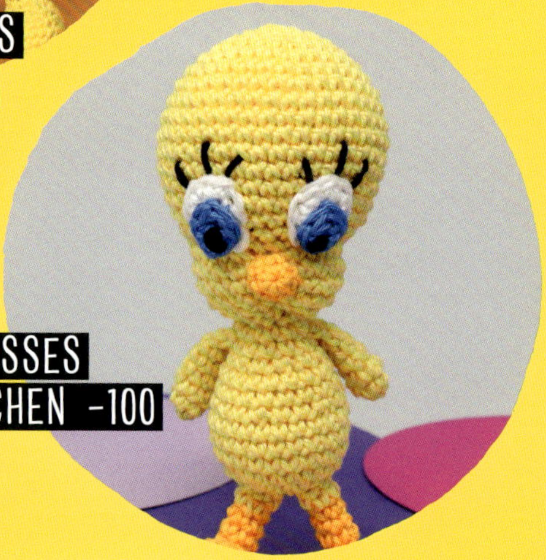

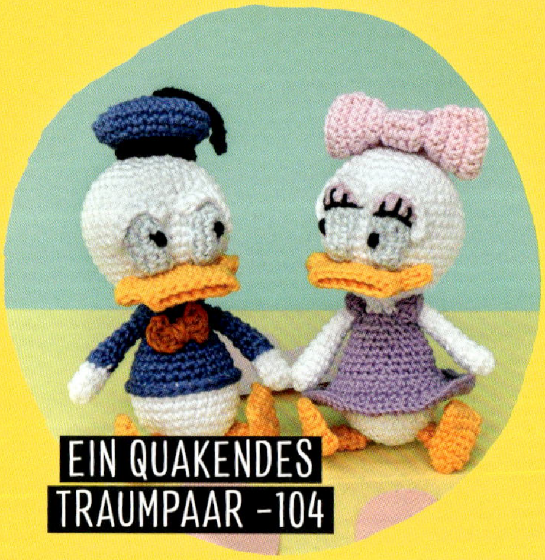

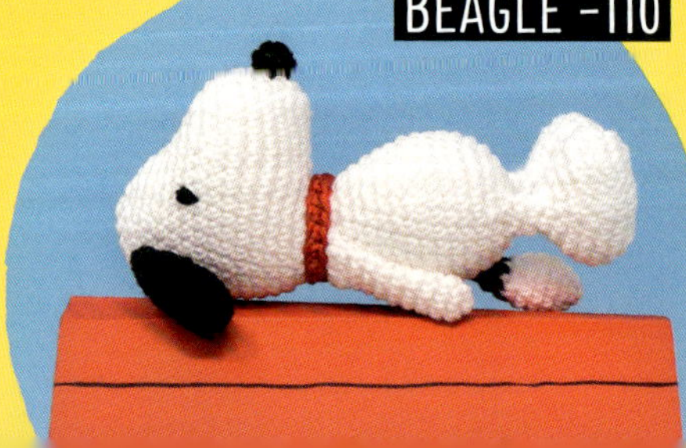

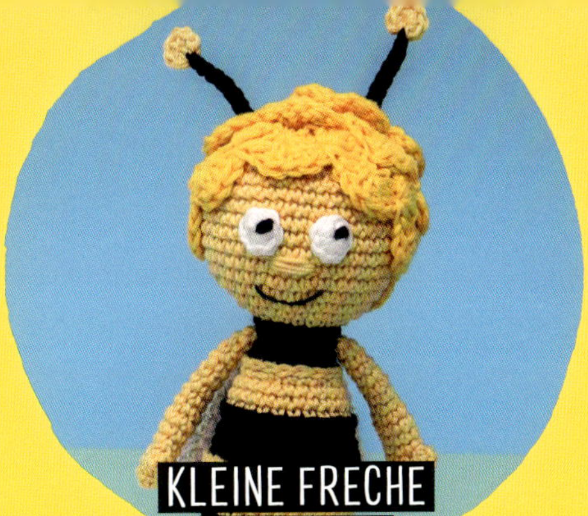

KLEINE FRECHE BIENE -118

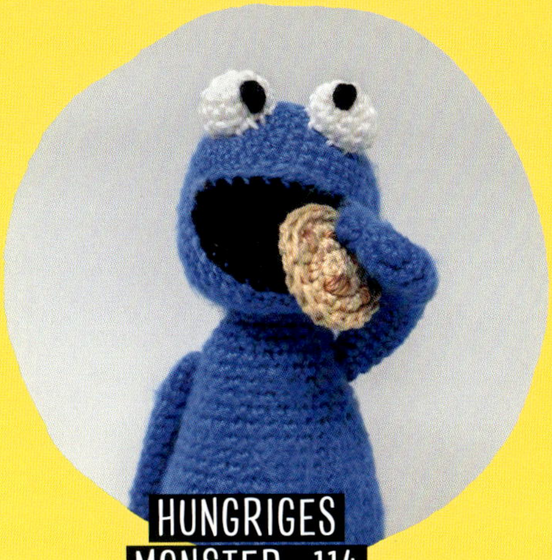

HUNGRIGES MONSTER -114

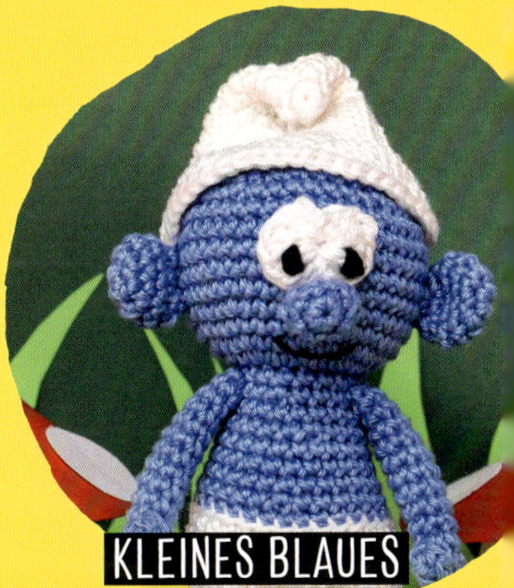

KLEINES BLAUES WESEN -130

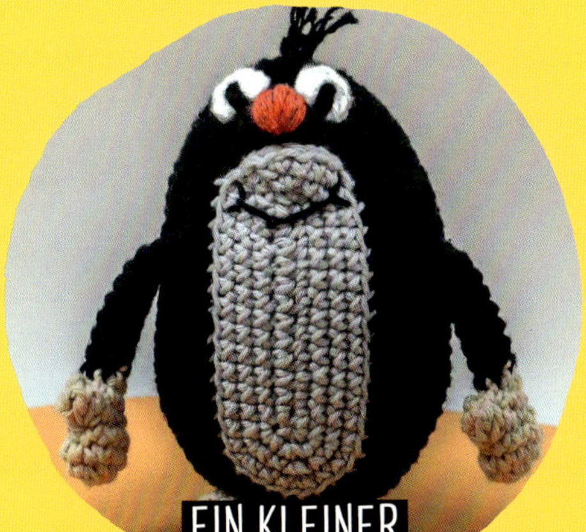

EIN KLEINER MAULWURF -126

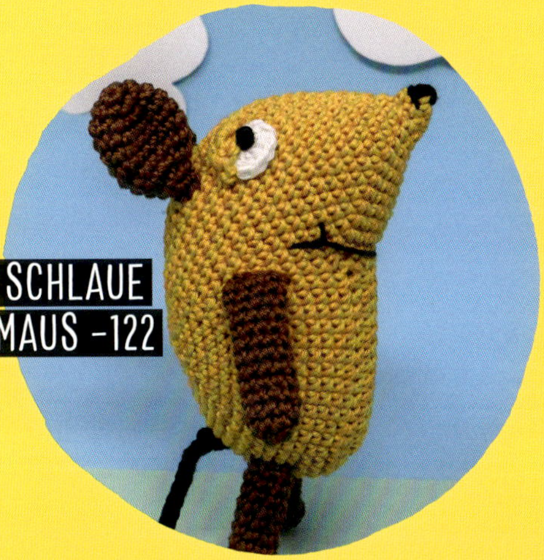

SCHLAUE MAUS -122

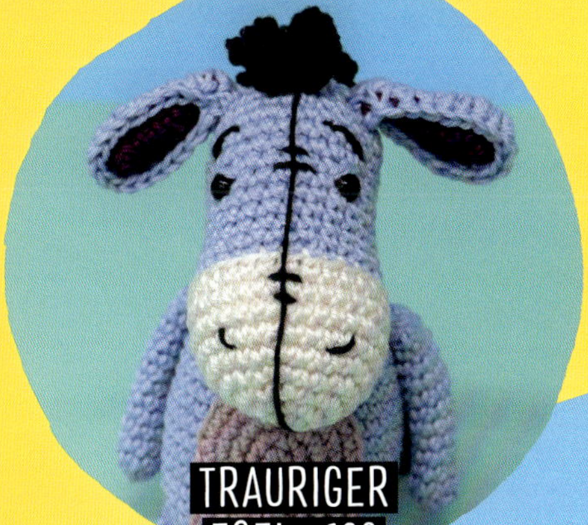

TRAURIGER ESEL -138

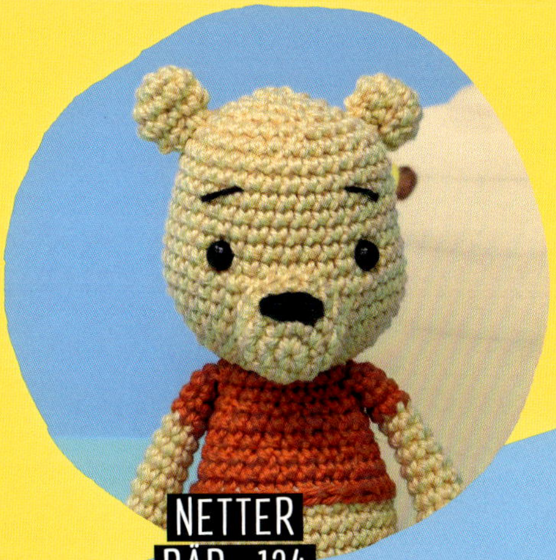

NETTER BÄR -134

»UND, WEN HÄKELST DU ALS ERSTES?«

VORWORT

Wer liebt sie nicht, die Helden der eigenen Kindheit? Ich erinnere mich gerne an meine Kindheit zurück. Gerade die Filme sind auch heute noch bei mir beliebt. Nun sehe ich meinen eigenen Kindern dabei zu, wie sie ihre persönlichen Helden entdecken und lieben lernen. Mit diesem Buch wurde eine Sammlung vieler Figuren von heute und damals erstellt, sodass möglichst Alt und Jung daran Freude haben werden. Egal, ob für den anstehenden Kindergeburtstag, die Motto-Party im Freundeskreis oder zum Schwelgen in nostalgischen Erinnerungen: Die Figuren eignen sich für jeden Anlass und zaubern auf jedes Gesicht ein Lächeln!

Im Buch sind viele Figuren enthalten, aber natürlich nicht jede. Du kannst aber bei geschickter Farbwahl und Kombination aus der Prinzessin im goldenen Ballkleid (siehe Seite 78) auch einfach deine Wunsch-Prinzessin gestalten. Sie soll kein Ballkleid tragen? Dann geh für den Körper einfach nach der Anleitung der kleinen Hexe vor (siehe Seite 70) oder verpasse ihr ein zweiteiliges Outfit. Und der Zauberlehrling (siehe Seite 48) verwandelt sich ganz schnell in seinen rothaarigen Freund. Es gibt Raum für fantasievolle Möglichkeiten!

Viel Spaß beim Häkeln wünscht

Eure Sophie

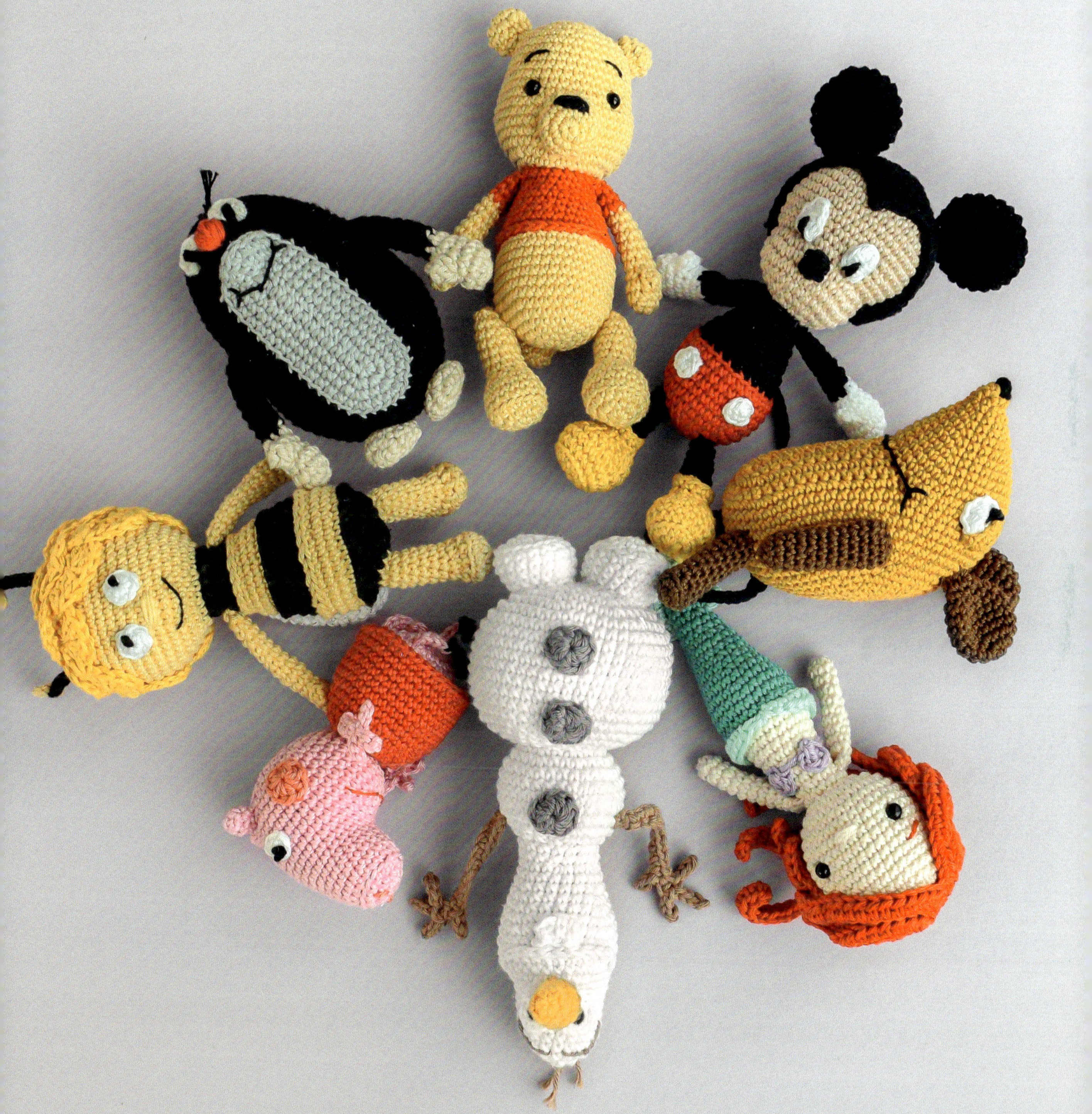

GRUNDLAGEN

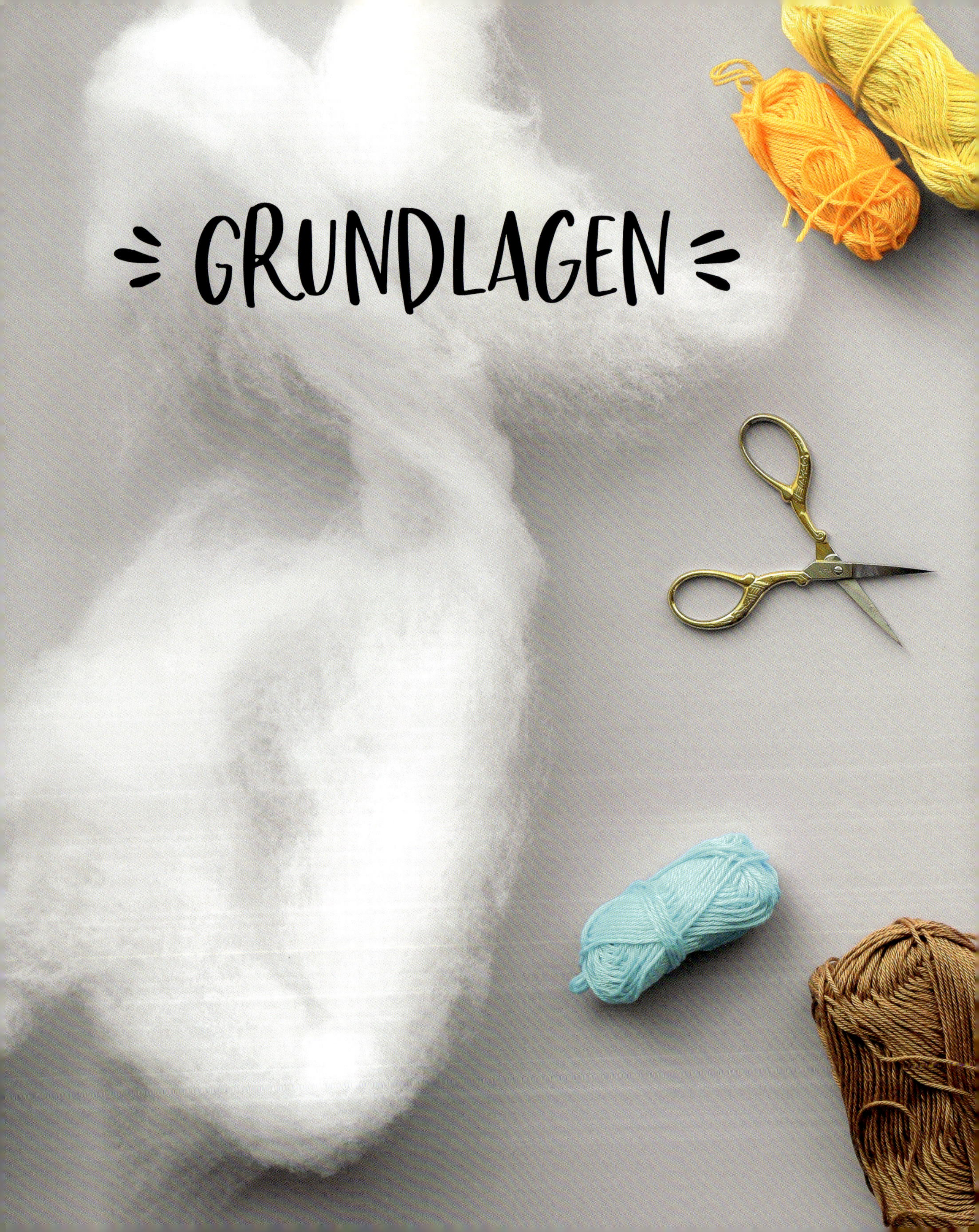

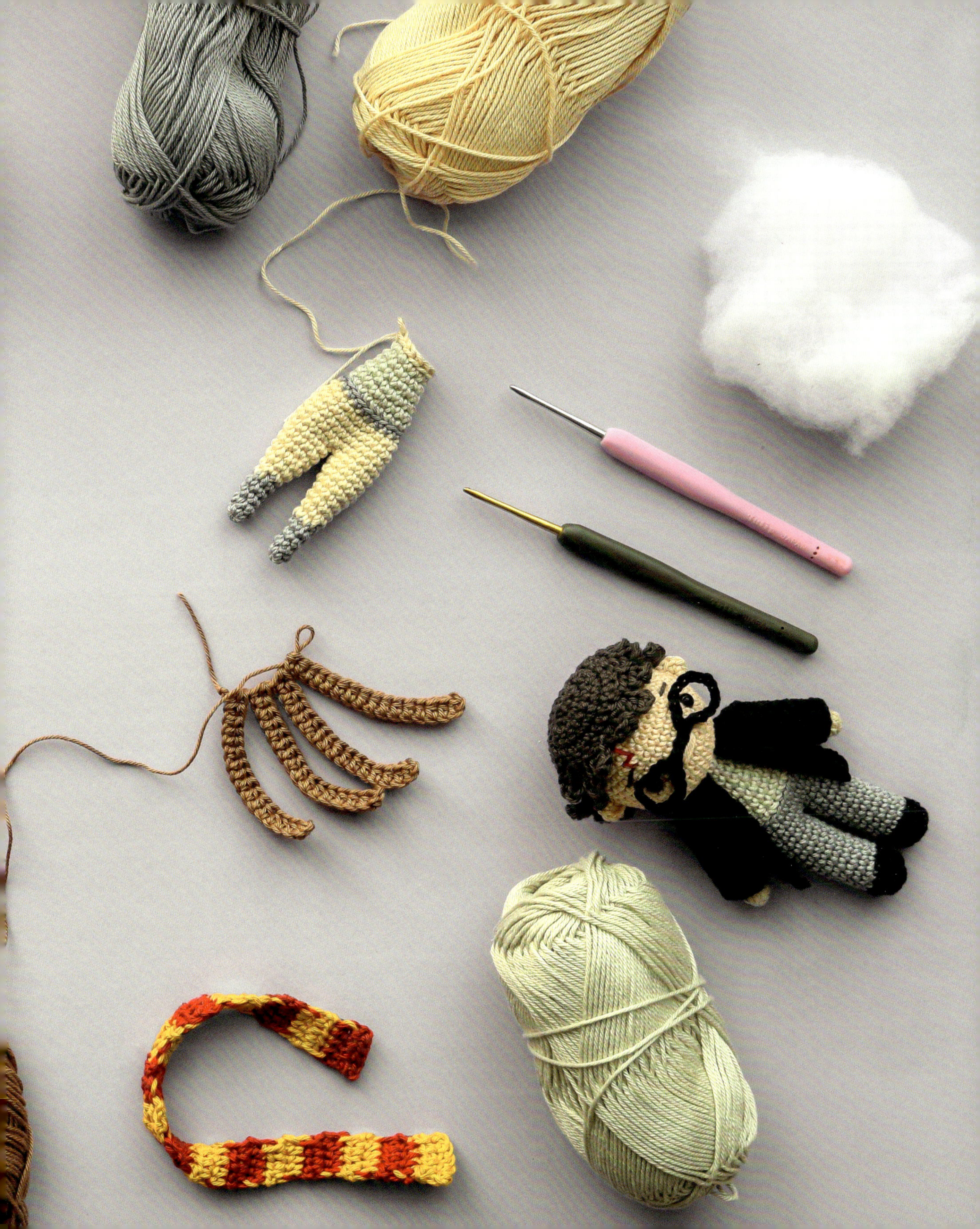

GRUNDMASCHEN UND -TECHNIKEN

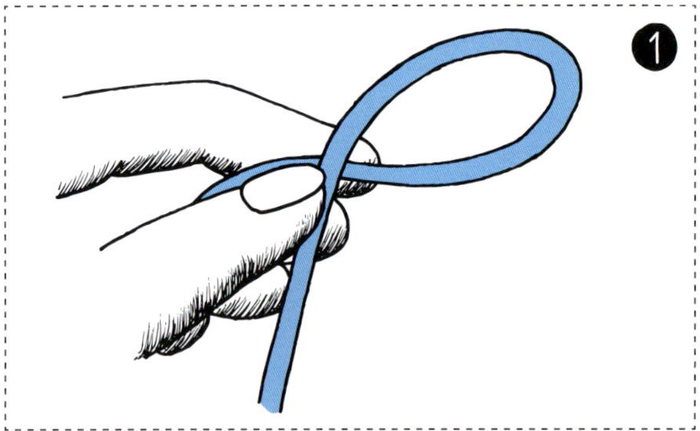

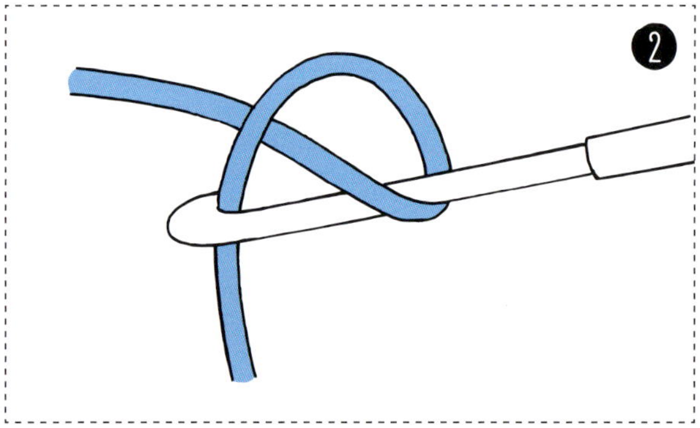

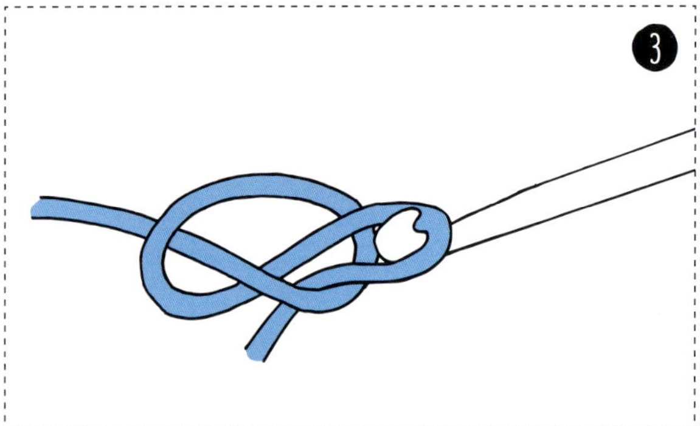

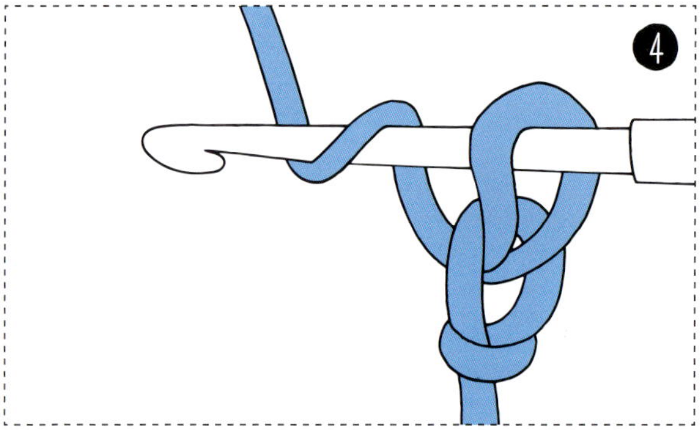

LUFTMASCHEN ANSCHLAGEN

Lege den Faden zu einer Schlinge und fixiere ihn mithilfe deines Daumens und Zeigefingers. Der Arbeitsfaden befindet sich unten ☛ siehe Bild 1. Stich nun mit der Nadel durch die Schlaufe und hole den Faden durch die Öffnung ☛ siehe Bild 2. Ziehe die so entstandene Schlaufe leicht fest, indem du an beiden Fäden, dem Fadenende und dem Arbeitsfaden, ziehst. So entsteht die Anfangsschlinge, in die du nun weitere Luftmaschen häkeln kannst ☛ siehe Bild 3.

Um weitere Luftmaschen anzuschlagen, die Anfangsschlinge gut festhalten, mit der Nadel durch die Schlinge stechen, den Faden holen und wieder durch die Schlinge ziehen ☛ siehe Bild 4. So oft wie nötig wiederholen.

WENDELUFTMASCHE

Am Ende einer Reihe häkelst du eine Luftmasche, eine sogenannte Wendeluftmasche, und wendest die Arbeit.

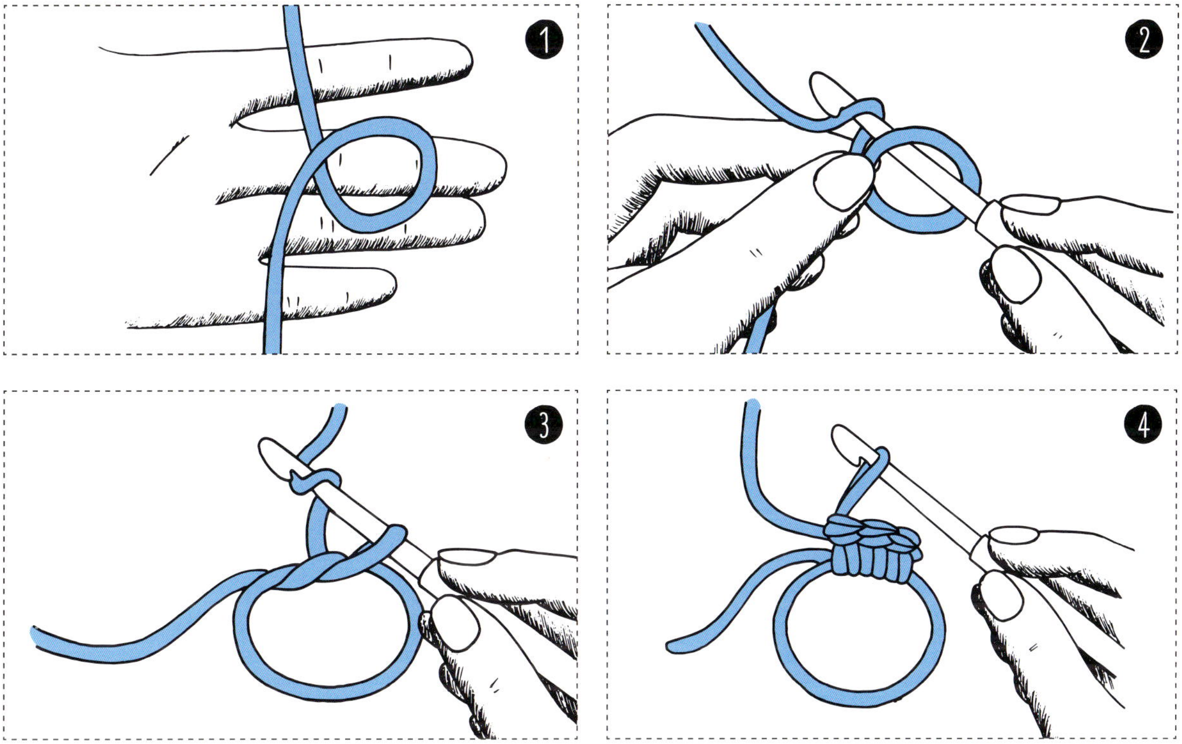

FADENRING

Bilde mit dem Garn eine Schlaufe, wobei das Ende des Fadens nach unten zeigt. Lege den Rest des Garns nach hinten über den Zeigefinger ☛ siehe Bild 1. Halte die Schlaufe mit dem Daumen und dem Zeigefinger fest, führe die Nadel durch die Schlaufe, hole den Faden und ziehe diesen durch die Schlaufe ☛ siehe Bild 2.

Hole den Arbeitsfaden erneut und ziehe ihn durch die Schlinge. So wird der Ring fixiert ☛ siehe Bild 3. Ab jetzt können die Maschen wie gewohnt gehäkelt werden. Stich dabei immer um den Ring herum, nicht in die Schlaufen des Rings hinein. Sind alle Maschen gehäkelt, kann der Ring durch Ziehen am Fadenende zusammengezogen werden ☛ siehe Bild 4.

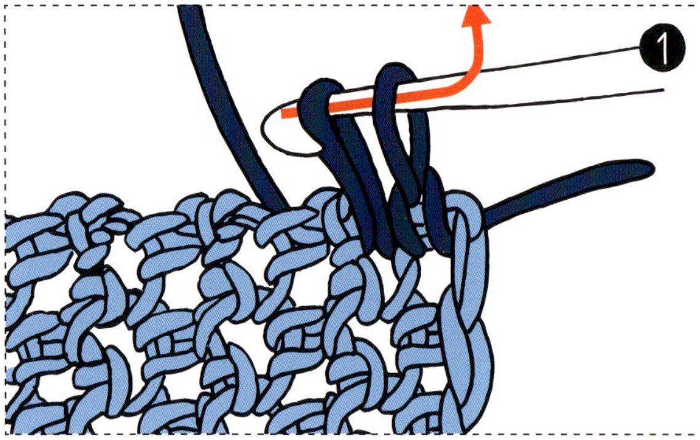

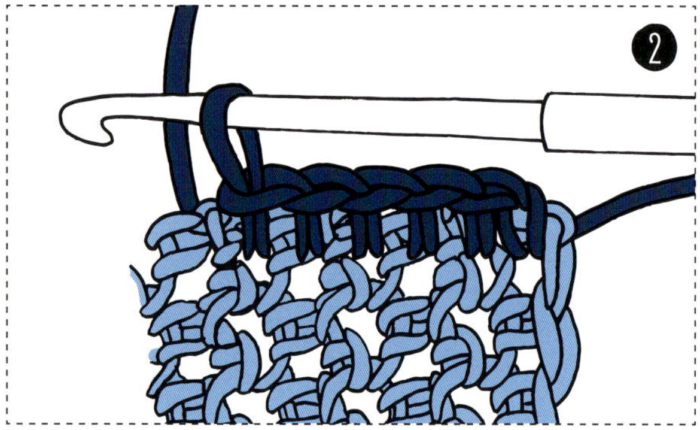

KETTMASCHE

Kettmaschen sind sehr vielfältig. Sie werden nicht nur verwendet, um Kanten zu verzieren, mit ihnen schließt man auch Runden. Um eine Kante zu verzieren, schlinge den Faden an einer Kante des Häkelstücks an. Stich unterhalb der Wendeluftmasche in die folgende Reihe ein, hole den Faden zur Schlinge und ziehe ihn durch die Schlaufe ☛ siehe Bild 1. So sieht eine mit Kettmaschen verzierte Abschlusskante aus ☛ siehe Bild 2.

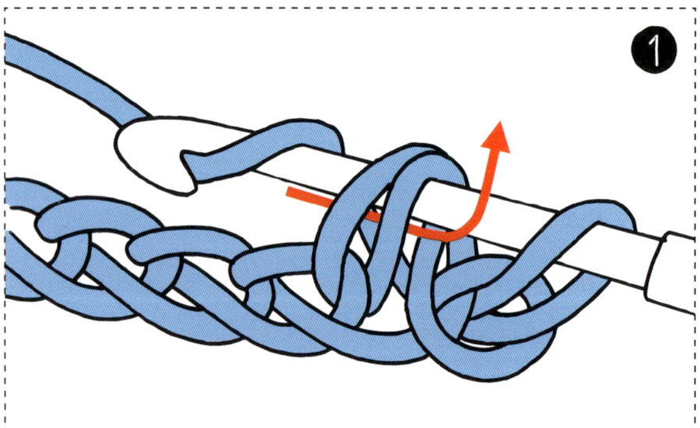

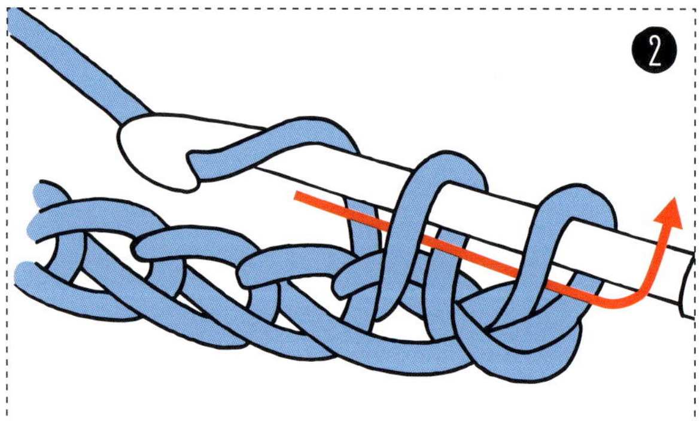

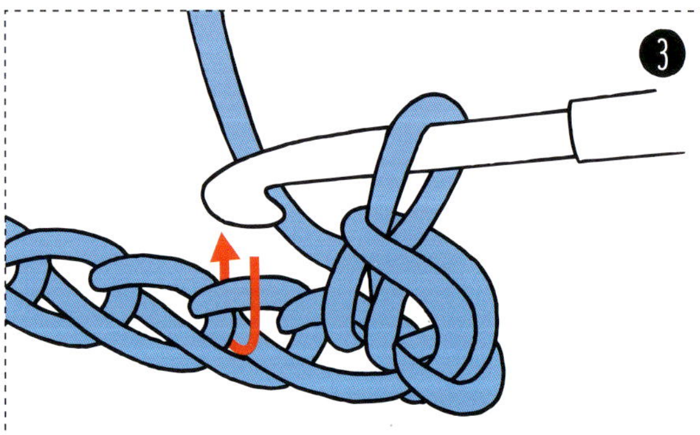

FESTE MASCHE

Stich mit der Nadel durch die folgende Masche und hole den Faden. Es befinden sich nun zwei Schlingen auf der Nadel ☛ siehe Bild 1. Hole den Arbeitsfaden erneut und ziehe ihn durch beide Schlingen auf der Nadel. Nun ist die erste feste Masche entstanden ☛ siehe Bild 2. In die nächste Einstichstelle stechen und den Vorgang wiederholen ☛ siehe Bild 3.

STEHENDE FESTE MASCHE

Lege eine Anfangsschlinge mit einem neuen Faden auf die Häkelnadel. Stich in die gewünschte Masche der letzten Runde des Häkelteils ein und häkle wie gewohnt eine feste Masche. Diese stehende Anfangsmasche ist deine 1. feste Masche der neuen Runde. Häkle nun rundherum in die letzte Runde des Häkelteils. Die Runde nicht mit einer Kettmasche schließen, sondern gemäß Anleitung in Spiralrunden weiterhäkeln.

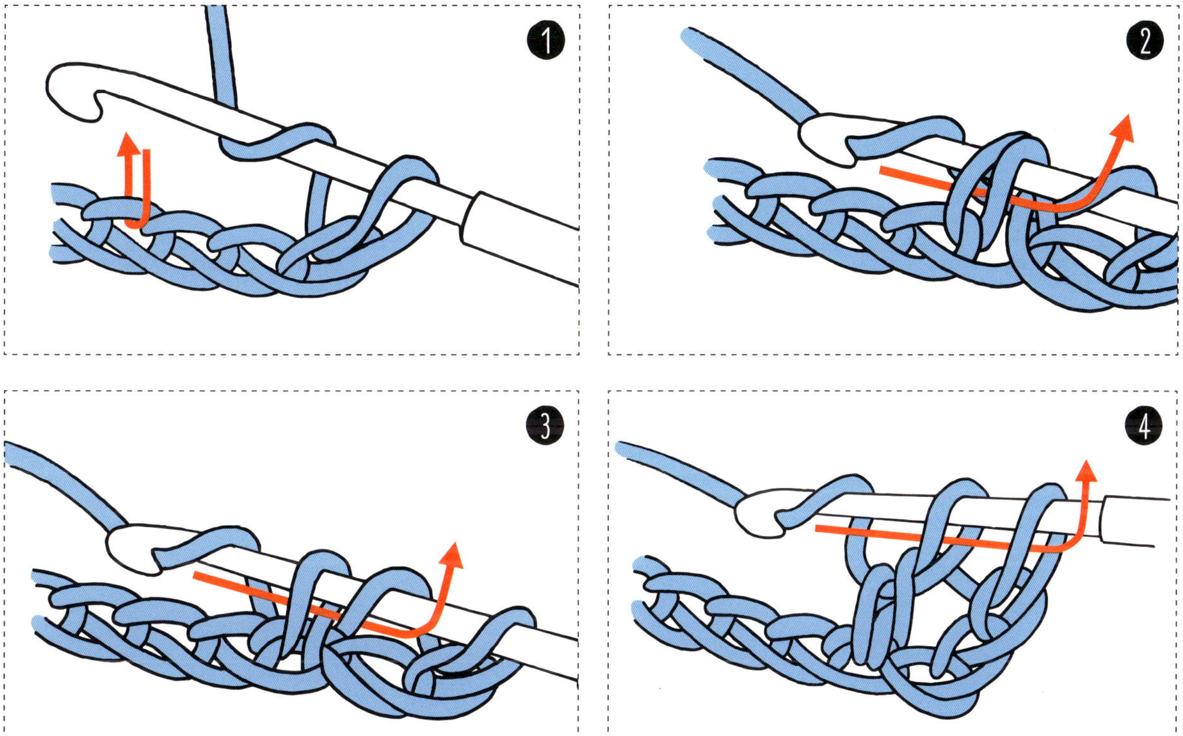

STÄBCHEN

Lege den Faden einmal um die Nadel (Umschlag). Stich dann in die folgende Masche ein ☛ siehe Bild 1 und hole den Faden. Es befinden sich nun drei Schlingen auf der Nadel ☛ siehe Bild 2. Hole den Faden erneut und ziehe ihn durch die ersten beiden Schlingen auf der Nadel. Es liegen nun noch zwei Schlingen auf der Nadel ☛ siehe Bild 3. Den Faden noch einmal holen und durch die letzten beiden Schlingen ziehen ☛ siehe Bild 4. Nun ist das erste Stäbchen entstanden.

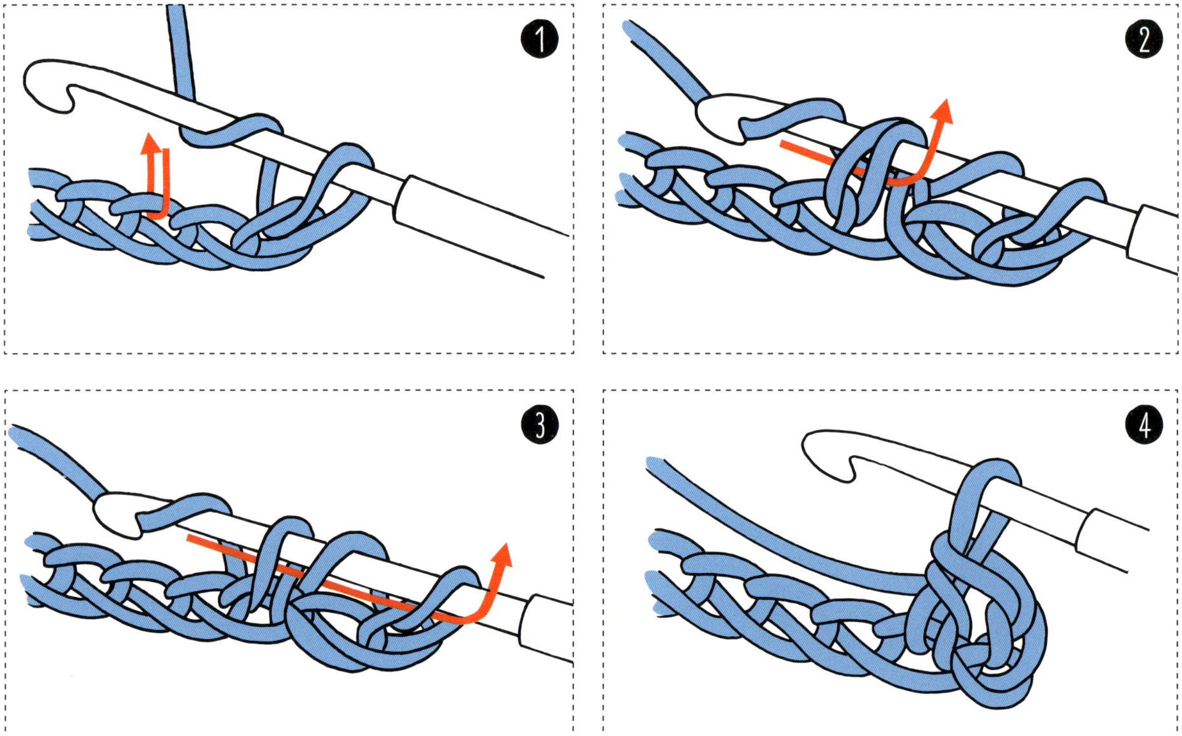

HALBES STÄBCHEN

Lege den Faden einmal um die Nadel (Umschlag). Stich dann in die folgende Masche ein ☛ siehe Bild 1 und hole den Faden. Es befinden sich dann drei Schlingen auf der Nadel ☛ siehe Bild 2. Hole den Faden erneut und ziehe ihn durch alle drei auf der Nadel befindlichen Schlingen ☛ siehe Bild 3. So sieht das fertige halbe Stäbchen aus ☛ siehe Bild 4.

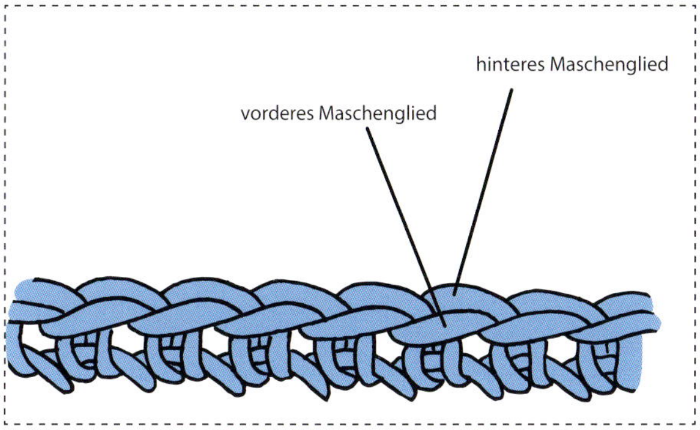

MASCHENGLIEDER

Bei manchen Anleitungen wird angegeben, dass man nur in ein Maschenglied häkeln soll. Diese Illustration verdeutlicht, wo sich das vordere bzw. das hintere Maschenglied befindet.

IN REIHEN HÄKELN

Beim Häkeln in Reihen wird das Häkelstück am Reihenende gewendet. Vor dem Wenden häkelst du noch eine entsprechende Anzahl an Luftmaschen. Bei festen Maschen ist dies 1 Wendeluftmasche; bei halben Stäbchen sind es 2 Luftmaschen und bei ganzen Stäbchen 3 Luftmaschen, um auf die entsprechende Höhe zu kommen.

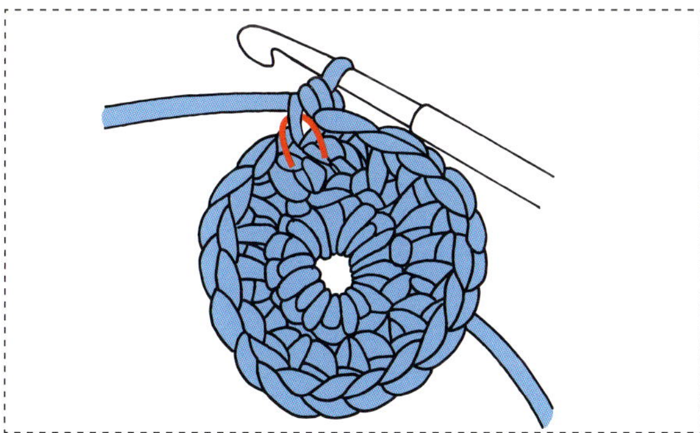

IN SPIRALRUNDEN HÄKELN

Wird in Spiralrunden gehäkelt, so wird am Ende der Runde keine Kettmasche und am Anfang der Runde keine Luftmasche gehäkelt. Die Runde läuft also einfach schneckenförmig weiter. Du kannst dir den Anfang der Runde mit einem Faden, einem Maschenmarkierer oder einer Sicherheitsnadel markieren. Das erleichtert das Zählen der Maschen.

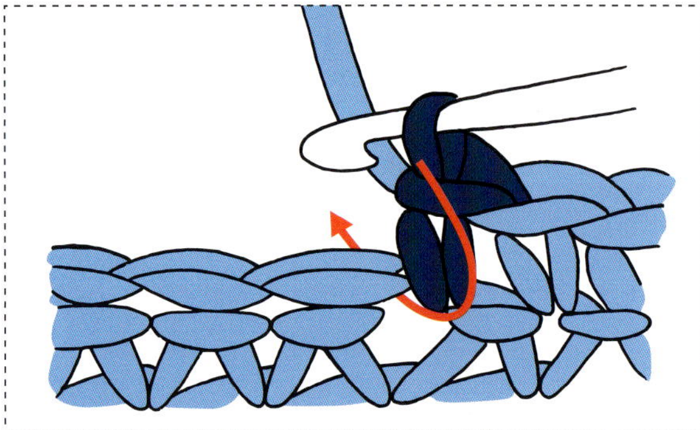

MASCHEN ZUNEHMEN/VERDOPPELN

Um Maschen jeglicher Art zuzunehmen, wird einfach in eine Einstichstelle zweimal eingestochen. Die Masche dann wie gewohnt häkeln.

1 Masche zunehmen (Abk.: 1 M zun) = 1 Masche verdoppeln, also 2 Maschen in dieselbe Einstichstelle häkeln.

FESTE MASCHEN ZUSAMMEN ABMASCHEN

Um Maschen abzunehmen, werden diese zusammen abgemascht. Bei festen Maschen wie folgt vorgehen: Die Nadel wie beim Häkeln einer festen Masche durch die folgende Masche ziehen und den Faden holen, diese feste Masche jedoch nicht beenden. Nun in die folgende Masche einstechen und erneut den Faden holen. Es liegen drei Schlingen auf der Nadel. Den Faden erneut holen und durch alle drei Schlingen ziehen. Die Maschenzahl hat sich somit um eine feste Masche verringert.

1 Masche abnehmen (Abk.: 1 M abn) = 2 Maschen zusammen abmaschen, also 2 Maschen zusammenhäkeln, sodass nur ein Abmaschglied bleibt.

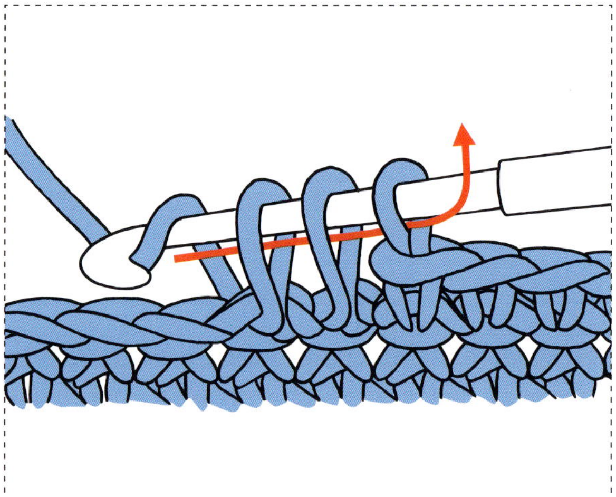

UNSICHTBARE ABNAHME

Diese Abnahmetechnik empfiehlt sich nur beim Arbeiten in (Spiral-)Runden. Mit der Nadel nur in das vordere Maschenglied der folgenden Masche einstechen. Anschließend direkt in das nächste vordere Maschenglied einstechen. Du hast nun drei Schlingen auf der Nadel. Den Faden holen und durch die ersten beiden Schlingen (= die vorderen Maschenglieder) auf der Nadel ziehen. Abschließend den Faden erneut holen und durch die letzten zwei Schlingen auf der Nadel ziehen.

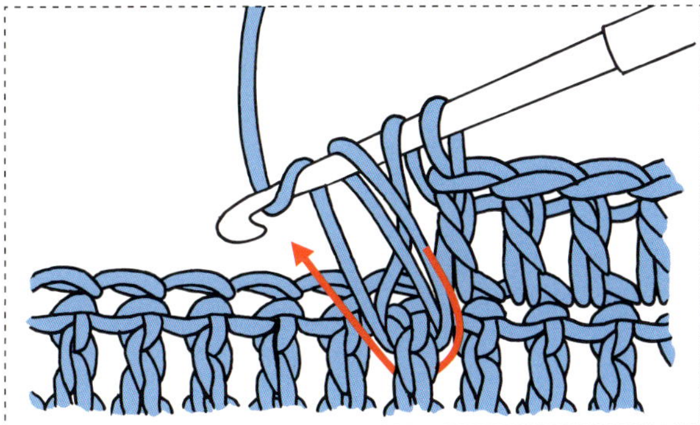

RELIEFSTÄBCHEN VON VORN EINGESTOCHEN

Hier wird ein Reliefstäbchen von vorne gezeigt. Arbeite die Umschläge wie gewohnt für ein Stäbchen und stich dann statt in beide Maschenglieder von vorne nach hinten um den Maschenkörper der Vorreihe herum. Hol den Faden und masche das Stäbchen wie gewohnt ab.

RELIEFMASCHE AUS FESTEN MASCHEN VON VORN EINGESTOCHEN

Verfahre dafür wie beim von vorne eingestochenen Reliefstäbchen, aber arbeite eine feste Masche.

NOPPEN

a) Häkle 1 Stäbchen bis vor das Abmaschen: 1 Umschlag, in die nächste Masche der Vorreihe/Vorrunde einstechen, den Faden holen, den Faden erneut holen und durch die ersten beiden Schlingen auf der Nadel ziehen. Nun liegen noch 2 Schlingen auf der Nadel.

b) In dieselbe Masche der Vorreihe/Vorrunde noch so viele weitere Stäbchen bis vors Abmaschen häkeln, wie in der Anleitung angegeben.

c) Dann holst du den Faden erneut und ziehst ihn durch alle Schlingen auf der Nadel (alle Stäbchen gemeinsam abmaschen).

BÜSCHELMASCHEN

a) Lege den Faden einmal um die Nadel (Umschlag). Stich dann in die folgende Masche ein und hole den Faden. Den Faden lang ziehen, bis er auf derselben Höhe wie die übrigen Maschen der Reihe/Runde ist.

b) Lege den Faden noch einmal um die Nadel (Umschlag) und stich in dieselbe Masche wie zuvor ein. Den Faden holen und lang ziehen.

c) Diesen Vorgang wiederholst du noch 2x (oder so oft, wie in der Anleitung angegeben wird; es gibt Büschelmaschen aus 2, 3, 4 oder 5 Schlingen).

d) Dann holst du den Faden über der Arbeit und ziehst ihn durch alle Schlingen auf der Nadel.

e) Schließe die Büschelmasche mit einer Luftmasche ab.

POPCORNMASCHEN

Hier werden mehere Stäbchen in eine Einstichstelle gehäkelt und jeweils komplett abgemascht.

a) Häkle die gewünschte Zahl an Stäbchen in die gleiche Einstichstelle, dabei jedes Stäbchen vollständig abmaschen.

b) Ziehe nun die Arbeitsschlinge auf der Nadel ein wenig größer und nimm die Häkelnadel aus der Schlinge.

c) Stich nun in das 1. der gehäkelten Stäbchen ein, nimm die Arbeitsschlinge wieder auf die Nadel, ziehe sie fest und hole nun den Faden durch alle Schlingen auf der Häkelnadel.

SCHLINGMASCHEN

Schlingmaschen werden ähnlich wie fM gehäkelt. Für die Schlingmasche stichst du mit der Nadel durch die folgende M, legst den Arbeitsfaden zu einer Schlaufe und holst den Faden durch. Der Arbeitsfaden liegt also als lockere Schlaufe an der Rückseite des Häkelstückes. Es befinden sich nun 2 Schlingen auf der Nadel. Hole den Arbeitsfaden erneut wie bei einer fM und ziehe ihn durch beide Schlingen gleichzeitig. Somit ist die Schlingmasche fixiert.

RUNDE UNSICHTBAR VERSCHLIESSEN

Ist die letzte Runde gehäkelt, den Faden lang abschneiden, durch die letzte Schlinge ziehen und mit einer Vernähnadel und dem Restfaden in die vorderen Maschenglieder der letzten Runde weben. Den Faden fest anziehen und so die Öffnung schließen. Das Fadenende vernähen.

KLEINES PICOT

2 Luftmaschen häkeln, dann in die 1. Luftmasche der Kette eine feste Masche häkeln.

FARBWECHSEL

Soll eine Runde mit einer anderen Farbe oder einem neuen Faden gehäkelt werden, wird bereits beim Häkeln der letzten Masche der aktuellen Runde der neue Faden beim letzten Mal Fadenholen verwendet. So erscheint der Farbwechsel sauber und stufenlos.

SCHWIERIGKEITSGRADE

Die Schwierigkeitsgrade geben an, wie schwer oder aufwendig ein Projekt ist. Vor allem für Häkelanfänger sehr hilfreich.

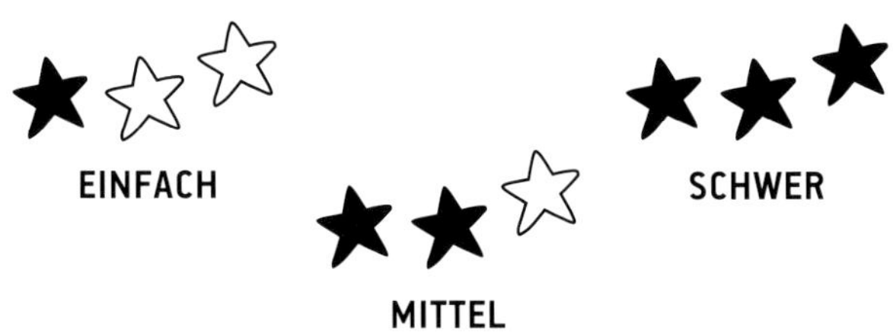

STICKSTICHE

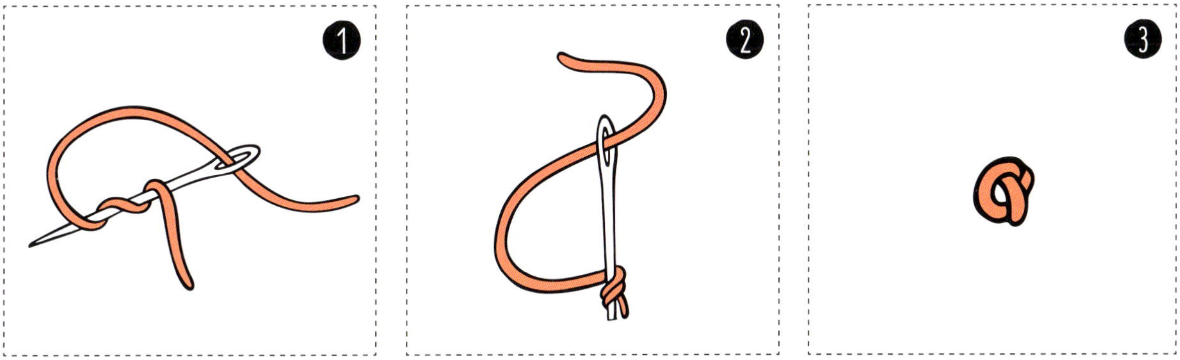

KNÖTCHENSTICH

Den Faden mehrmals um die Nadel wickeln ☛ siehe Bild 1. Dann in die Einstichstelle einstechen und den Faden fixieren ☛ siehe Bild 2. So sieht der fertige Knötchenstich aus ☛ siehe Bild 3.

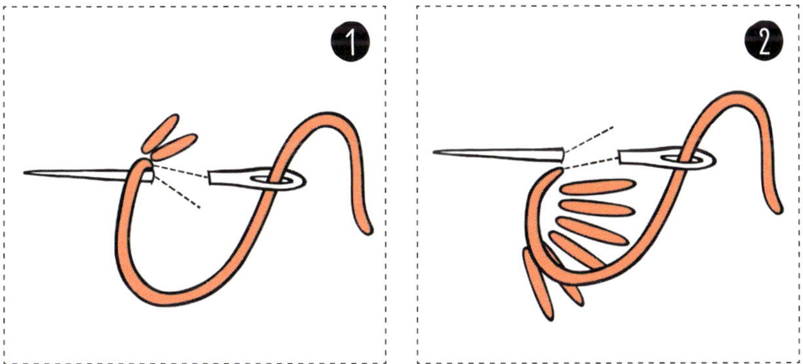

SPANNSTICH

Von unten nach oben einstechen und in der gewünschten Stichlänge wieder ausstechen. Den Stich in einigem Abstand wiederholen. Darauf achten, dass die Stiche nicht zu lang werden.

ABKÜRZUNGEN

abn = abnehmen
anschl = anschlagen
Büschel-M = Büschelmasche
Fb = Farbe
fM = feste Masche(n)
hStb = halbe(s) Stäbchen
ihM = ins hintere Maschenglied
ivM = ins vordere Maschenglied
Km = Kettmasche(n)
Lm = Luftmasche(n)
LL = Lauflänge
M = Masche(n)
MM = Maschenmarkierer
N = Noppe(n)
Nd = Nadel
R = Reihe(n)
Rd = Runde(n)
RStbh = Reliefstäbchen hinten
RStbv = Reliefstäbchen vorne
Stb = Stäbchen
U = Umschlag
wdh = wiederholen
zun = zunehmen
zus = zusammen

PROJEKTE

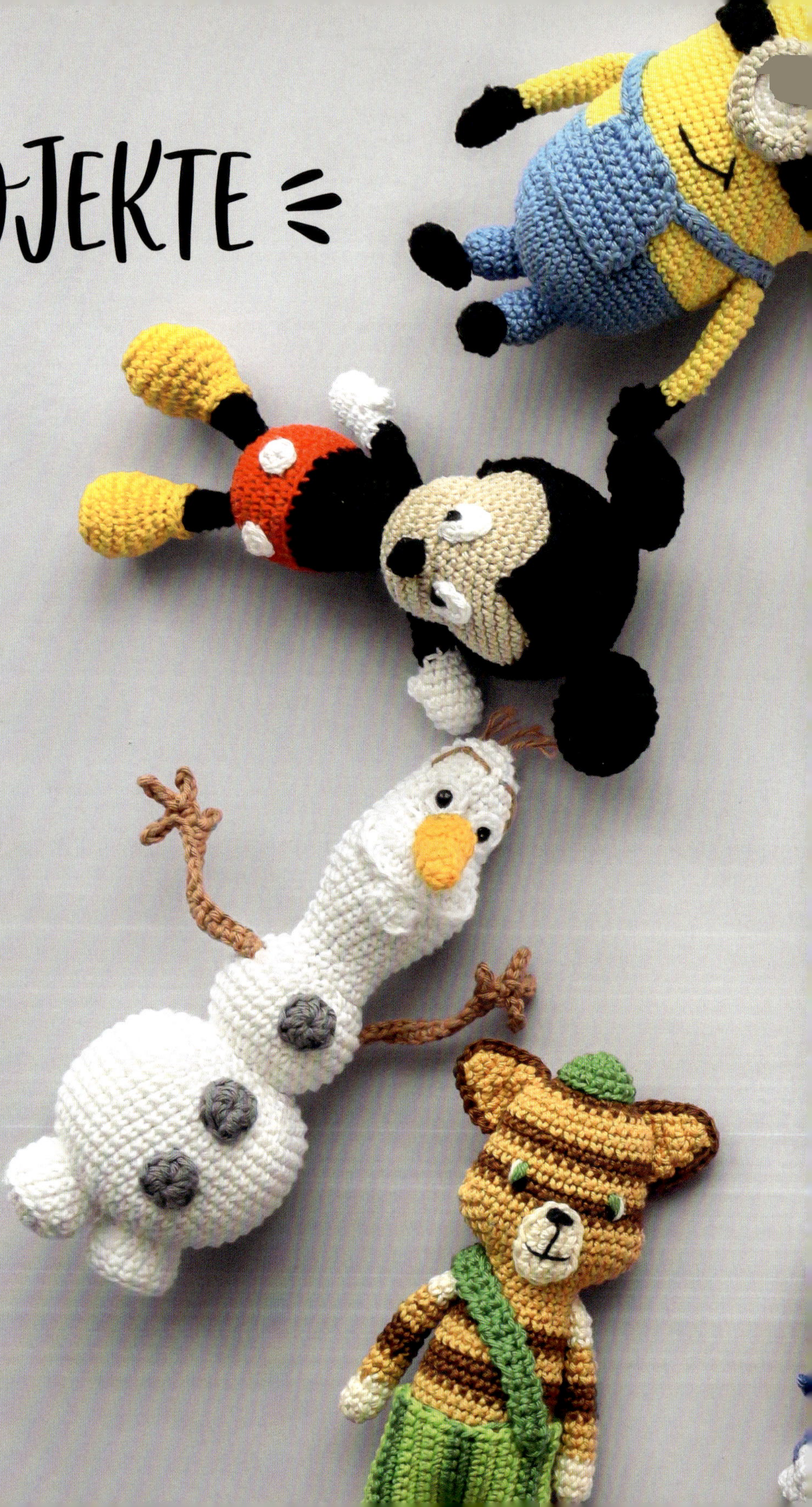

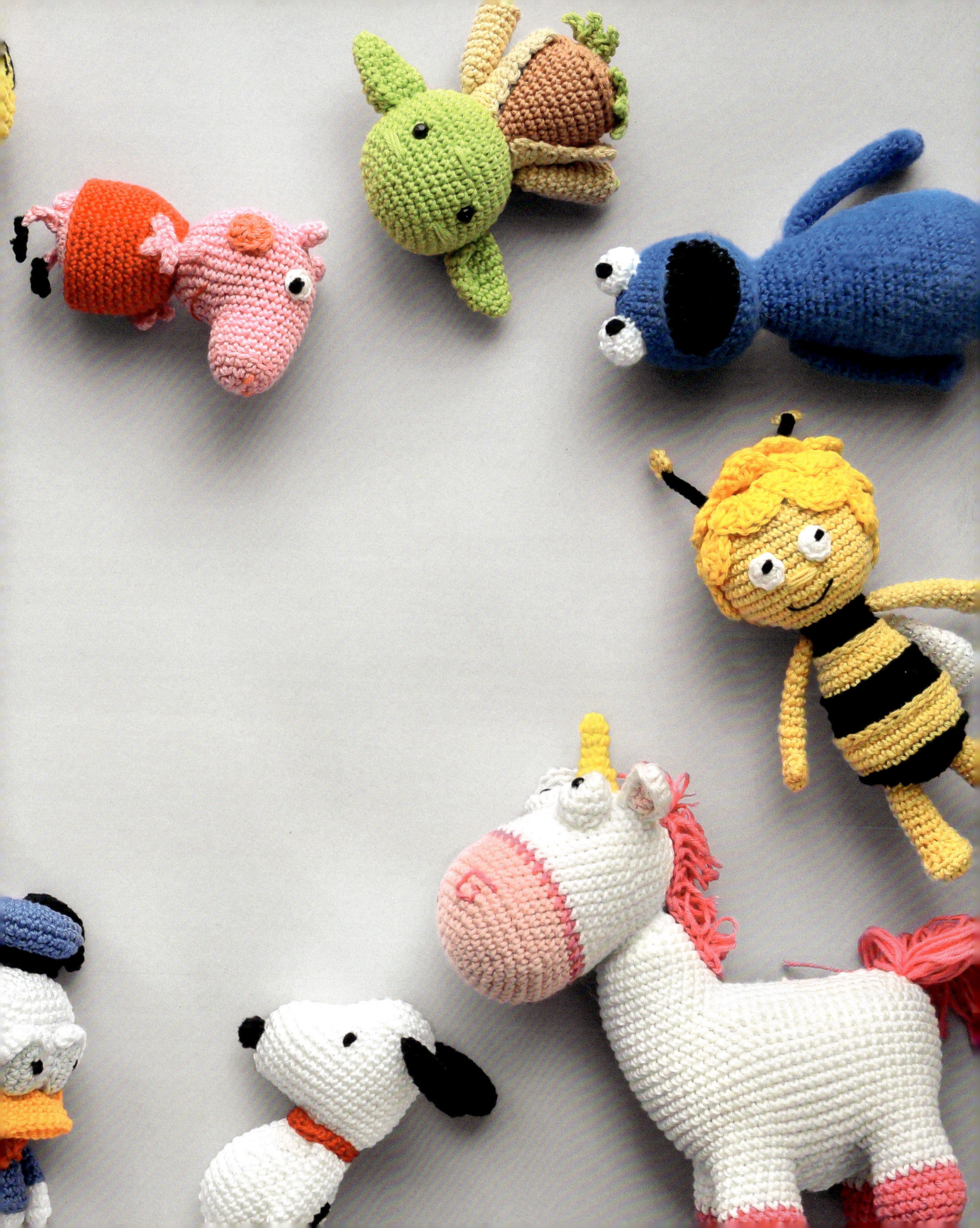

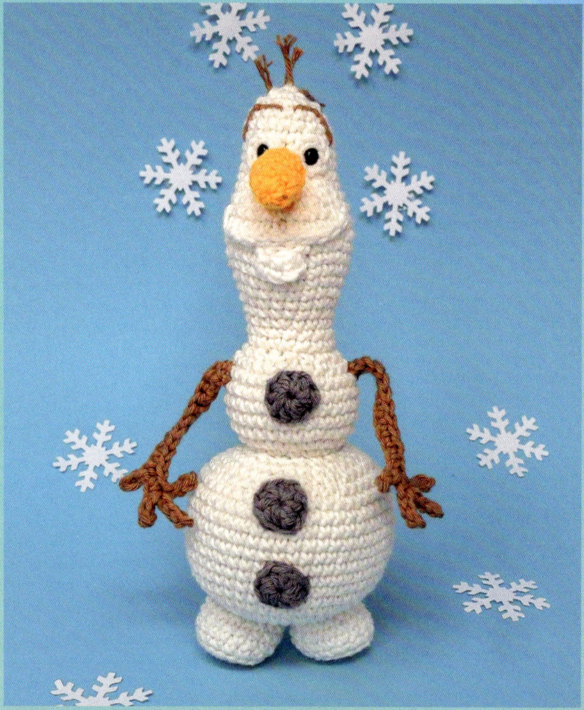
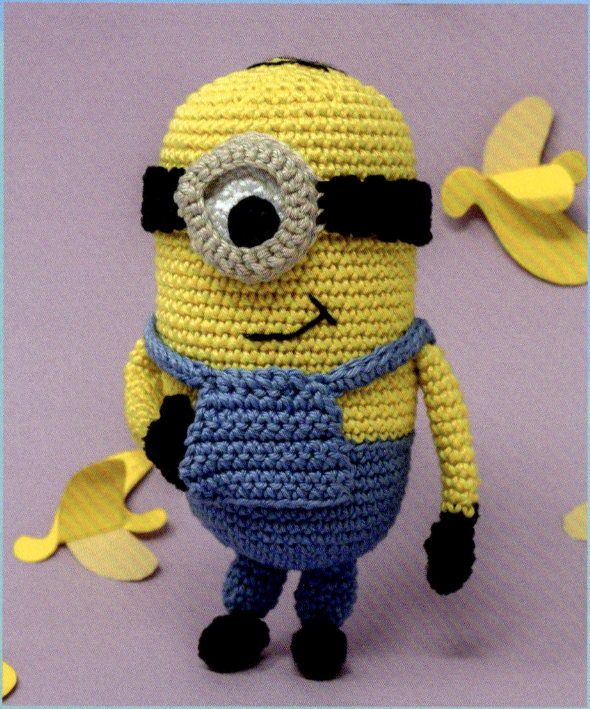
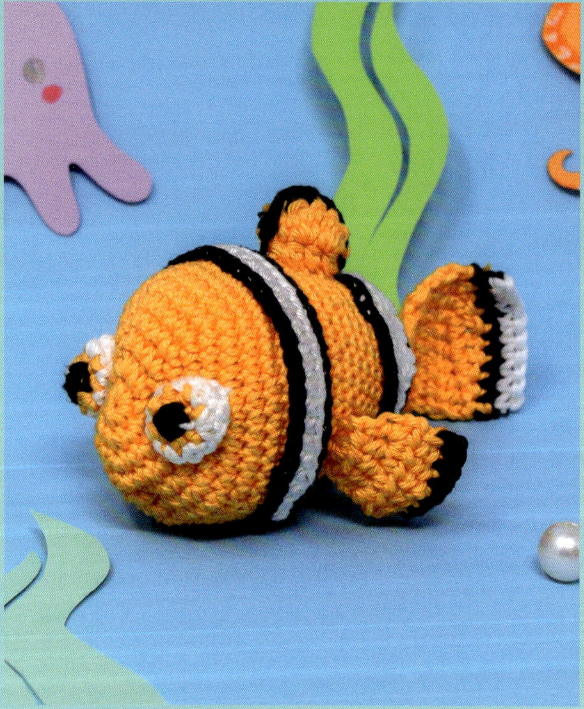
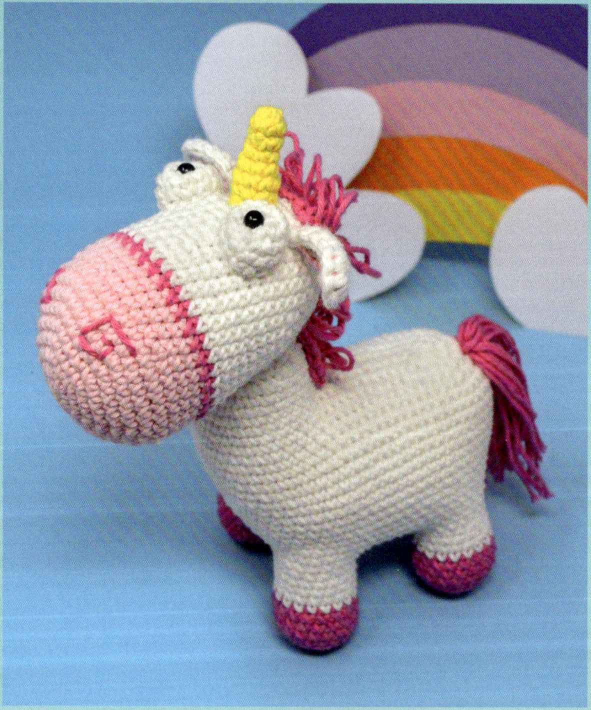

HELDEN VON HEUTE

FÜR DIE KINDER HEUTZUTAGE SIND DIE FOLGENDEN FIGUREN BEREITS JETZT NICHT MEHR WEGZUDENKENDE HELDEN.

Verspieltes SCHWEINCHEN

MATERIAL

- Woll Butt Camilla (100 % Baumwolle, LL 125 m/50 g) in Pink, 25 g, in Lachs, Rot, Schwarz, Weiß und Pink, je einen Rest
- Häkelnadel 2,5 mm
- Füllwatte
- Stopfnadel zum Vernähen

SO WIRD'S GEMACHT

Kopf, Körper und Gliedmaßen werden einzeln gehäkelt. Kopf und Körper in Spiralrunden, Beine und Arme in Reihen.

KÖRPER (in Pink und Rot)

Beginne mit Pink.
1. Rd: 6 fM in einen Fadenring häkeln.
2. Rd: 6x 1 M zun (= 12 M).
3. Rd: * 1 fM, 1 M zun *, von * bis * noch 5x wdh (= 18 M).
4. Rd: * 2 fM, 1 M zun *, von * bis * noch 5x wdh (= 24 M).
5. Rd: * 3 fM, 1 M zun *, von * bis * noch 5x wdh (= 30 M).
6.–11. Rd: 1 fM in jede M der Vor-Rd.
12. Rd: * 3 fM, 1 M abn *, von * bis * noch 5x wdh (= 24 M).
13. Rd: 1 fM in jede M der Vor-Rd.
14. Rd: * 2 fM, 1 M abn *, von * bis * noch 5x wdh (= 18 M).
Fb-Wechsel zu Rot.
15. Rd: 1 fM in jede M der Vor-Rd.
Häkle 1 Km in die übernächste M. Den Faden abschneiden, durch die letzte M ziehen und vernähen. Stopfe den Körper fest mit Füllwatte aus.

KLEID (in Rot)

Das Kleid wird direkt an den Körper gehäkelt. Halte dafür den Körper verkehrt herum und beginne mit einer stehenden fM (siehe Seite 15). Häkle ivM der 15. Rd des Körpers.
1. Rd: * 2 fM, 1 M zun *, von * bis * noch 5x wdh (= 24 M).
2. Rd: 1 fM in jede M der Vor-Rd.
3. Rd: * 3 fM, 1 M zun *, von * bis * noch 5x wdh (= 30 M).
4. Rd: 1 fM in jede M der Vor-Rd.
5. Rd: * 4 fM, 1 M zun *, von * bis * noch 5x wdh (= 36 M).
6.–12. Rd: 1 fM in jede M der Vor-Rd.
Häkle 1 Km. Den Faden abschneiden, durch die letzte M ziehen und vernähen.

KOPF (in Pink)

1. Rd: 6 fM in einen Fadenring häkeln.
2. Rd: 6x 1 M zun (= 12 M).
3. Rd: * 1 fM, 1 M zun *, von * bis * noch 5x wdh (= 18 M).
Anschließend 1 Km in die übernächste M häkeln und die folgende Rd in derselben M beginnen.
4. Rd: 1 fM in jedes hintere M-Glied der Vor-Rd.
5.–7. Rd: 1 fM in jede M der Vor-Rd.
8. Rd: * 8 fM, 1 M zun *, von * bis * noch 1x wdh (= 20 M).
Anschließend 1 Km in die übernächste M häkeln.
9. Rd: 3 Lm anschl, in die 2. M von der Nd aus einstechen und wie folgt zurück häkeln: 1 M zun, 1 fM, in die M einstechen, in die die Km nach Rd 8 gehäkelt wurde, und somit um den Kopf weiterhäkeln: 20 fM, 1 fM die Lm-Kette hinauf, 1 M zun (= 26 M).
Setze einen MM in die nächste M. Dies ist nun dein neuer Rd-Beginn.
10. Rd: 2x 1 M zun, 22 fM, 2x 1 M zun (= 30 M).
11. Rd: * 1 fM, 1 M zun *, von * bis * noch 1x wdh, 22 fM, ** 1 fM, 1 M zun **, von ** bis ** noch 1x wdh (= 34 M).
12.–17. Rd: 1 fM in jede M der Vor-Rd.

WEITER GEHT'S ➡

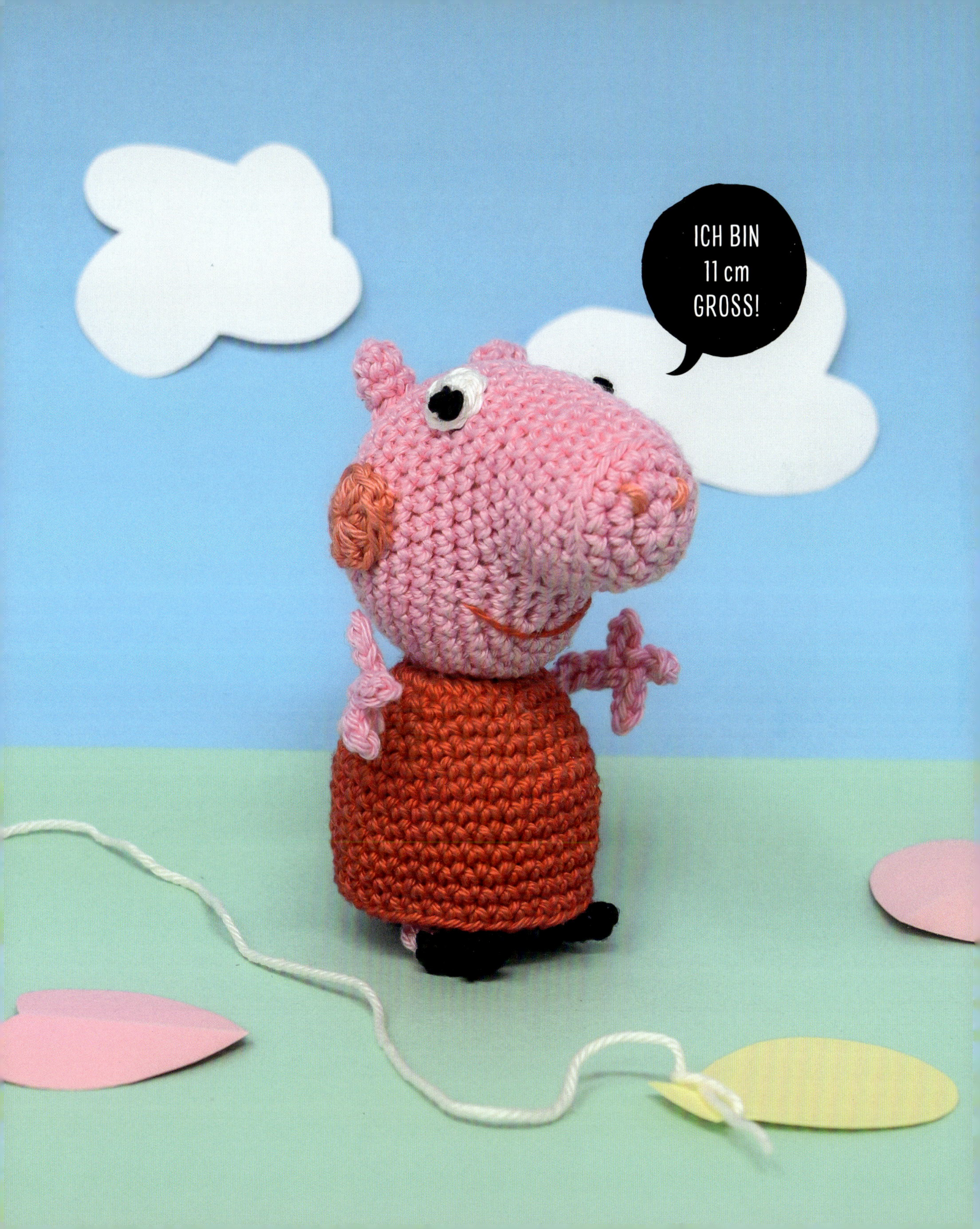
ICH BIN
11 cm
GROSS!

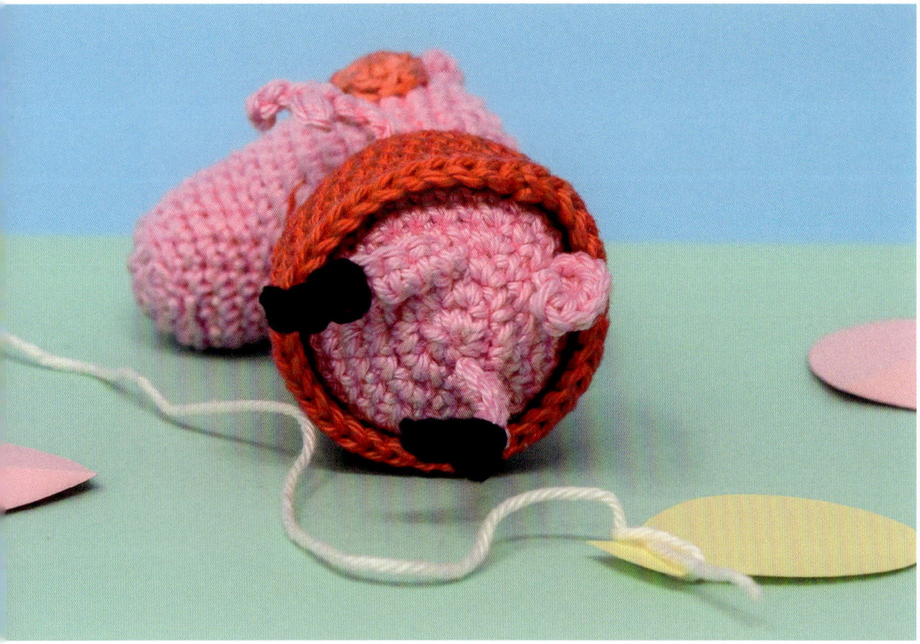

18. Rd: * 15 fM, 1 M abn *, von * bis * noch 1x wdh (= 32 M).
19. Rd: 7 fM, 1 M abn, 14 fM, 1 M abn, 7 fM (= 30 M).
20. Rd: * 3 fM, 1 M abn *, von * bis * noch 5x wdh (= 24 M).
21. Rd: * 2 fM, 1 M abn *, von * bis * noch 5x wdh (= 18 M).
Jetzt kannst du mit dem Ausstopfen des Kopfs beginnen. Im weiteren Verlauf stopfst du bis zum Schluss immer wieder fest aus.
22. Rd: * 1 fM, 1 M abn *, von * bis * noch 5x wdh (= 12 M).
23. Rd: 6x 1 M abn (= 6 M).
Den Faden sehr lang abschneiden und durch die letzte M ziehen. Mit einer Stopf-Nd und dem Restfaden ivM der letzten Rd weben. Den Faden fest anziehen und somit die Rd schließen. Nun kannst du den Faden bis zum Hals durch den Kopf führen und den Kopf an den Körper nähen.

ARME (2x, in Pink)

Häkle wie folgt in den Fadenring: * 3 Lm anschl, in die 2. M von der Nd aus einstechen und 2 Km zurück häkeln, 1 Km in den Fadenring *, von * bis * noch 2x wdh, 4 Lm, in die 2. M von der Nd aus einstechen und 3 fM zurück häkeln, 1 Km in den Fadenring.
Schneide den Faden lang ab und ziehe ihn durch die letzte M. Fädle mithilfe der Nd den Endfaden entlang des Arms bis zum Ende durch und nähe den Arm seitlich an den Körper bzw. das Kleid.

BEINE (2x, in Pink)

5 Lm anschl, in die 2. M von der Nd aus einstechen und 4 fM zurück häkeln. Den Faden abschneiden und durch die letzte M ziehen.

FÜSSE (2x, in Schwarz)

4 Lm anschl, in die 2. M von der Nd aus einstechen und 3 fM zurück häkeln. Den Faden abschneiden und durch die letzte M ziehen. Nähe den Fuß an das Bein und anschließend das Bein unten an den Körper.

AUGEN (2x, in Weiß)

Häkle 6 fM in einen Fadenring und schließe mit 1 Km in die erste M zur Rd. Sticke mit schwarzem Garn die Augen auf. Dafür eignet sich z. B. der Knötchenstich (siehe Seite 21). Anschließend die Augen auf den Kopf nähen.

OHREN (2x, in Pink)

1. Rd: 5 fM in einen Fadenring häkeln.
2. und 3. Rd: 1 fM in jede M der Vor-Rd.
Den Faden abschneiden und durch die letzte M ziehen. Drücke das Ohr flach zusammen und nähe es oben an den Kopf, in der Flucht der Augen.

WANGEN (2x, in Lachs)

Häkle 10 hStb in einen Fadenring. Schließe mit 1 Km den Kreis zu einer Rd. Schneide den Faden lang ab, ziehe ihn durch die letzte M und nähe die Wangen seitlich an den Kopf.
Mit dem Restgarn kannst du vorne auf die Nase in der 2. Rd die Nasenlöcher aufsticken. Für den Mund in Farbe Rot einen Bogen unter die Nase auf den Kopf sticken.

RINGELSCHWANZ (in Pink)

4 Lm anschl, in die 2. M von der Nd aus einstechen und 3 fM in jede der 3 Lm häkeln. Den Faden abschneiden, durch die letzte M ziehen und den kleinen Ringelschwanz an den Po nähen.

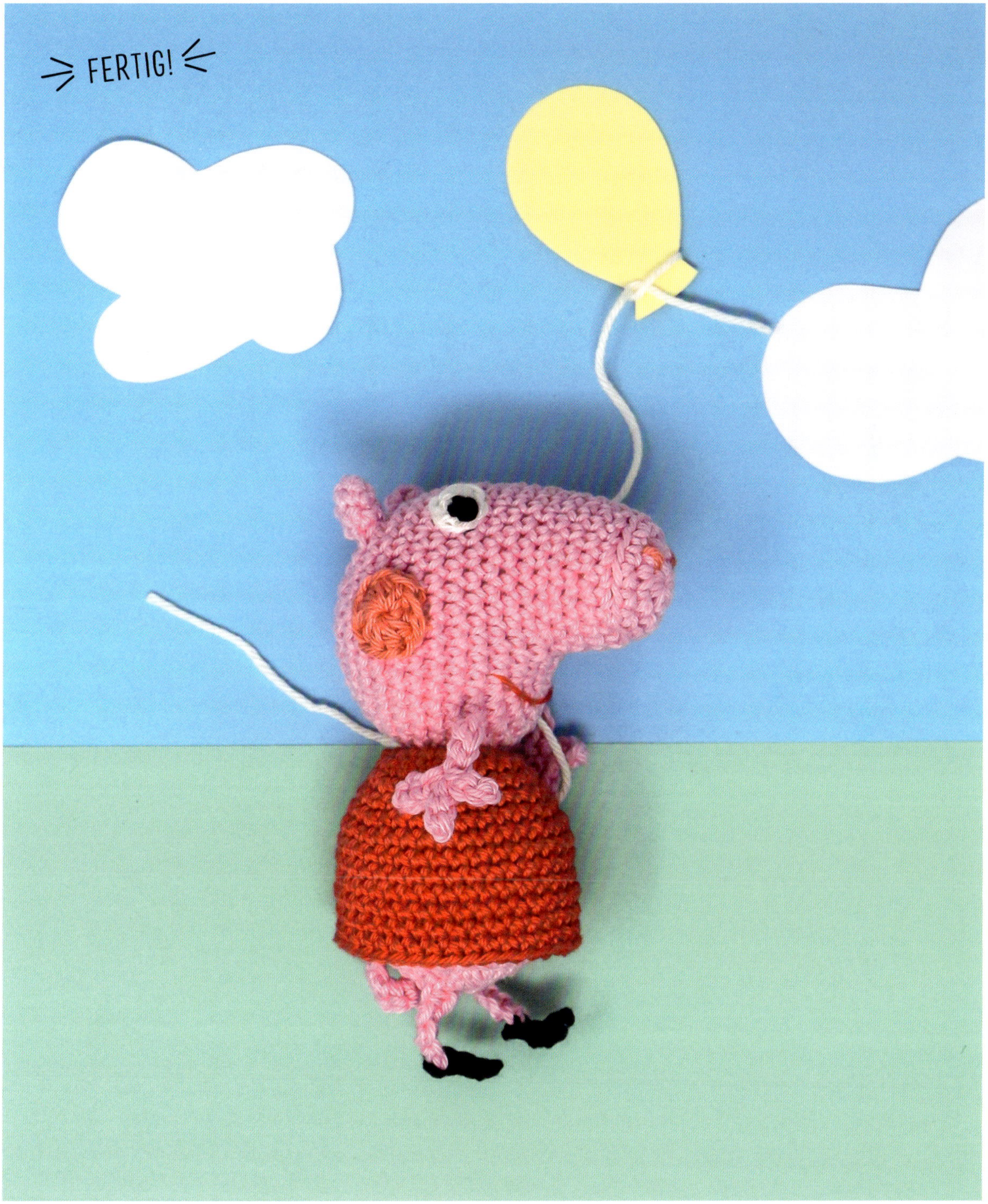
FERTIG!

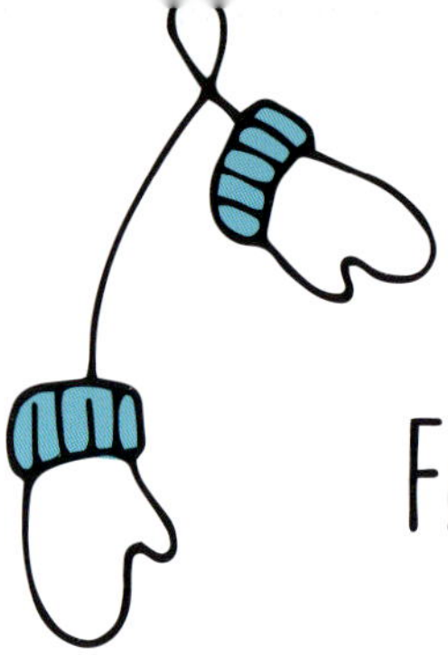

Freundlicher SCHNEEMANN

MATERIAL

- Rico Design Ricorumi DK (100 % Baumwolle, LL 57,5 m/25 g) in Weiß (Fb 01), 50 g, in Nougat (Fb 56), Mausgrau (Fb 59) und Mandarine (Fb 26), je einen Rest
- Häkelnadel 2,5 mm
- Sicherheitsaugen, ∅ 6 mm
- Füllwatte
- Stopfnadel zum Vernähen

SO WIRD'S GEMACHT

Kopf und Körper werden an einem Stück in Spiralrunden gehäkelt. Beine, Arme, Nase und Steine werden später angenäht.

AUGEN (2x, in Weiß)

8 fM in einen Fadenring häkeln und mit 1 Km in die erste M zur Rd schließen. Den Faden abschneiden, durch die letzte M ziehen und vernähen.

KOPF UND KÖRPER (in Weiß)

1. Rd: 8 fM in einen Fadenring häkeln.
2. Rd: 8x 1 M zun (= 16 M).
3. Rd: * 1 fM, 1 M zun *, von * bis * noch 7x wdh (= 24 M).
4. Rd: * 2 fM, 1 M zun *, von * bis * noch 7x wdh (= 32 M).
5. Rd: * 3 fM, 1 M zun *, von * bis * noch 7x wdh (= 40 M).
6. Rd: * 4 fM, 1 M zun *, von * bis * noch 7x wdh (= 48 M).
7.–16. Rd: 1 fM in jede M der Vor-Rd.
17. Rd: * 4 fM, 1 M abn *, von * bis * noch 7x wdh (= 40 M).
18. Rd: * 3 fM, 1 M abn *, von * bis * noch 7x wdh (= 32 M).
19. Rd: * 2 fM, 1 M abn *, von * bis * noch 7x wdh (= 24 M).
20. Rd: * 1 fM, 1 M abn *, von * bis * noch 7x wdh (= 16 M).
21. Rd: 1 Km in jede M der Vor-Rd. Beginne mit dem Ausstopfen des Körpers. Im weiteren Verlauf stopfst du bis zum Schluss immer wieder fest aus.
22. Rd: In die Km der Vor-Rd häkeln. * 1 fM, 1 M zun *, von * bis * noch 7x wdh (= 24 M).
23. Rd: * 2 fM, 1 M zun *, von * bis * noch 7x wdh (= 32 M).
24.–28. Rd: 1 fM in jede M der Vor-Rd.
29. Rd: * 2 fM, 1 M abn *, von * bis * noch 7x wdh (= 24 M).
30. Rd: * 1 fM, 1 M abn *, von * bis * noch 7x wdh (= 16 M).
31. Rd: 1 Km in jede M der Vor-Rd.
32. Rd: 1 fM in jede Km der Vor-Rd.
33. Rd: 1 fM in jede M der Vor-Rd.
34. Rd: * 7 fM, 1 M zun *, von * bis * noch 1x wdh (= 18 M).
35. Rd: 1 fM in jede M der Vor-Rd.
36. Rd: * 5 fM, 1 M zun *, von * bis * noch 2x wdh (= 21 M).
37. Rd: 1 fM in jede M der Vor-Rd.
38. Rd: * 6 fM, 1 M zun *, von * bis * noch 2x wdh (= 24 M).
39. Rd: 1 fM in jede M der Vor-Rd.
40. Rd: * 7 fM, 1 M zun *, von * bis * noch 2x wdh (= 27 M).
41. Rd: 1 fM in jede M der Vor-Rd.
42. Rd: * 8 fM, 1 M zun *, von * bis * noch 2x wdh (= 30 M).
43. Rd: 1 fM in jede M der Vor-Rd.
44. Rd: 6 fM, * 2 fM, 1 M abn *, von * bis * noch 3x wdh, 8 fM (= 26 M).
45. Rd: 6 fM, * 1 fM, 1 M abn *, von * bis * noch 3x wdh, 8 fM (= 22 M).
46. Rd: 6 fM, 4x 1 M abn, 8 fM (= 18 M).
47.–52. Rd: 1 fM in jede M der Vor-Rd. Stich je ein Sicherheitsauge durch den Mittelpunkt eines gehäkelten Auges. Stich das Sicherheitsauge mit dem Auge zusammen zwischen die 48. und 49. Rd des Körpers und befestige es. Die Sicherheitsaugen sollen 2 M (gezählt am Kopf) Abstand zueinander haben.
53. Rd: * 1 fM, 1 M abn *, von * bis * noch 5x wdh (= 12 M).
54. Rd: 6x 1 M abn (= 6 M).

WEITER GEHT'S ➡

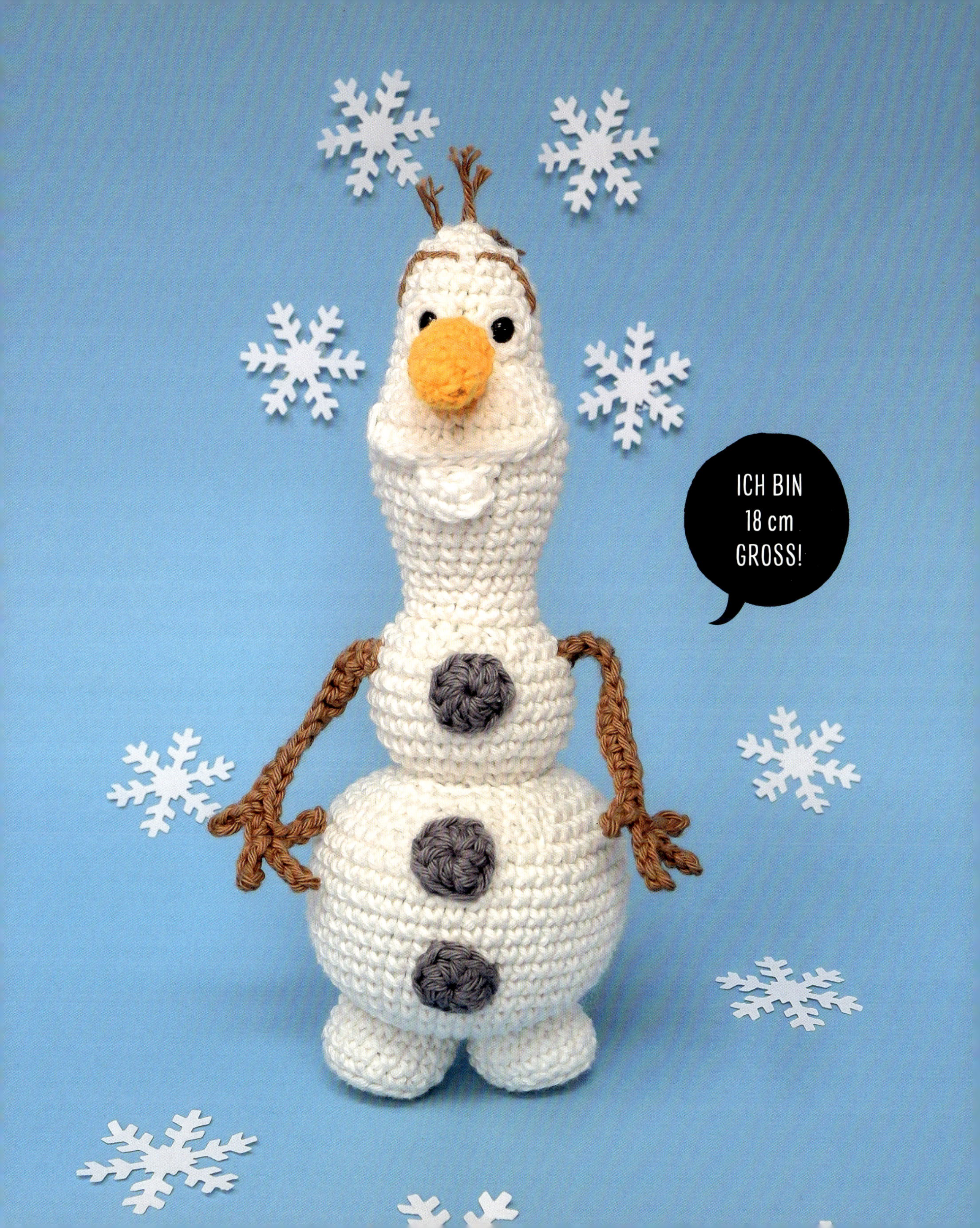
ICH BIN
18 cm
GROSS!

Den Faden lang abschneiden und durch die letzte M ziehen. Mit einer Stopf-Nd und dem Restfaden ivM der letzten Rd weben. Den Faden fest anziehen, somit die Rd schließen, und vernähen.

MUND (in Weiß)

Der Mund wird mittels fM im M-Zwischenraum direkt an den Kopf gehäkelt. Die Augen dienen als Orientierung. Beginne mit etwa 4 Rd Abstand zum rechten Auge und hole den Faden in einer Flucht zum Auge durch den passenden Maschenzwischenraum. Nun häkelst du leicht diagonal nach unten mit fM über 2 Rd in die M-Zwischenräume. Dann gerade nach links weiter mit fM in die Zwischenräume häkeln und symmetrisch auf der anderen Seite wieder diagonal nach oben. Die letzte M kannst du als Km häkeln. So ist sie dem Anfang am ähnlichsten. Zum Schluss den Faden abschneiden und vollständig durch die letzte M ziehen und vernähen.

Zur Orientierung kannst du die Position des Munds vor dem Häkeln mit Stecknadeln markieren.

ZAHN (in Weiß)

Häkle in R. Jede R endet mit einer Wende-Lm. Schlage 4 Lm an, in die 2. M von der Nd aus einstechen, und häkle 2 R je 3 fM. Den Faden lang abschneiden und durch die letzte M ziehen. Nähe den Zahn mittig unter die Kante des Munds an den Kopf.

BEINE (2x, in Weiß)

1. Rd: 6 fM in einen Fadenring häkeln.
2. Rd: 6x 1 M zun (= 12 M).
3. Rd: * 1 fM, 1 M zun *, von * bis * noch 5x wdh (= 18 M).
Häkle 1 Km.
4. Rd: 1 fM in jedes hintere M-Glied der Vor-Rd.
5.–7. Rd: 1 fM in jede M der Vor-Rd.
Häkle 1 Km in die übernächste M.
Den Faden lang abschneiden und durch die letzte M ziehen. Stopfe die Beine mit Füllwatte aus und nähe sie unten an den Körper. Sie bedecken jeweils die 1. bis 5. Rd.

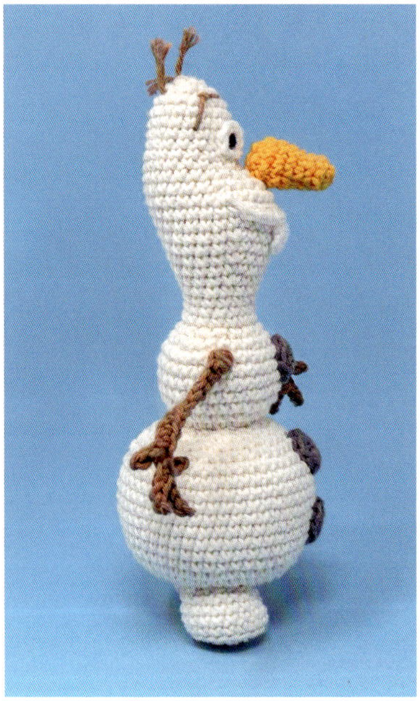

ARME (2x, in Nougat)

Schlage 13 Lm an, in die 2. M von der Nd aus einstechen und 2 Km zurück häkeln. Anschließend 5 Lm häkeln, in die 2. M von der Nd aus einstechen und 3 Km zurück häkeln. * Anschließend 4 Lm häkeln, in die 2. M von der Nd aus einstechen und 3 Km zurück häkeln *, von * bis * noch 1x wdh. Im Anschluss 1 fM in dieselbe M, wo die 3. Km von Finger 2 sitzt, 1 Lm überspringen, 1 fM in dieselbe M, wo die 2. Km von Finger 1 sitzt, 10 fM entlang der restlichen Lm-Kette häkeln.

Den Faden abschneiden, durch die letzte M ziehen und die Arme seitlich auf die obere Kugel des Körpers nähen.

Mit dem restlichen braunen Garn kannst du Olaf Augenbrauen sticken und seine Haarsträhnen anknüpfen bzw. als Schlaufen sticken und anschließend die Schlaufen oben durchschneiden.

NASE (in Mandarine)

1. Rd: 6 fM in einen Fadenring häkeln.
2. und 3. Rd: 1 fM in jede M der Vor-Rd.
4. Rd: * 1 fM, 1 M zun *, von * bis * noch 2x wdh (= 9 M).
5. Rd: 1 fM in jede M der Vor-Rd.
6. Rd: * 2 fM, 1 M zun *, von * bis * noch 2x wdh (= 12 M).
7. Rd: 1 fM in jede M der Vor-Rd.
8. Rd: 6x 1 M abn (= 6 M).
Den Faden lang abschneiden und durch die letzte M ziehen. Die Nase mit Füllwatte stopfen. Mit einer Stopf-Nd und dem Restfaden ivM der letzten Rd weben. Den Faden fest anziehen und somit die Rd schließen. Nähe die Nase oben vor den Augen an den Kopf. Der Rd-Beginn ist gleichzeitig die Nasenspitze.

STEINE (3x, in Mausgrau)

Für je einen Stein 10 hStb in einen Fadenring häkeln und mit 1 Km in die erste M zur Rd schließen. Den Faden durch die letzte M ziehen und den Stein vorne mittig auf den Körper nähen.

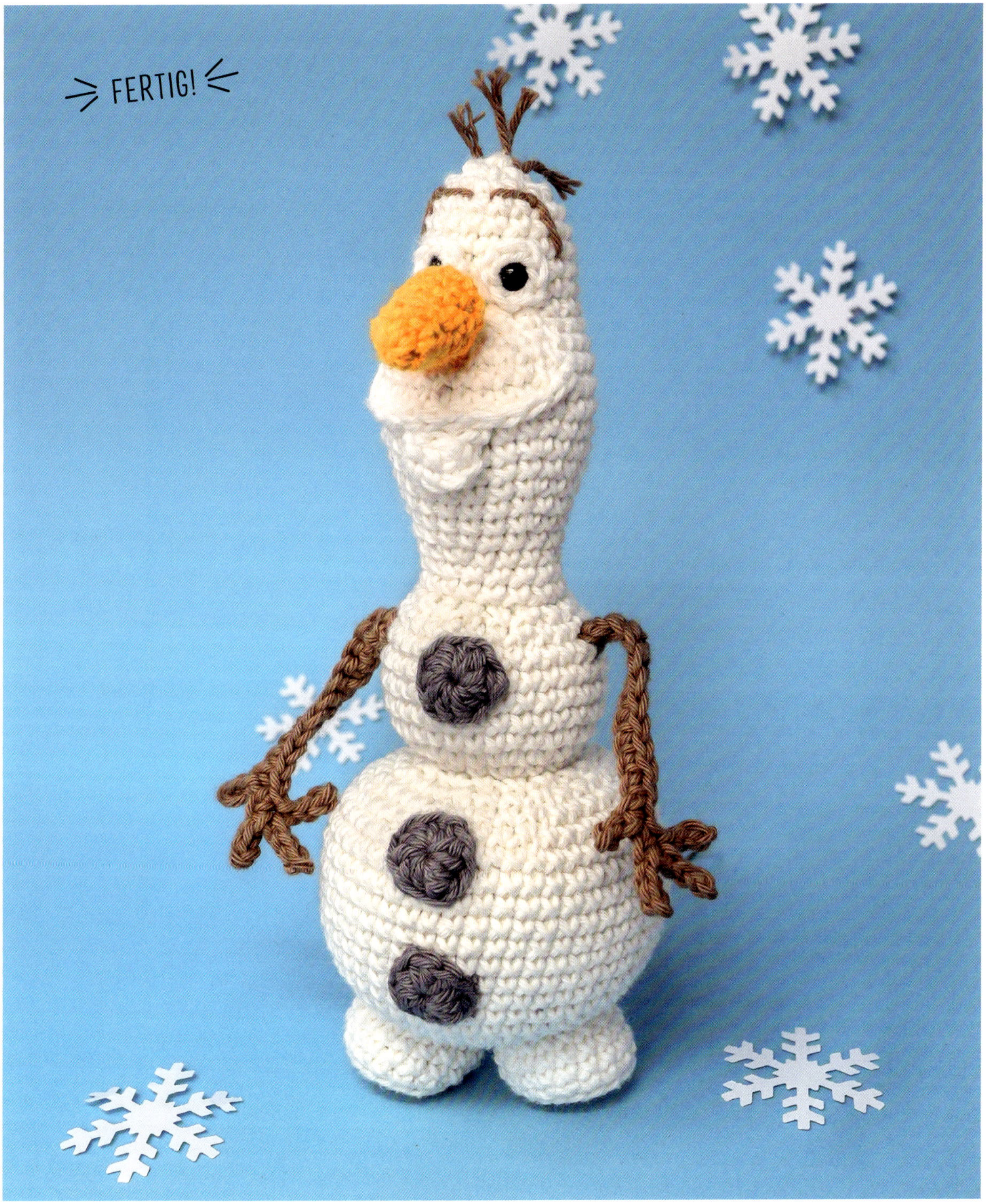
FERTIG!

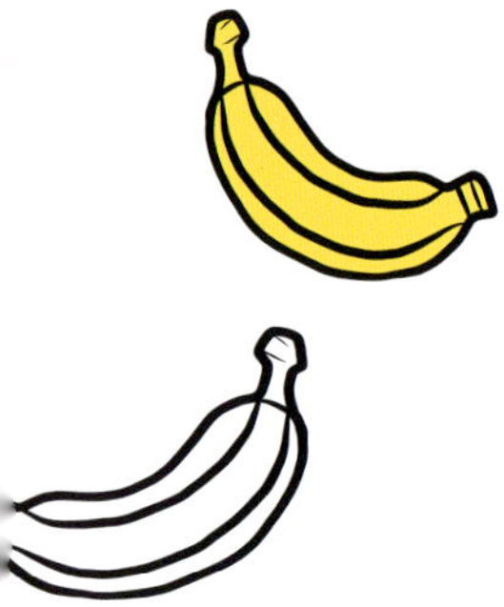

Unverbesserliche GELBE KERLE

MATERIAL

- Woll Butt Camilla (100 % Baumwolle, LL 125 m/50 g) in Sonnengelb, 50 g, Royal, Leinen, Weiß und Schwarz, je einen Rest
- Häkelnadel 2,5 mm
- Füllwatte
- Stopfnadel zum Vernähen

SO WIRD'S GEMACHT

Alle Teile werden einzeln in Spiralrunden gehäkelt und zum Schluss zusammengenäht.

KÖRPER (in Royal und Sonnengelb)

Beginne mit Royal.
1. Rd: 7 fM in einen Fadenring häkeln.
2. Rd: 7x 1 M zun (= 14 M).
3. Rd: * 1 fM, 1 M zun *, von * bis * noch 6x wdh (= 21 M).
4. Rd: * 2 fM, 1 M zun *, von * bis * noch 6x wdh (= 28 M).
5. Rd: * 3 fM, 1 M zun *, von * bis * noch 6x wdh (= 35 M).
6. Rd: * 4 fM, 1 M zun *, von * bis * noch 6x wdh (= 42 M).
7. Rd: * 5 fM, 1 M zun *, von * bis * noch 6x wdh (= 49 M).
8.–14. Rd: 49 fM.
Fb-Wechsel zu Sonnengelb.
15. Rd: 1 fM in jedes hintere M-Glied der Vor-Rd.
16.–38. Rd: 1 fM in jede M der Vor-Rd.
39. Rd: * 5 fM, 1 M abn *, von * bis * noch 6x wdh (= 42 M).
40. Rd: * 4 fM, 1 M abn *, von * bis * noch 6x wdh (=35 M).
Beginne mit dem Ausstopfen des Körpers. Im weiteren Verlauf stopfst du ihn bis zum Schluss immer wieder fest aus.
41. Rd: * 3 fM, 1 M abn *, von * bis * noch 6x wdh (= 28 M).
42. Rd: * 2 fM, 1 M abn *, von * bis * noch 6x wdh (= 21 M).
43. Rd: * 1 fM, 1 M abn *, von * bis * noch 6x wdh (= 14 M).
44. Rd: 7x 1 M abn (= 7 M).
Den Faden lang abschneiden und durch die letzte M ziehen. Mit einer Stopf-Nd und dem Restfaden ivM der letzten Rd weben. Den Faden fest anziehen und somit die Rd schließen.

HOSENLATZ (in Royal)

Häkle in R. Jede R endet mit einer Wende-Lm. 8 Lm anschl, in die 2. M von der Nd aus einstechen und wie folgt häkeln:
1. R: 7 fM.
2. R: 1 M zun, 5 fM, 1 M zun (= 9 M).
3. R: 1 fM in jede M der Vor-R.
4. R: 1 M zun, 7 fM, 1 M zun (= 11 M).
5.–8. R: 1 fM in jede M der Vor-R.
Den Faden lang abschneiden und vollständig durch die letzte M ziehen. Nähe den Hosenlatz auf den Körper, sodass er die drei letzten Rd der blauen Hose bedeckt. Die kurze Seite zeigt nach oben. Achte darauf, nur die obere und untere Seite festzunähen. So kannst du später noch die Hände in den Hosenlatz stecken.

ARME (2x, in Schwarz und Sonnengelb)

Beginne mit Schwarz.
1. Rd: 5 fM in einen Fadenring häkeln.
2. Rd: 5x 1 M zun (= 10 M).
3. und 4. Rd: 1 fM in jede M der Vor-Rd.
5. Rd: Popcorn aus 4 Stb, 2 fM, 1 M abn, 3 fM, 1 M abn (= 8 M).
Stopfe die Hand leicht mit Füllwatte aus.
6. Rd: 1 fM in jede M der Vor-Rd.
Fb-Wechsel zu Sonnengelb.
7. Rd: 1 fM in jedes hintere M-Glied der Vor-Rd.
8.–18. Rd: 1 fM in jede M der Vor-Rd.
Häkle 2 Km. Den Faden lang abschneiden und durch die letzte M ziehen.

WEITER GEHT'S

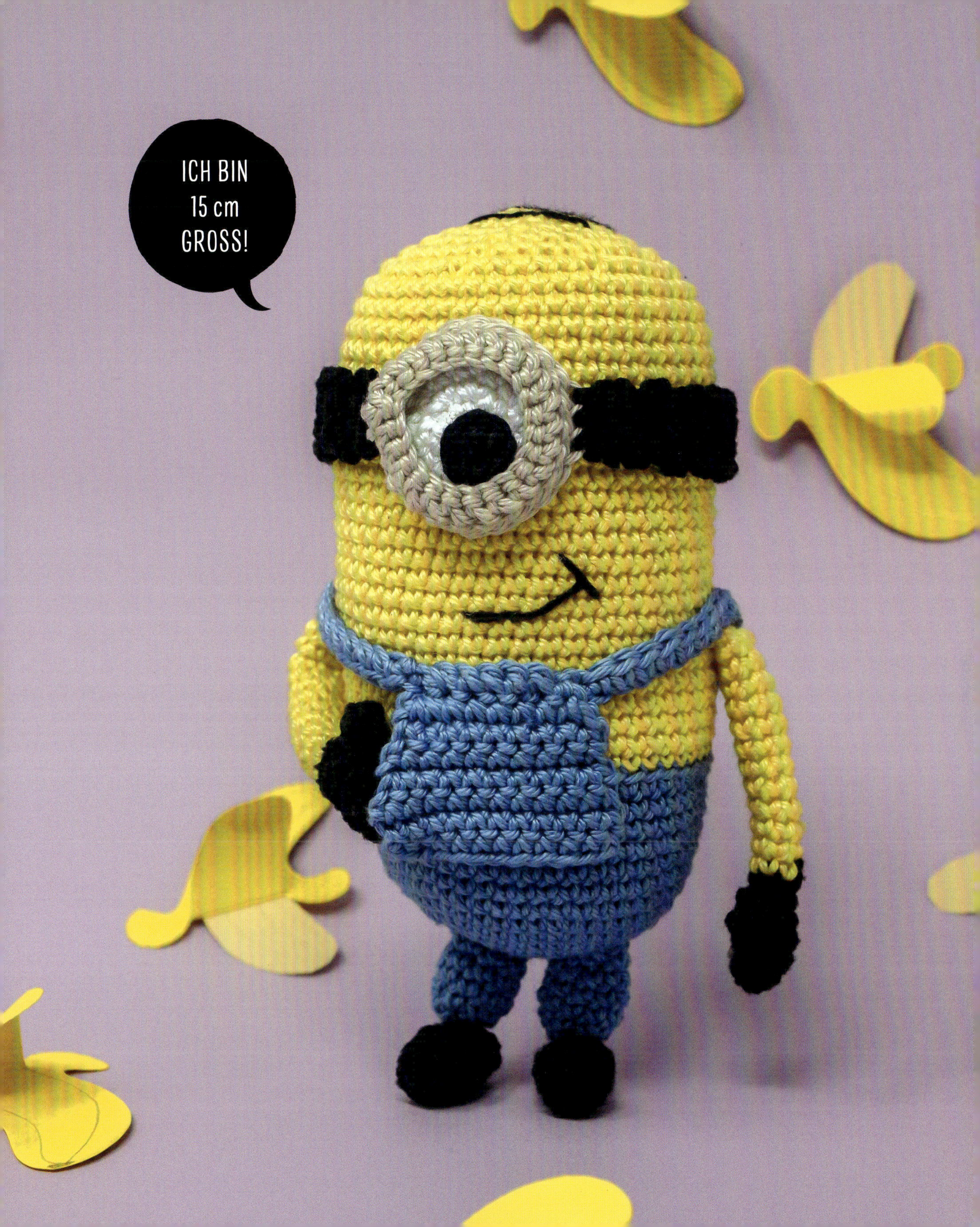
ICH BIN
15 cm
GROSS!

Drücke die Arme oben flach zusammen, sodass der Daumen sich an der Seite befindet, und nähe die Arme 7 Rd über der Hose seitlich an den Körper. Die Daumen zeigen nach vorn.

HOSENTRÄGER (2x, in Royal)

20 Lm anschl, in die 2. M von der Nd aus einstechen und 19 fM zurück häkeln. Den Faden sehr lang abschneiden und durch die letzte M ziehen. Lege die Träger über die Schultern und verbinde so den Hosenlatz mit dem hinteren Teil der Hose. Nähe die Träger fest.

AUGE (in Weiß)

1. Rd: 6 fM in einen Fadenring häkeln.
2. Rd: 6x 1 M zun (= 12 M).
3. Rd: * 1 fM, 1 M zun *, von * bis * noch 5x wdh (= 18 M).
4. Rd: * 2 fM, 1 M zun *, von * bis * noch 5x wdh (= 24 M).

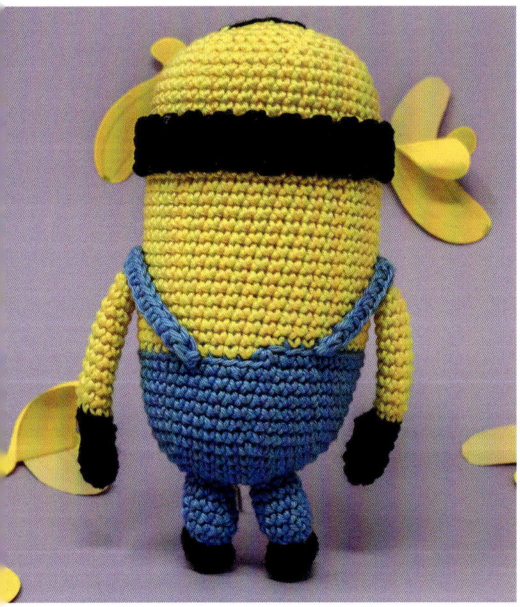

Häkle 1 Km in die übernächste M. Den Faden lang abschneiden, durch die letzte M ziehen und vernähen.

PUPILLE (in Schwarz)

6 fM in einen Fadenring häkeln und mit 1 Km in die erste M zu einer Rd schließen. Den Faden abschneiden und durch die letzte M ziehen. Nähe die Pupille auf das Auge.

BRILLE (in Leinen)

Nimm eine Anfangsschlinge auf und ziehe sie durch irgendein vorderes M-Glied der 4. Rd des Auges. Häkle anschließend 1 Lm. Diese zählt als erste fM der 1. Rd.
1. Rd: Häkle noch 23 fM (= 24 M) und schließe die Rd mit 1 Km in die erste M.
2. Rd: 1 fM in jede M der Vor-Rd und die Rd mit 1 Km in die erste M schließen.
Den Faden abschneiden, durch die letzte M ziehen und vernähen.
Nimm erneut eine Anfangsschlinge auf, ziehe sie durch irgendeines der verbliebenen hinteren M-Glieder der 4. Rd des Auges und häkle 24 Km um das Auge herum. Den Faden abschneiden und durch die letzte M ziehen. Vernähe den Faden mit der ersten M derselben Rd, sodass es wie eine M aussieht. Anschließend den übrigen Faden vernähen.

BRILLENBAND (in Schwarz)

Häkle in R. Jede R endet mit einer Wende-Lm.
1. R: Beginne mit einer stehenden fM (siehe Seite 15) und häkle 3 fM in die Km-Rd der Brille.
2.–42. R: 1 fM in jede M der Vor-R.

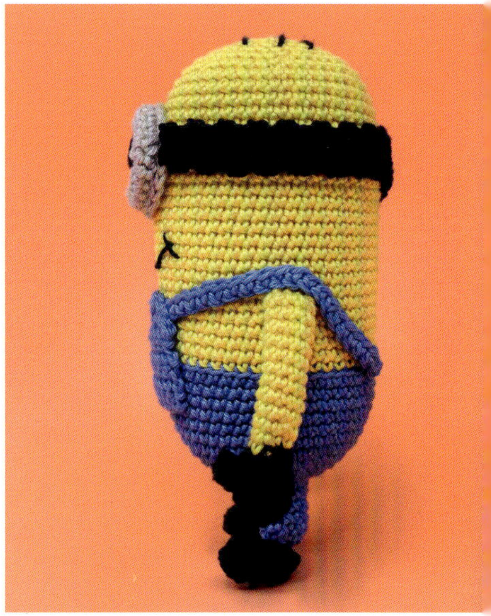

Den Faden lang abschneiden und durch die letzte M ziehen. Nähe die andere Seite auf der Gegenseite der Brille an.

Stülpe die Brille über den Kopf bzw. Körper und nähe sie nicht fest. So kannst du die Brille immer wieder abnehmen oder auch austauschen. Du kannst auch statt einem Auge mit Brille zwei Augen mit Brille häkeln und diese beiden dann an einer Stelle zusammennähen. Dann ändert sich aber auch die Anzahl der Reihen des Brillenbands.

BEINE (2x, in Royal)

1. Rd: 5 fM in einen Fadenring häkeln.
2. Rd: 5x 1 M zun (= 10 M).
3.–6. Rd: 1 fM in jede M der Vor-Rd.
Häkle 2 Km. Stopfe die Beine mit Füllwatte aus. Den Faden lang abschneiden und durch die letzte M ziehen. Nähe die Beine unten an den Körper. Sie bedecken jeweils die 2. bis 4. Rd.

SCHUHE (2x, in Schwarz)

1. Rd: 8 fM in einen Fadenring häkeln.
2.–6. Rd: 1 fM in jede M der Vor-Rd. Stopfe die Schuhe mit Füllwatte aus. Den Faden lang abschneiden und durch die letzte M ziehen. Mit einer Stopf-Nd und dem Restfaden ivM der letzten Rd weben. Den Faden fest anziehen und somit die Rd schließen. Nähe die Schuhe unten an die Beine.

MUND UND HAARE

Zum Schluss stickst du mit schwarzem Garn den Mund zwischen Hosenlatz und Brille sowie ein paar schwarze Strähnen oben auf den Kopf auf.

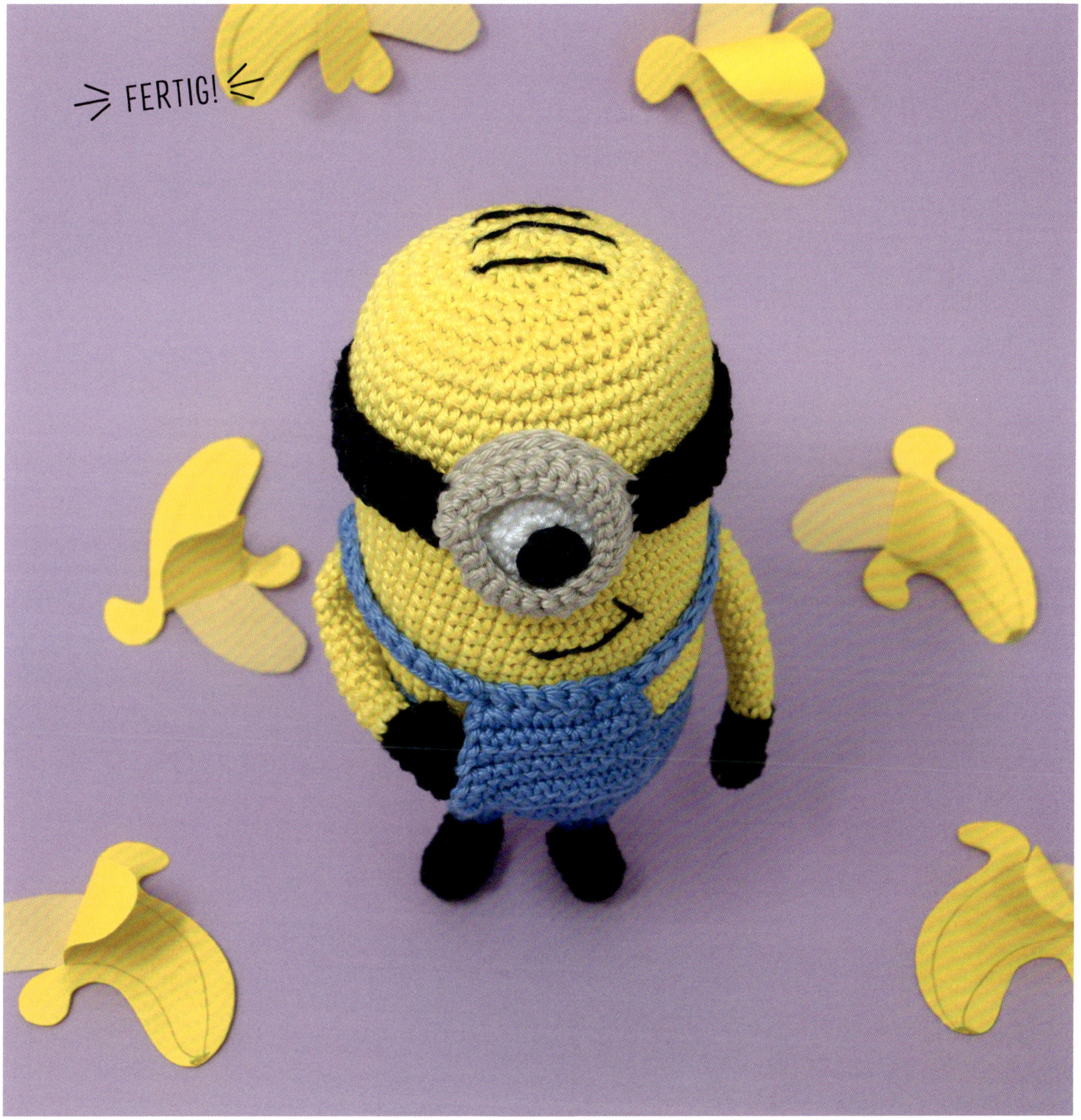

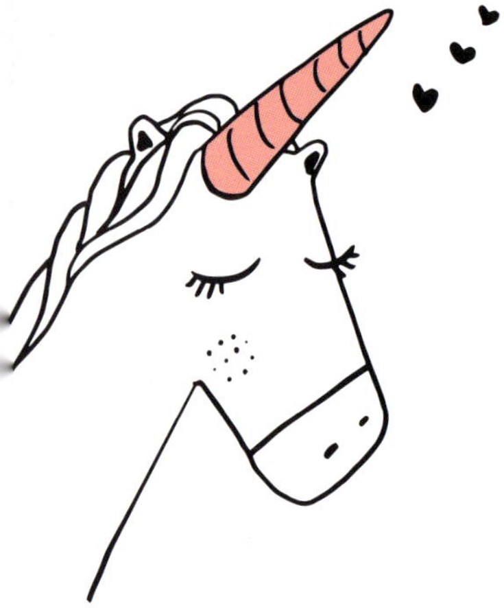

Flauschiges EINHORN

MATERIAL

- Rico Design Ricorumi DK (100 % Baumwolle, LL 57,5 m/25 g) in Weiß (Fb 01), 50 g, in Pink (Fb 14), Rosa (Fb 11) und Gelb (Fb 06), je ein Rest
- Häkelnadel 2,5 mm
- Sicherheitsaugen, ∅ 6 mm
- Füllwatte
- Stopfnadel zum Vernähen

SO WIRD'S GEMACHT

Beine und Körper werden an einem Stück in Spiralrunden gehäkelt. Kopf, Augen, Horn, Ohren und Mähne werden einzeln gearbeitet und später angenäht. Zum Schluss wird der Schweif angebracht.

BEINE (4x, in Pink und Weiß)

Beginne mit Pink.
1. Rd: 6 fM in einen Fadenring häkeln.
2. Rd: 6x 1 M zun (= 12 M).
3. Rd: * 1 fM, 1 M zun *, von * bis * noch 5x wdh (= 18 M).
Häkle 1 Km in die übernächste M, beginne die folgende Rd in derselben M.
4. Rd: 1 fM in jedes hintere M-Glied der Vor-Rd.
5.–7. Rd: 1 fM in jede M der Vor-Rd. Fb-Wechsel zu Weiß.
8.–11. Rd: 1 fM in jede M der Vor-Rd. Anschließend 1 Km in die übernächste M häkeln. Schneide den Faden ab und vernähe ihn. Arbeite die drei anderen Beine ebenso. Beim letzten Bein häkelst du keine Km am Schluss, sondern häkelst nach der 11. Rd direkt weiter: Es entsteht der Bauch.

BAUCH (in Weiß)

1. Rd: 3 Lm, 5 fM entlang des ersten Beins, 5 Lm, 5 fM entlang des zweiten Beins, 3 Lm, 5 fM entlang des dritten Beins, 5 Lm, in das vierte Bein so einstechen, dass 5 fM zu häkeln sind bis zur Lm-Kette vom Anfang. Du hast nun automatisch deine Rd vollendet (= 36 M)
2. Rd: * 4 fM, 1 M abn *, von * bis * noch 5x wdh (= 30 M).
3. Rd: * 3 fM, 1 M abn *, von * bis * noch 5x wdh (= 24 M).
4. Rd: * 2 fM, 1 M abn *, von * bis * noch 5x wdh (= 18 M).
5. Rd: * 1 fM, 1 M abn *, von * bis * noch 5x wdh (= 12 M).
Dabei häkelst du so, dass du den Bauch von innen betrachtest. Das Beenden der letzten Rd kann etwas schwierig sein, aber es geht.
6. Rd: 6x 1 M abn (= 6 M).
Den Faden lang abschneiden und durch die letzte M ziehen. Mit einer Stopf-Nd und dem Restfaden ivM der letzten Rd weben. Den Faden fest anziehen und somit die Rd schließen.

KÖRPER (in Weiß)

Beginne mit einer stehenden fM (siehe Seite 15) in einer der langen Seiten (= 1. Rd des Bauchs). Stich durch die mittlere der 5 vorhandenen M.
1. Rd: Häkle in jede M eine fM (= 68 M).
2.–14. Rd: 1 fM in jede M der Vor-Rd.
Je nachdem, wie fest oder locker du häkelst, wird die folgende Rd eine etwas unterschiedliche M-Zahl haben als die vorgeschlagene. Die linke Seite wird der Po sein. Markiere die mittlere M zwischen den Hinterbeinen. Am Po erfolgen vier Abnahmen gemäß der Häkelschrift (nächste Seite). Häkle also so viele M, bis du zur ersten Abnahme kommst, und nimm dann nur am Po so ab. Anschließend kannst du die Rd bis zum Schluss mit fM weiterhäkeln. Die folgende Rd bietet dir einen Richtwert.
15. Rd: 14 fM, 1 M abn, 2 fM, 1 M abn, 2 fM, 1 M abn, 2 fM, 1 M abn, 40 fM (= 64 M).

WEITER GEHT'S ➡

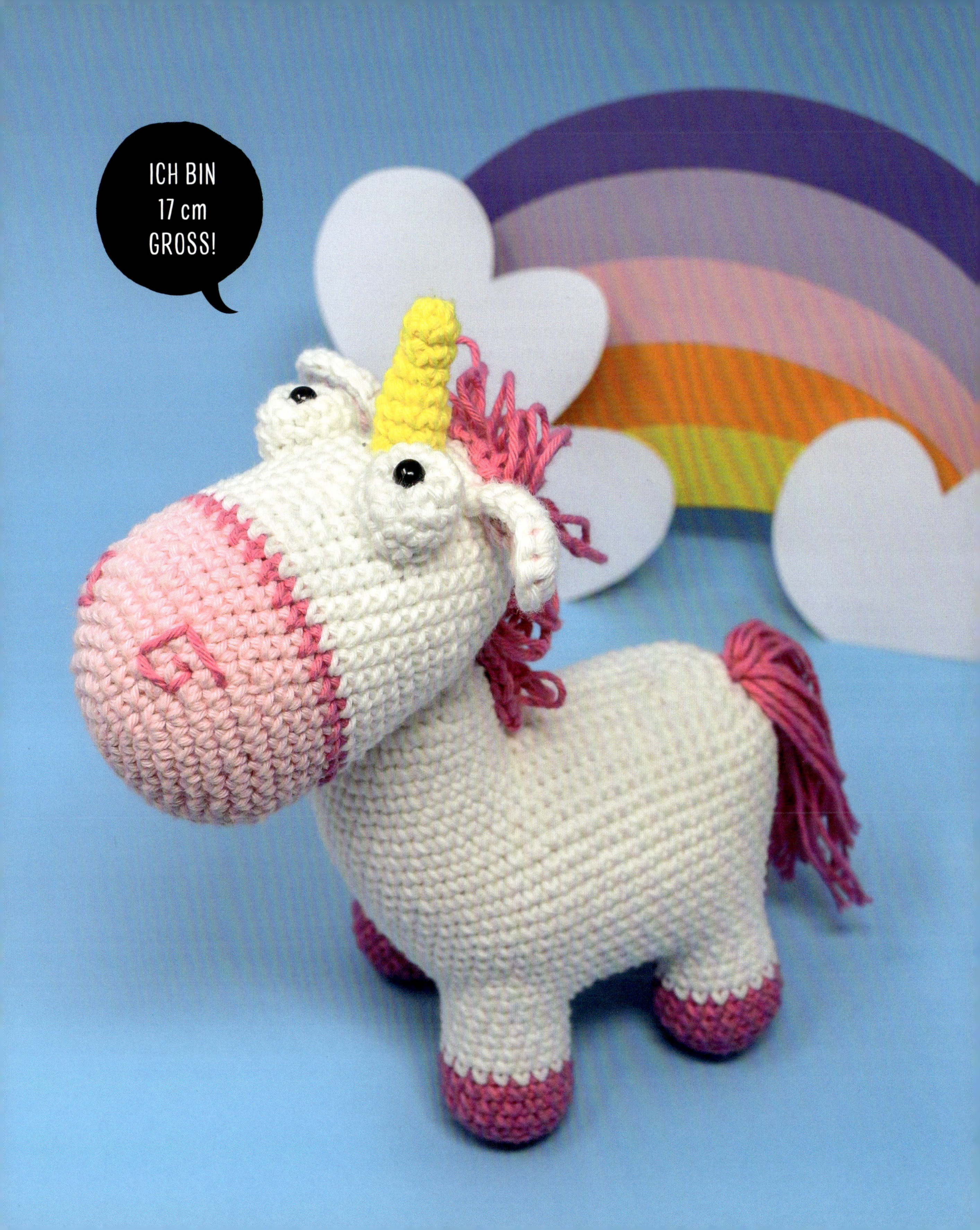
ICH BIN
17 cm
GROSS!

16. Rd: 13 fM, 1 M abn, 1 fM, 1 M abn, 1 fM, 1 M abn, 1 fM, 1 M abn, 40 fM (= 60 M).
17. Rd: 12 fM, 4x 1 M abn, 40 fM (= 56 M).
18. Rd: 8 fM, * 1 M abn, 2 fM, 1 M abn *, von * bis * noch 1x wdh, 36 fM (= 52 M).
19. Rd: 26 M überspringen, 26 fM (= 26 M).
Der Hals entsteht.
20.–22. Rd: 1 fM in jede M der Vor-Rd.
23. Rd: * 11 fM, 1 M abn *, von * bis * noch 1x wdh (= 24 M).
24. Rd: 7 fM, 12 Km, 5 fM (= 24 M).
25. Rd: 6 fM, 14 Km, 4 fM (= 24 M).
26. Rd: 6 fM, 1 Km in die übernächste M.
Schneide den Faden sehr lang ab und ziehe ihn durch die letzte M. Stopfe Beine, Körper und Hals fest mit Füllwatte aus und verschließe mit Nd und Faden den noch offenen Rücken.

HÄKELSCHRIFT

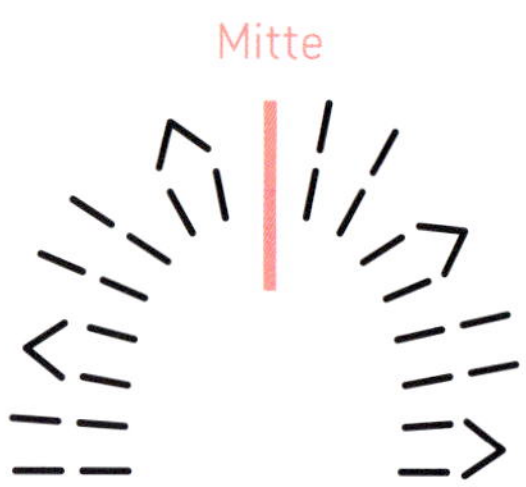

| = feste Masche
Λ = 2 Maschen zusammenhäkeln

Beginne beim Zunähen des Rückens im Nacken. Die letzten 6 M am Po verschließt du nicht gerade, sondern du webst nur in die vorderen M-Glieder und ziehst den Faden fest an. So ist der Po abgerundet verschlossen.

KOPF (in Weiß, Pink und Rosa)

Beginne mit Rosa.
1. Rd: 6 fM in einen Fadenring häkeln.
2. Rd: 6x 1 M zun (= 12 M).
3. Rd: * 1 fM, 1 M zun *, von * bis * noch 5x wdh (= 18 M).
4. Rd: * 2 fM, 1 M zun *, von * bis * noch 5x wdh (= 24 M).
5. Rd: * 3 fM, 1 M zun *, von * bis * noch 5x wdh (= 30 M).
6. Rd: * 4 fM, 1 M zun *, von * bis * noch 5x wdh (= 36 M).
7. Rd: * 5 fM, 1 M zun *, von * bis * noch 5x wdh (= 42 M).
8. und 9. Rd: 1 fM in jede M der Vor-Rd.
10. Rd: * 5 fM, 1 M abn *, von * bis * noch 5x wdh (= 36 M).
11. und 12. Rd: 1 fM in jede M der Vor-Rd.
Fb-Wechsel zu Pink.
13. Rd: 1 fM in jede M der Vor-Rd.
Fb-Wechsel zu Weiß.
14. Rd: 1 fM in jede M der Vor-Rd.
15. Rd: 5 fM, * 1 M abn, 10 fM *, von * bis * noch 1x wdh, 1 M abn, 5 fM (= 33 M).
16.–19. Rd: 1 fM in jede M der Vor-Rd.
20. Rd: * 9 fM, 1 M abn *, von * bis * noch 2x wdh (= 30 M).
21.–24. Rd: 1 fM in jede M der Vor-Rd.
25. Rd: * 3 fM, 1 M abn *, von * bis * noch 5x wdh (= 24 M).
26. Rd: * 2 fM, 1 M abn *, von * bis * noch 5x wdh (= 18 M).
Beginne, den Kopf fest mit Füllwatte auszustopfen. Im weiteren Verlauf stopfst du den Kopf bis zum Schluss immer wieder fest aus.
27. Rd: * 1 fM, 1 M abn *, von * bis * noch 5x wdh (= 12 M).
28. Rd: 6x 1 M abn (= 6 M).
Den Faden lang abschneiden und durch die letzte M ziehen. Mit einer Stopf-Nd und dem Restfaden ivM der letzten Rd weben. Den Faden fest anziehen, somit die Rd schließen, und vernähen.
Nähe den Kopf auf den Hals. Der Hinterkopf steht nur leicht über.

AUGEN (2x, in Weiß)

1. Rd: 6 fM in einen Fadenring häkeln.
2. Rd: 6x 1 M zun (= 12 M).
3. und 4. Rd: 1 fM in jede M der Vor-Rd.
Häkle 1 Km. Den Faden lang abschneiden und durch die letzte M ziehen. Befestige je ein Sicherheitsauge zwischen der 1. und 2. Rd. Stopfe die Augen aus und nähe sie oben auf den Kopf. Die Augen sollen leicht schielen.

MÄHNE (in Pink)

Häkle in R. Jede R endet mit einer Wende-Lm. Schlage 18 Lm an, in die 2. M von der Nd aus einstechen und wie folgt häkeln:
1. R: 17 Schlingmaschen.
2. R: 17 fM.
3. R: 17 Schlingmaschen.
4. R: 17 fM.
5. R: 17 Schlingmaschen.
Den Faden sehr lang abschneiden und durch die letzte M ziehen. Nähe die Mähne mittig auf Kopf und Hals. Die Schlingmaschen zeigen nach oben.

OHREN (2x, pro Ohr je 1x Weiß und 1x Rosa)

Ein Ohr besteht aus Außen- und Innenohr. Beginne mit dem farbigen Innenohr.

Innenohr (in Rosa)

Schlage 6 Lm an, in die 2. M von der Nd aus einstechen und wie folgt häkeln: 4 fM, 4 fM in eine M, auf der anderen Seite der Lm-Kette fortfahren mit 4 fM. Den Faden abschneiden, durch die letzte M ziehen und vernähen.

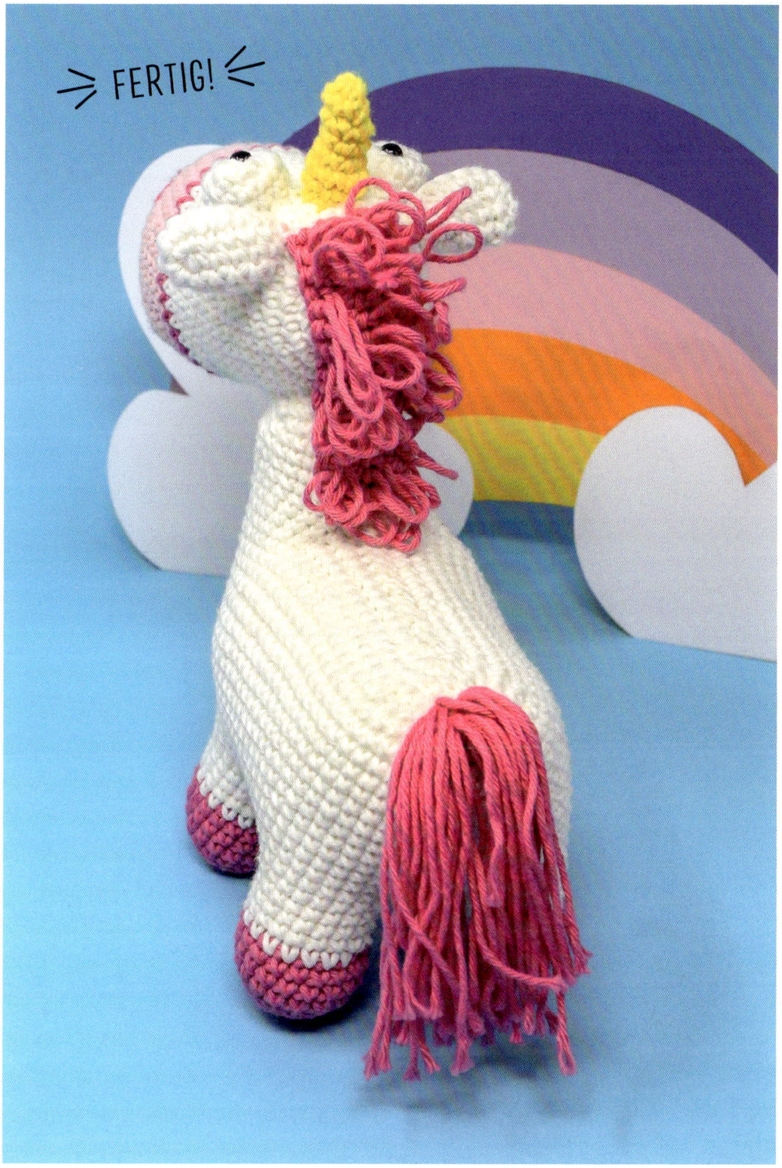

Außenohr (in Weiß)

Schlage 6 Lm an, in die 2. M von der Nd aus einstechen und wie folgt häkeln: 4 fM, 4 fM in eine M, auf der anderen Seite der Lm-Kette fortfahren mit 4 fM, 1 Wende-Lm. Lege das Innenohr auf das Außenohr und häkle nun um beide Teile gleichzeitig herum mit 5 fM, 2x 1 M zun, 5 fM (= 14 M). Den Faden lang abschneiden und durch die letzte M ziehen.

Klappe das Ohr längs zusammen und nähe es in der Flucht der Augen und gleichzeitig neben die Mähne an den Kopf.

HORN (in Gelb)

1. Rd: 5 fM in einen Fadenring häkeln.
2. Rd: 1 fM in jede M der Vor-Rd.
3. Rd: 2 fM, 1 M zun, 2 fM (= 6 M).
4. Rd: 1 M zun, 5 fM (= 7 M).
5. Rd: 3 fM, 1 M zun, 3 fM (= 8 M).
6. Rd: 1 M zun, 7 fM (= 9 M).
7. Rd: 4 fM, 1 M zun, 4 fM (= 10 M).
Häkle 1 Km. Den Faden lang abschneiden und durch die letzte M ziehen. Nähe das Horn vor die Mähne, auf Höhe zwischen Augen und Ohren, an den Kopf.

NASE (in Pink)

Zum Schluss stickst du die eckigen, spiralförmigen Nüstern auf die Nase, in einer Linie zu Augen und Ohren.

SCHWEIF (in Pink)

Den Faden mindestens 20 Mal um die Handfläche wickeln und an einer Stelle zusammenbinden. Die gegenüberliegende Seite durchschneiden. Die zusammengebundene Stelle an den Po nähen.

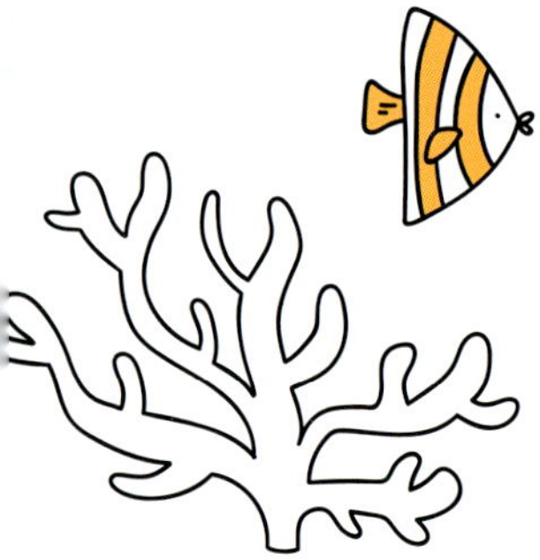

Neugieriger CLOWNFISCH

MATERIAL

- Scheepjes Catona (100 % Baumwolle, LL 125 m/50 g) in Sweet Orange (Fb 411), 50 g, Snow White (Fb 106) und Jet Black (Fb 110), je einen Rest
- Häkelnadel 2,5 mm
- Füllwatte
- Stopfnadel zum Vernähen

SO WIRD'S GEMACHT

Häkle den Körper in Spiralrunden. Alle Flossen werden in Reihen gehäkelt.

KÖRPER (in Sweet Orange)

1. Rd: 8 fM in einen Fadenring häkeln.
2. Rd: 8x 1 M zun (= 16 M).
3. Rd: * 1 fM, 1 M zun *, von * bis * noch 7x wdh (= 24 M).
4. Rd: * 2 fM, 1 M zun *, von * bis * noch 7x wdh (= 32 M).
5. Rd: * 3 fM, 1 M zun *, von * bis * noch 7x wdh (= 40 M).
6. Rd: * 4 fM, 1 M zun *, von * bis * noch 7x wdh (= 48 M).
7. Rd: 1 fM in jede M der Vor-Rd.
8. Rd: * 1 fM, 1 M abn *, von * bis * noch 5x wdh, 30 fM (= 42 M).
9.–11. Rd: 1 fM in jede M der Vor-Rd.
12. Rd: * 5 fM, 1 M abn *, von * bis * noch 5x wdh (= 36 M).
13.–15. Rd: 1 fM in jede M der Vor-Rd.
16. Rd: * 4 fM, 1 M abn *, von * bis * noch 5x wdh (= 30 M).
17.–19. Rd: 1 fM in jede M der Vor-Rd.
20. Rd: * 3 fM, 1 M abn *, von * bis * noch 5x wdh (= 24 M).
21. und 22. Rd: 1 fM in jede M der Vor-Rd.
Beginne, den Körper fest mit Füllwatte auszustopfen. Im weiteren Verlauf stopfst du bis zum Schluss immer wieder fest aus.
23. Rd: * 2 fM, 1 M abn *, von * bis * noch 5x wdh (= 18 M).
24. und 25. Rd: 1 fM in jede M der Vor-Rd.
26. Rd: * 1 fM, 1 M abn *, von * bis * noch 5x wdh (= 12 M).
27. Rd: 1 fM in jede M der Vor-Rd.
Trenne auf oder häkle ein paar M zusätzlich, damit deine Rd so abschließt, dass sie in der Flucht vom Rücken liegt. Nun wird die Öffnung mit 6 fM verschlossen. Häkle 2 Wende-Lm. Nun entsteht die Schwanzflosse direkt im Anschluss.

SCHWANZFLOSSE (in Sweet Orange, Jet Black und Snow White)

1. R: * 1 hStb, 2 hStb in eine M *, von * bis * noch 2x wdh, 2 Wende-Lm (= 9 M).
2. und 3. R: 9 hStb, 2 Wende-Lm.
4. R: 2 fM, 1 hStb, 3 Stb, 1 hStb, 2 fM, 1 Wende-Lm (= 9 M).
Fb-Wechsel zu Jet Black.
5. R: 1 fM in jede M der Vor-Rd, 1 Wende-Lm.
Fb-Wechsel zu Snow White.
6. R: 1 fM in jede M der Vor-R.
Den Faden abschneiden, durch die letzte M ziehen und vernähen.

GESICHT

Das Gesicht wird mit einem langen Faden in Sweet Orange geformt. Es werden Linien aufgestickt, die durch starkes Festziehen bei der ausgestopften Figur Erhebungen und Tiefen formen. Gehe dafür wie folgt vor: Die Stelle mit den vielen Abnahmen in der 8. Rd soll das Kinn darstellen. Stich so in den Körper, dass du * vorne (Fadenring und damit die zukünftige Nase) mit der Nd seitlich rechts von der Nase zwischen der 2. und 3. Rd herauskommst. Stich auf selber Höhe, aber 2 Rd rechts daneben wieder ein.

WEITER GEHT'S →

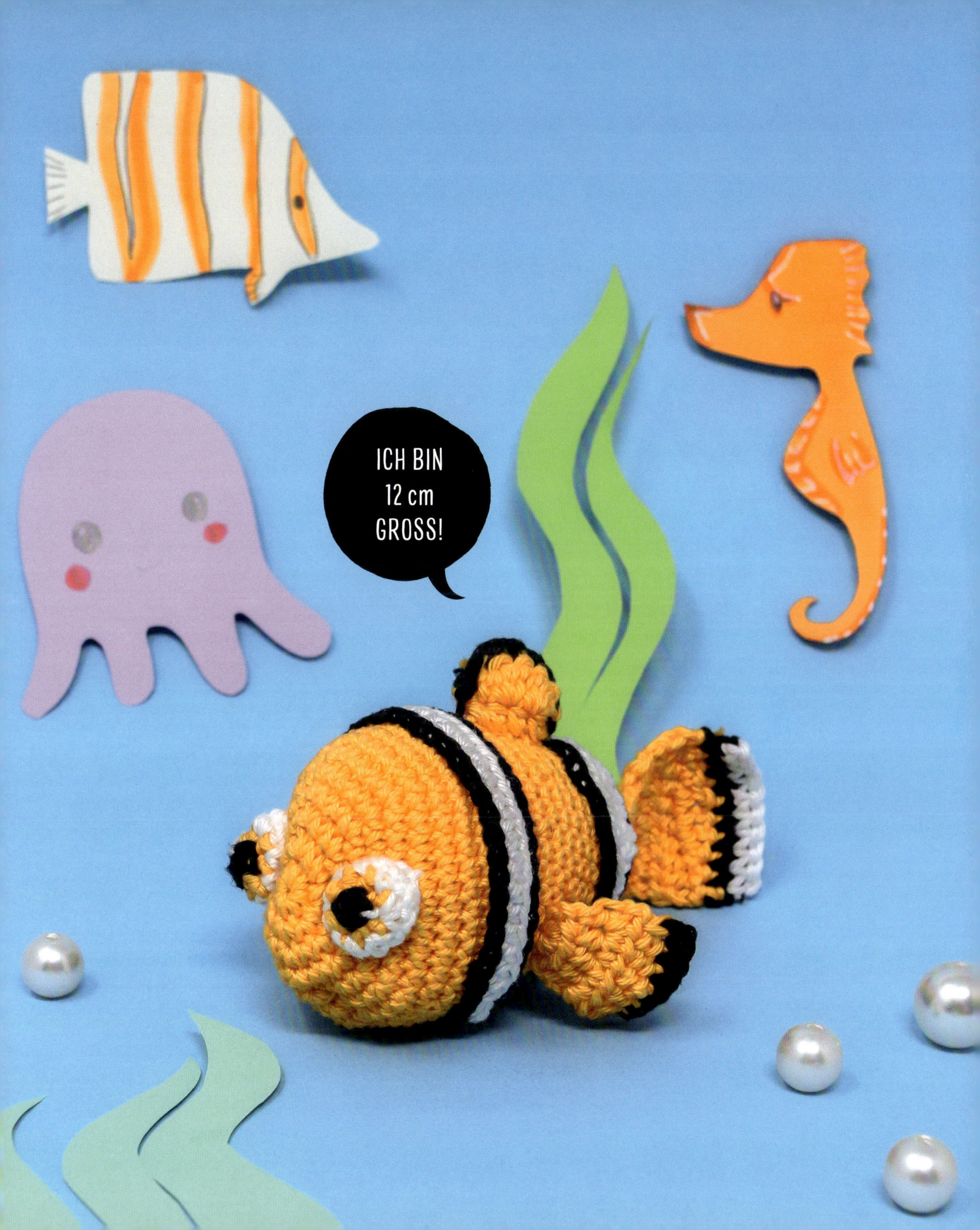
ICH BIN
12 cm
GROSS!

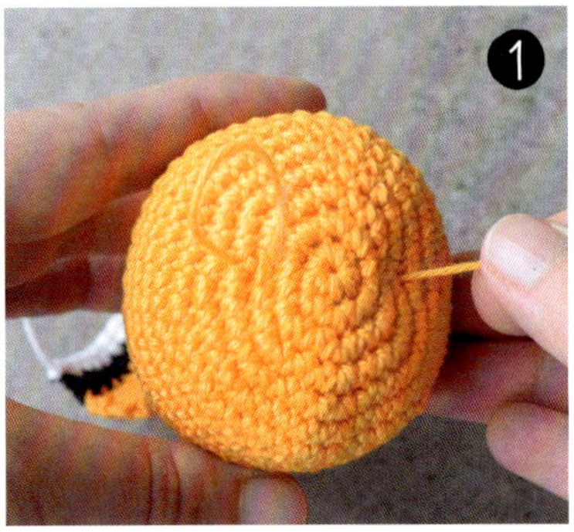

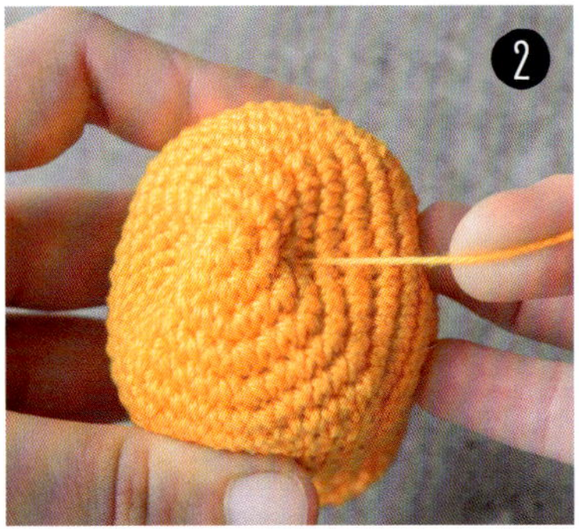

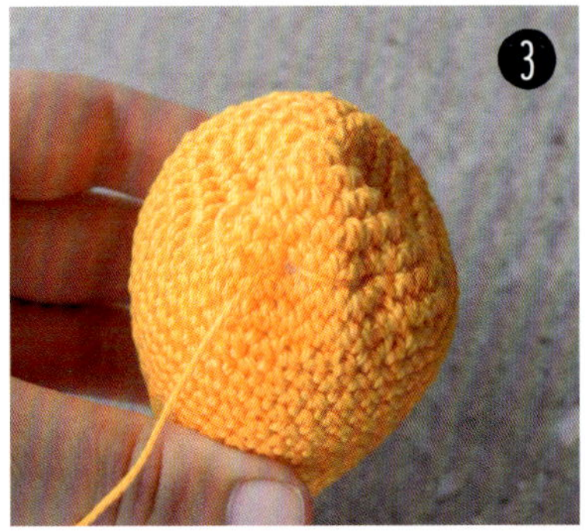

Nun muss die Nd auf der anderen Seite der Nase herauskommen, wieder zwischen der 2. und 3. Rd. Jetzt kannst du schon einmal fest anziehen. So sollte sich die rechte Augenhöhle formen. Stich anschließend 2 Rd links neben dem Austrittspunkt wieder ein und führe die Nd zur rechten Augenhöhle zurück. Ziehe fest an. Die linke Augenhöhle formt sich *. Wdh die Arbeitsschritte von * bis * noch mindestens einmal und ziehe so fest du kannst. Im Anschluss kannst du noch einen Mund formen. Stich durch die Augenhöhle nach unten. Die Nd sollte zwischen der 5. und 6. Rd unter einer Augenhöhle herauskommen. Symmetrisch auf der Gegenseite wieder einstechen und die Nd am ersten Mundwinkel wieder herauskommen lassen. Für den Mund diesen Arbeitsschritt zwei- bis dreimal wdh. Es ist gut so, wenn man den Faden später noch sieht. So wirkt es wie Lippen. ☛ siehe Bilder 1–3

SCHMALER STREIFEN (in Snow White und Jet Black)

Beginne mit Snow White. 40 Lm anschl, in die 2. M von der Nd aus einstechen und wie folgt häkeln:

1. Rd: 38 fM, in die letzte M 2 fM häkeln, dann mit Jet Black weiterhäkeln: 1 Km in dieselbe letzte M und auf der anderen Seite der Lm-Kette fortfahren mit 38 Km.

2. Rd: 40 Km ihM der weißen fM der Vor-Rd häkeln .

Schließe die schwarze Rd mit 1 Km. Den Faden sehr lang abschneiden und durch die letzte M ziehen.

Lege den Streifen um den Körper, relativ weit vorne. Am Bauch soll ruhig ein bisschen Platz sein zwischen den beiden Enden. Nähe den Streifen fest.

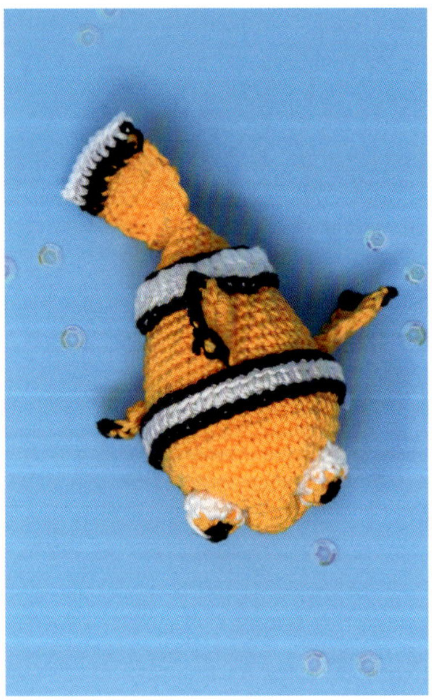

RÜCKENFLOSSE (in Sweet Orange und Jet Black)

Beginne mit Sweet Orange.
Lass einen langen Anfangsfaden stehen. 6 Lm anschl, in die 3. M von der Nd aus einstechen und wie folgt häkeln:

1. R: 4 hStb, 1 Wende-Lm.

2. R: 1 fM, 2x 1 hStb zun, 1 fM (= 6 M). Fb-Wechsel zu Jet Black und danach 1 Wende-Lm häkeln.

3. R: 1 fM in jede M der Vor-R.

Den Faden lang abschneiden und durch die letzte M ziehen. Nähe mit dem Anfangsfaden die Flosse direkt hinter den schmalen Streifen oben auf dem Rücken an. Mit dem schwarzen Restfaden nähst du beide Enden fest, sodass sich die Flosse zu einem Bogen formt.

DICKER STREIFEN (in Snow White und Jet Black)

Beginne mit Snow White. 23 Lm anschl, in die 2. M von der Nd aus einstechen und wie folgt häkeln:

1. Rd: 4 fM, 1 hStb, 1 Stb, 1 Stb zun, 1 hStb, 1 Stb zun, 1 Stb, 2 hStb, 1 Stb,

1 Stb zun, 1 Stb, 1 hStb, 1 Stb zun, 1 hStb, 3 fM, in die letzte M 2 fM häkeln, dann zu Jet Black wechseln: 1 Km in dieselbe letzte M und auf der anderen Seite der Lm-Kette fortfahren mit: 22 Km.

2. Rd: 1 Km in jedes hinter M-Glied der Vor-Rd.

Schließe die schwarze Rd mit 1 Km. Den Faden sehr lang abschneiden und durch die letzte M ziehen. Lege den Streifen um den Körper, direkt hinter die Rückenflosse. Am Bauch kann ruhig ein bisschen Platz sein zwischen den beiden Enden. Nähe den Streifen fest.

AUGEN (2x, in Sweet Orange, Jet Black und Snow White)

Beginne mit Sweet Orange.

1. Rd: 7 hStb in einen Fadenring häkeln und mit 1 Km zur Rd schließen. Fb-Wechsel zu Snow White. Mit einer stehenden fM beginnen (siehe Seite 15).

2. Rd: 3x 1 M zun, 4 fM (= 10 M). Spiralförmig weiterhäkeln.

3. Rd: 8 fM, 2 Km (= 10 M).

Den Faden lang abschneiden und durch die letzte M ziehen. Sticke mit Jet Black die Pupillen auf. Mit einem weißen Restfaden kannst du zusätzlich noch Lichtreflexe aufsticken. Nähe die Augen in die Augenhöhlen. Die Seite mit den abschließenden Km zeigt nach innen zur Nase. Stopfe die Augen beim Festnähen mit Füllwatte aus.

KLEINE SEITENFLOSSE (in Sweet Orange und Jet Black)

Beginne mit Sweet Orange. Lass einen langen Anfangsfaden stehen.

1. R: 3 hStb in einen Fadenring häkeln, 2 Wende-Lm.

2. R: 1 hStb in jede M der Vor-R. Fb-Wechsel zu Jet Black und anschließend eine Wende-Lm häkeln.

3. R: 1 fM in jede M der Vor-R.

Faden abschneiden und vollständig durch die letzte M ziehen und vernähen. Mit dem langen Anfangsfaden kann die Flosse seitlich links an den Körper genäht werden.

GROSSE SEITENFLOSSE (in Sweet Orange und Jet Black)

Beginne mit Sweet Orange. Lass einen langen Anfangsfaden stehen.

1. R: 4 hStb in einen Fadenring häkeln, 2 Wende-Lm.

2. R: 1 hStb in jede M der Vor-R, 2 Wende-Lm.

3. R: 1 hStb zun, 2 hStb, 1 hStb zun (= 6 M).

4. R: 1 hStb in jede M der Vor-R. Fb-Wechsel zu Jet Black und anschließend eine Wende-Lm häkeln.

5. R: 1 fM in jede M der Vor-R.

Den Faden abschneiden, durch die letzte M ziehen und vernähen. Mit dem langen Anfangsfaden kann die Flosse seitlich rechts an den Körper genäht werden.

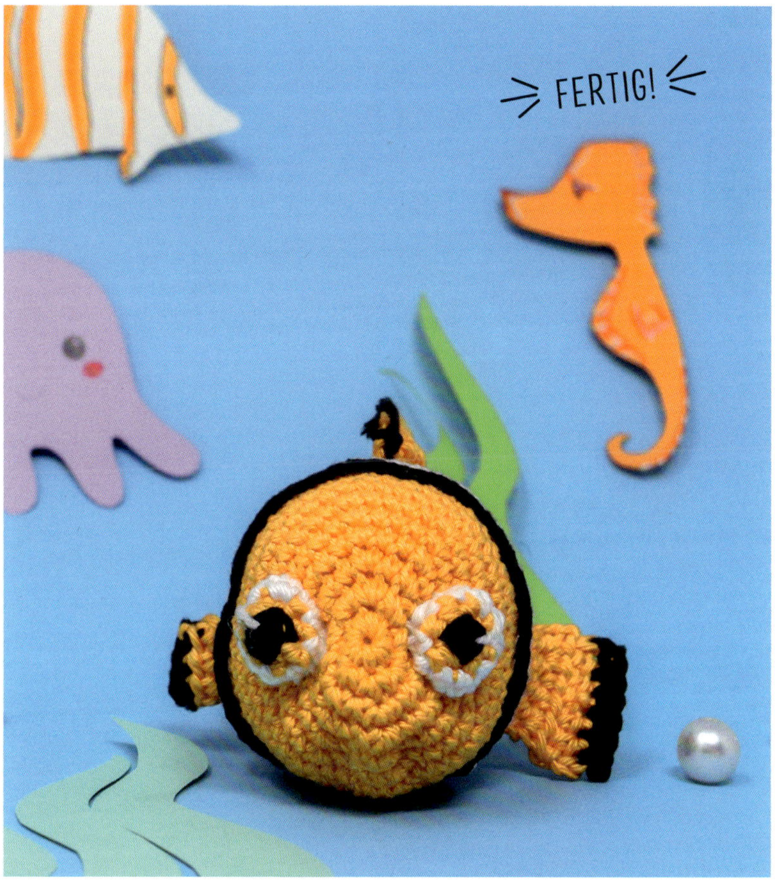

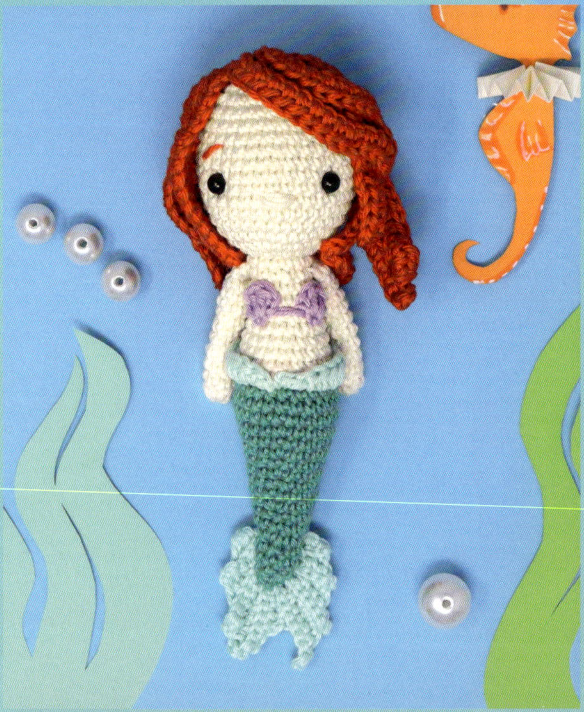
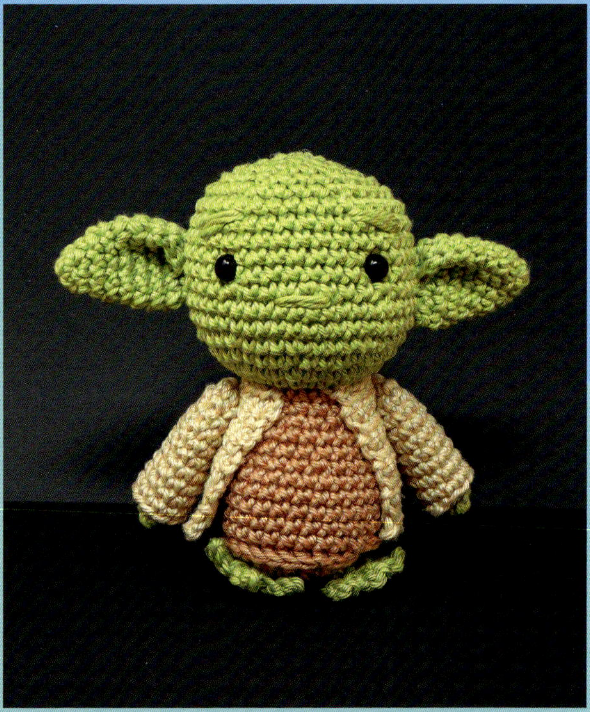
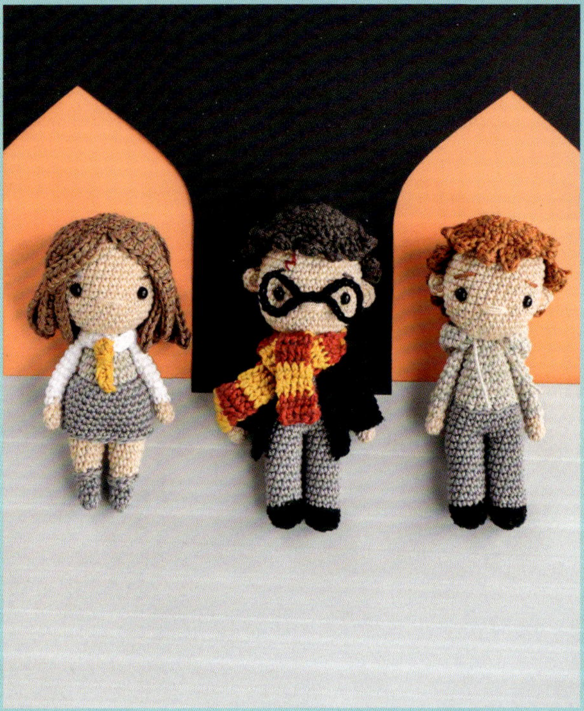
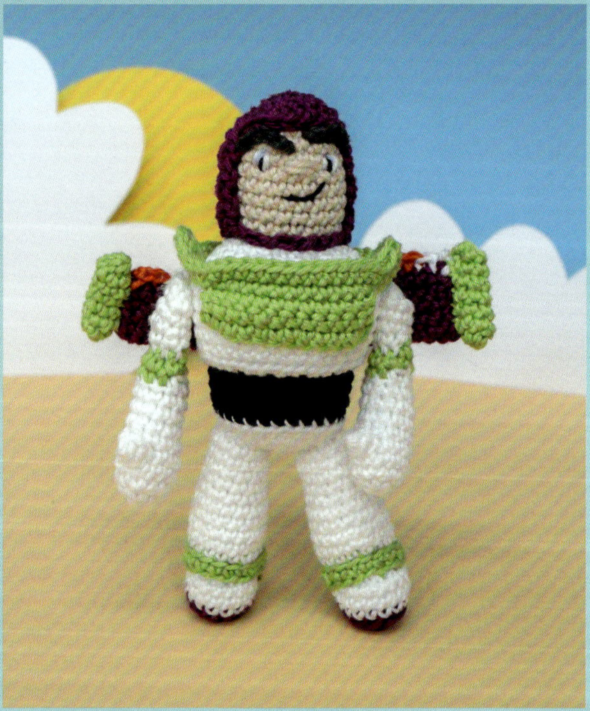

HELDEN DER 80ER & 90ER

MILLENNIALS KENNEN SIE AUS IHRER EIGENEN KINDHEIT UND LIEBEN SIE HEUTE IMMER NOCH GENAUSO WIE DAMALS!

Das magische TRIO

AUSERWÄHLTER ZAUBERLEHRLING

MATERIAL

- Schachenmayr Catania (100 % Baumwolle, LL 125 m/50 g) in Ivory (Fb 436), Leinen (Fb 248), Schwarz (Fb 110), Zartbitter (Fb 415), Gold (Fb 249), Weinrot (Fb 192) und Rauchgrau (Fb 435), je einen Rest
- Häkelnadel 2,5 mm
- Sicherheitsaugen, ∅ 6 mm
- Füllwatte
- Stopfnadel zum Vernähen

SO WIRD'S GEMACHT

Häkle in Spiralrunden. Beine, Körper und Kopf werden in einem Stück gehäkelt. Arme, Haare und Accessoires werden einzeln gehäkelt und später angenäht.

BEINE, KÖRPER UND KOPF (in Rauchgrau, Schwarz, Leinen und Ivory)

Beginne mit Schwarz.

1. Rd: 6 fM in einen Fadenring häkeln.

2. Rd: 6x 1 M zun (= 12 M).

Häkle 1 Km in die übernächste M, beginne die folgende Rd in derselben M.

3. Rd: 1 fM in jedes hintere M-Glied der Vor-Rd.

4. Rd: 1 fM in jede M der Vor-Rd.

Fb-Wechsel zu Rauchgrau.

5. Rd: 1 fM in jedes hintere M-Glied der Vor-Rd .

6.–14. Rd: 1 fM in jede M der Vor-Rd.

Erstes Bein: Nach der 14. Rd 1 Km in die übernächste M häkeln. Den Faden abschneiden, durch die letzte M ziehen und vernähen.

Arbeite ein zweites Bein. Wdh dafür die 1. bis 14. Rd, häkle jedoch keine Km und schneide den Faden nicht ab. Anschließend werden die Beine miteinander verbunden. Hierfür wie folgt weiterhäkeln:

15. Rd: 1 Km (zum ersten Bein), 11 fM, 1 Km (zum anderen Bein), 11 fM (= 24 fM).

16.–18. Rd: 1 fM in jede M der Vor-Rd.

Fb-Wechsel zu Leinen.

19. Rd: ihM * 2 fM, 1 M abn *, von * bis * noch 5x wdh (= 18 M).

20.–22. Rd: 1 fM in jede M der Vor-Rd.

23. Rd: * 4 fM, 1 M abn *, von * bis * noch 2x wdh (= 15 M).

24. Rd: 1 fM in jede M der Vor-Rd.

Beginne, Beine und Körper fest mit Füllwatte auszustopfen. Im weiteren Verlauf stopfst du die Figur bis zum Schluss immer wieder fest aus.

25. Rd: * 3 fM, 1 M abn *, von * bis * noch 2x wdh (= 12 M).

26. und 27. Rd: 1 fM in jede M der Vor-Rd.

Fb-Wechsel zu Ivory.

28. Rd: 1 Km in jede M der Vor-Rd.

29. Rd: in die Km der Vor-Rd häkeln, 12x 1 M zun (= 24 M).

30. Rd: * 3 fM, 1 M zun *, von * bis * noch 5x wdh (= 30 M).

31. Rd: * 4 fM, 1 M zun *, von * bis * noch 5x wdh (= 36 M).

32.–41. Rd: 1 fM in jede M der Vor-Rd.

Befestige die Sicherheitsaugen zwischen der 35. und 36. Rd. Zwischen den Augen sollen 8 M frei sein.

Betrachte die Puppe von unten. So kannst du erkennen, an welcher Stelle deine Augen sitzen sollen, damit deine Puppe gerade nach vorne schaut.

42. Rd: * 4 fM, 1 M abn *, von * bis * noch 5x wdh (= 30 M).

43. Rd: * 3 fM, 1 M abn *, von * bis * noch 5x wdh (= 24 M).

44. Rd: * 2 fM, 1 M abn *, von * bis * noch 5x wdh (= 18 M).

45. Rd: * 1 fM, 1 M abn *, von * bis * noch 5x wdh (= 12 M).

WEITER GEHT'S ➡

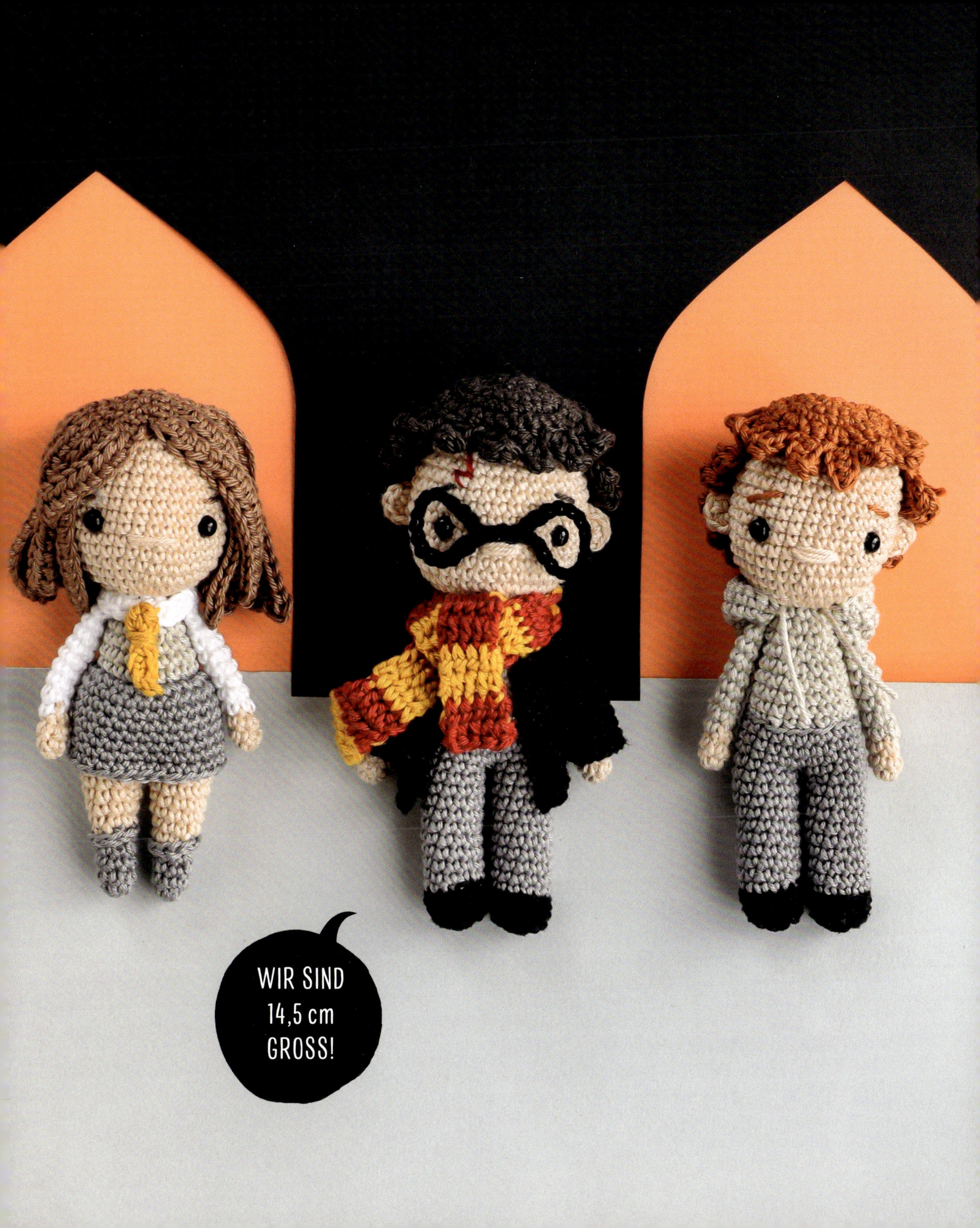
WIR SIND
14,5 cm
GROSS!

46. Rd: 6x 1 M abn (= 6 M).
Den Faden lang abschneiden und durch die letzte M ziehen. Mit einer Stopf-Nd und dem Restfaden ivM der letzten Rd weben. Den Faden fest anziehen, somit die Rd schließen, und mit dem Restfaden zwischen den Augen die Nase aufsticken.
Die Nase soll etwa 3 M breit sein.

BRILLE (in Schwarz)

16 Lm anschl, mit 1 Km in die erste Lm zur Rd schließen. Direkt im Anschluss 19 Lm anschl. Häkle 1 Km in die vierte Lm der 19 Lm. So erhältst du eine zweite Rd. Den Faden lang abschneiden und durch die letzte M ziehen. Die Brille ist fertig und kann nun auf die Nase genäht werden.

HAARE (in Zartbitter)

1. Rd: 6 fM in einen Fadenring häkeln.
2. Rd: 6x 1 M zun (= 12 M).
3. Rd: * 1 fM, 1 M zun *, von * bis * noch 5x wdh (= 18 M).
4. Rd: * 2 fM, 1 M zun *, von * bis * noch 5x wdh (= 24 M).
5. Rd: * 3 fM, 1 M zun *, von * bis * noch 5x wdh (= 30 M).
6. Rd: * 4 fM, 1 M zun *, von * bis * noch 5x wdh (= 36 M).
7.–10. Rd: 1 fM in jede M der Vor-Rd.
Im Anschluss werden die Strähnen an die Halbkugel gehäkelt. * 4 Lm anschl, in die 2. M von der Nd aus einstechen und 3 hStb zurück häkeln, mit 1 Km in die übernächste M aus Rd 10 die Strähne fixieren. * Von * bis * noch 11x wdh.
Den Faden sehr lang abschneiden, durch die letzte M ziehen und die Haare an den Kopf nähen. Bedecke mit den Haaren den Hinterkopf.
Die Stelle ohne Strähnen liegt oben und bedeckt knapp den Scheitel.
Über Vorderkopf und Scheitel wird später der Pony gelegt.

PONY (in Zartbitter)

Häkle in R. Jede R endet mit einer Wende-Lm.
1. R: 4 fM in einen Fadenring häkeln.
2. R: 4x 1 M zun (= 8 M).
3. R: * 1 fM, 1 M zun *, von * bis * noch 3x wdh (= 12 M).
4. R: * 2 fM, 1 M zun *, von * bis * noch 3x wdh (= 16 M).
5. R: 1 fM in jede M der Vor-R.
Die folgende Wende-Lm ist inklusive.
6. R: 4 Lm anschl, in die 2. M von der Nd aus einstechen und 3 hStb zurück häkeln, mit 1 Km in die übernächste M aus R 5 die Strähne fixieren. * Von * bis * noch 7x wdh.
Den Faden lang abschneiden, durch die letzte M ziehen und den Pony oben auf den Kopf nähen.
Mit Restgarn kannst du nun noch Augenbrauen aufsticken.

JACKE (in Schwarz)

Häkle in R. Jede R endet mit einer Wende-Lm. 17 Lm anschl, in die 2. M von der Nd aus einstechen und wie folgt häkeln:
1. R: 16 fM.
2. R: 1 fM in jede M der Vor-R.
3. R: 1 M zun, 14 fM, 1 M zun (= 18 M).
4. R: 1 fM in jede M der Vor-R.
5. R: 1 M zun, 16 fM, 1 M zun (= 20 M).
6.–15. R: 1 fM in jede M der Vor-R.
Den Faden lang abschneiden, durch die letzte M ziehen und vernähen.
Lege die Jacke um den Oberkörper.
R 1 umschließt den Hals. Nähe die Jacke oben an den Oberkörper.

ÄRMEL (2x, in Schwarz)

1. Rd: 8 fM in einen Fadenring häkeln.
2. Rd: 8x 1 M zun (= 16 M).
3.–12. Rd: 1 fM in jede M der Vor-Rd.
Häkle 2 Km. Den Faden abschneiden, durch die letzte M ziehen und vernähen.

ARME (2x, in Ivory, Leinen und Schwarz)

Beginne mit Ivory.
1. Rd: 6 fM in einen Fadenring häkeln.
2. und 3. Rd: 1 fM in jede M der Vor-Rd.
Fb-Wechsel zu Leinen.
4.–11. Rd: 1 fM in jede M der Vor-Rd.
Drücke den Arm oben flach zusammen und verschließe die Öffnung mit Schwarz mit 3 fM, indem du durch beide Seiten gleichzeitig häkelst. Den Faden lang abschneiden und durch die letzte M ziehen. Lege einen Arm in einen Ärmel und ziehe den Endfaden vom Arm oben durch den Rd-Beginn des Ärmels. Drücke den Ärmel samt Arm oben flach zusammen und nähe so beide seitlich an den Körper. Lasse dafür etwa eine Rd Platz zum Kopf und platziere die Arme zwischen der 26. und 27. Rd am Körper.

SCHAL (in Gold und Weinrot)

Häkle in R. Jede R endet mit zwei Wende-Lm. Der Schal wird mit Streifenmuster gearbeitet, dabei je 2 R Gold und 2 R Weinrot arbeiten.
Beginne mit Gold. 6 Lm anschl, in die 3. M von der Nd aus einstechen und wie folgt häkeln:
1. R: 4 hStb.
2.–32. R: 1 hStb in jede M der Vor-R.
Den Faden abschneiden, durch die letzte M ziehen und vernähen.

Führe den andersfarbigen Faden beim Häkeln immer mit (er wird eingehäkelt), so entstehen an der äußeren Kante keine Querfäden und du musst nicht bei jedem Fb-Wechsel die Fäden abschneiden und vernähen.

NARBE

Für die markante Narbe teilst du den Faden in Weinrot. So erhältst du einen dünnen Faden. Sticke damit die Narbe auf die Stirn.

OHREN (2x, in Ivory)

5 fM in einen Fadenring häkeln. Anschließend den Faden lang abschneiden, vollständig durch die letzte M ziehen und die Ohren seitlich an den Kopf auf Höhe der Augen annähen.

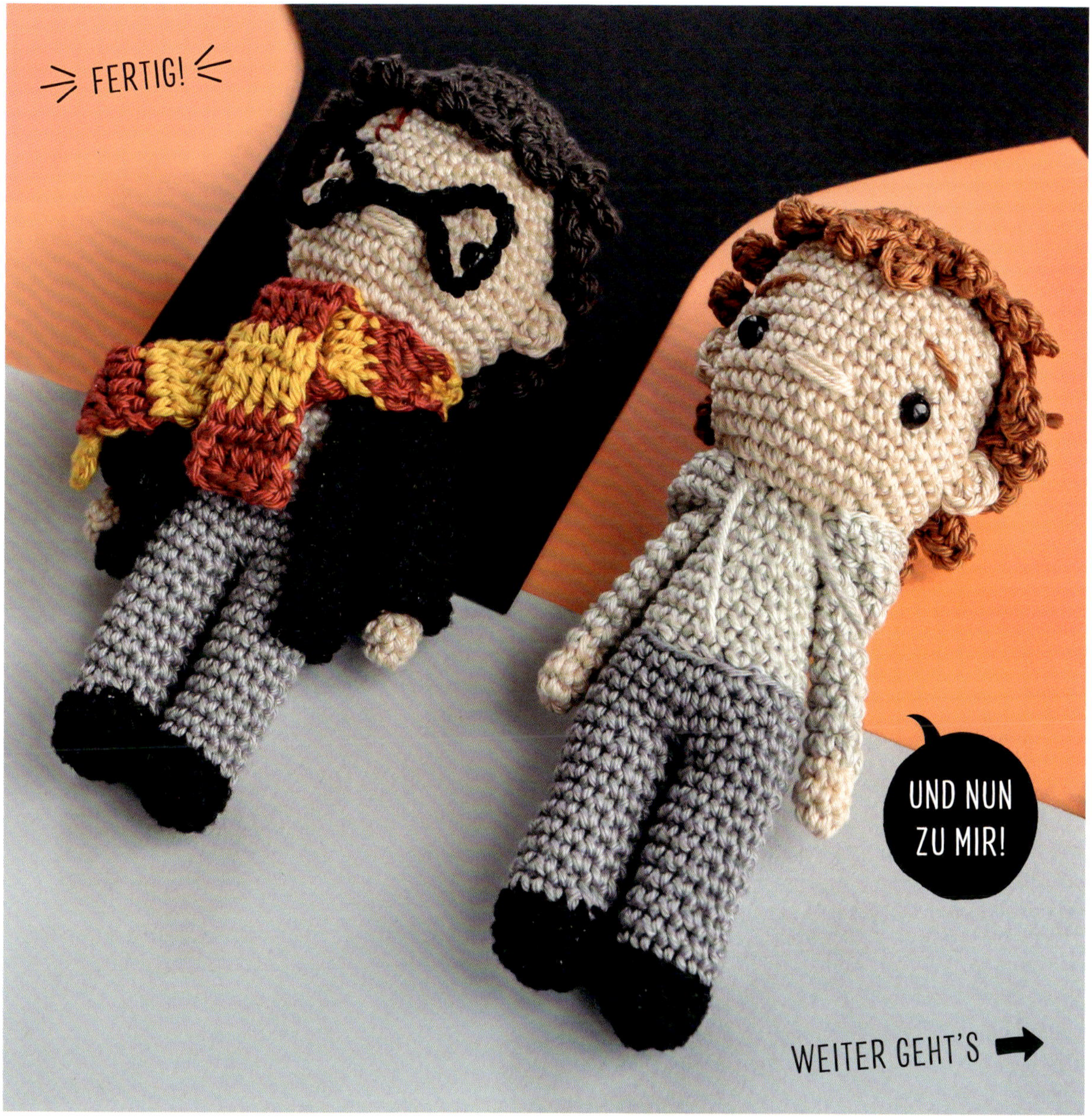

ROTHAARIGER HÜTER

SO WIRD'S GEMACHT

Körper, Kopf, Arme und Haare wie beim Zauberlehrling arbeiten. Die Arme werden am Ende mit der Farbe Leinen verschlossen, da diese Figur keinen schwarzen Mantel trägt. Für die Haare wurde die ☛ Fuchs (Fb 426) von Schachenmayr Catania verwendet. Der Hoodie entsteht, indem du eine Kapuze in Leinen häkelst. Häkle in R. Jede R endet mit einer Wende-Lm.

1. R: 3 fM in einen Fadenring häkeln.
2. R: 3x 1 M zun (= 6 M).
3. R: * 1 fM, 1 M zun *, von * bis * noch 2x wdh (= 9 M).
4. R: * 2 fM, 1 M zun *, von * bis * noch 2x wdh (= 12 M).
5. R: * 3 fM, 1 M zun *, von * bis * noch 2x wdh (= 15 M).
6. R: * 4 fM, 1 M zun *, von * bis * noch 2x wdh (= 18 M).
7. R: 1 fM in jede M der Vor-R.
8. R: * 5 fM, 1 M zun *, von * bis * noch 2x wdh (= 21 M).
9. R: 1 fM in jede M der Vor-R.
10. R: * 6 fM, 1 M zun *, von * bis * noch 2x wdh (= 24 M).
Den Faden lang abschneiden und durch die letzte M ziehen. Lege den entstandenen Halbkreis mit der Seite der Wende-Lm um den Hals, sodass eine Kapuze entsteht. Nähe die Kapuze fest. Es ist richtig so, dass die Kapuze den Hals nicht vollständig umschließt. Lasse zwei Fäden für die Hoodie-Kordeln hängen.
Den Körper unten an den Kopf nähen.

BEGABTE HEXE

SO WIRD'S GEMACHT

Unsere Hexe ist eine Kombination aus verschiedenen Anleitungen aus dem Buch. Verwende die ☛ Fb Rauchgrau, Ivory und Leinen für den Gesamtkörper. Beine, Körper und Kopf entstehen nach der Anleitung der schönen Prinzessin (siehe Seite 78). Arbeite aber die ersten 4 Rd der Beine in Rauchgrau. Beim Körper die 18. Rd in Rauchgrau arbeiten, ab der 19. Rd in Leinen. Der Fb-Wechsel oben am Körper von Leinen zu Ivory erfolgt erst nach der 26. Rd.

Häkle später in Rauchgrau eine Lm-Kette aus 10 Lm für die Strumpfbündchen und nähe sie oben an den grauen Teil der Beine. Die Haare wurden mit ☛ Deep Amber (Fb 438) nach der Haaranleitung der Meerjungfrau gehäkelt (siehe Seite 58). Die Arme arbeitest du wie die des Zauberlehrlings, dabei aber statt Leinen die Fb Weiß verwenden. Verschließe die Arme mit Weiß.
Die Hexe trägt einen Kragen. 17 Lm in Weiß anschl, in die 2. M von der Nd aus einstechen und 16 fM zurück häkeln. Den Faden lang abschneiden und durch die letzte M ziehen. Lege den Kragen, mit der Lm-Kette nach innen um den Hals und nähe ihn fest. Vorne bleibt eine Lücke frei für die Krawatte.

Für die Krawatte 6 Lm in Gold anschl, in die 2. M von der Nd aus einstechen und wie folgt häkeln: 1 Km, 1 fM, 1 hStb, 1 fM, 1 Km + 2 Lm + 3 hStb in die letzte M. Den Faden lang abschneiden und durch die letzte M ziehen. Die Gruppe aus 3 hStb zusammennähen, sodass ein „Knoten" entsteht, unterhalb des Knotens den Faden mehrmals um die Krawatte wickeln und sie an den Kragen nähen.

Für den Rock wie bei der Prinzessin vorgehen (siehe Seite 78) und in die vorderen M-Glieder der 18. Rd am Körper häkeln. Beginne mit einer stehenden fM in Rauchgrau.
1. Rd: * 1 fM, 1 M zun *, von * bis * noch 8x wdh (= 27 M).
2.–8. Rd: 1 fM in jede M der Vor-Rd.
Den Faden lang abschneiden, vollständig durch die letzte M ziehen und vernähen.

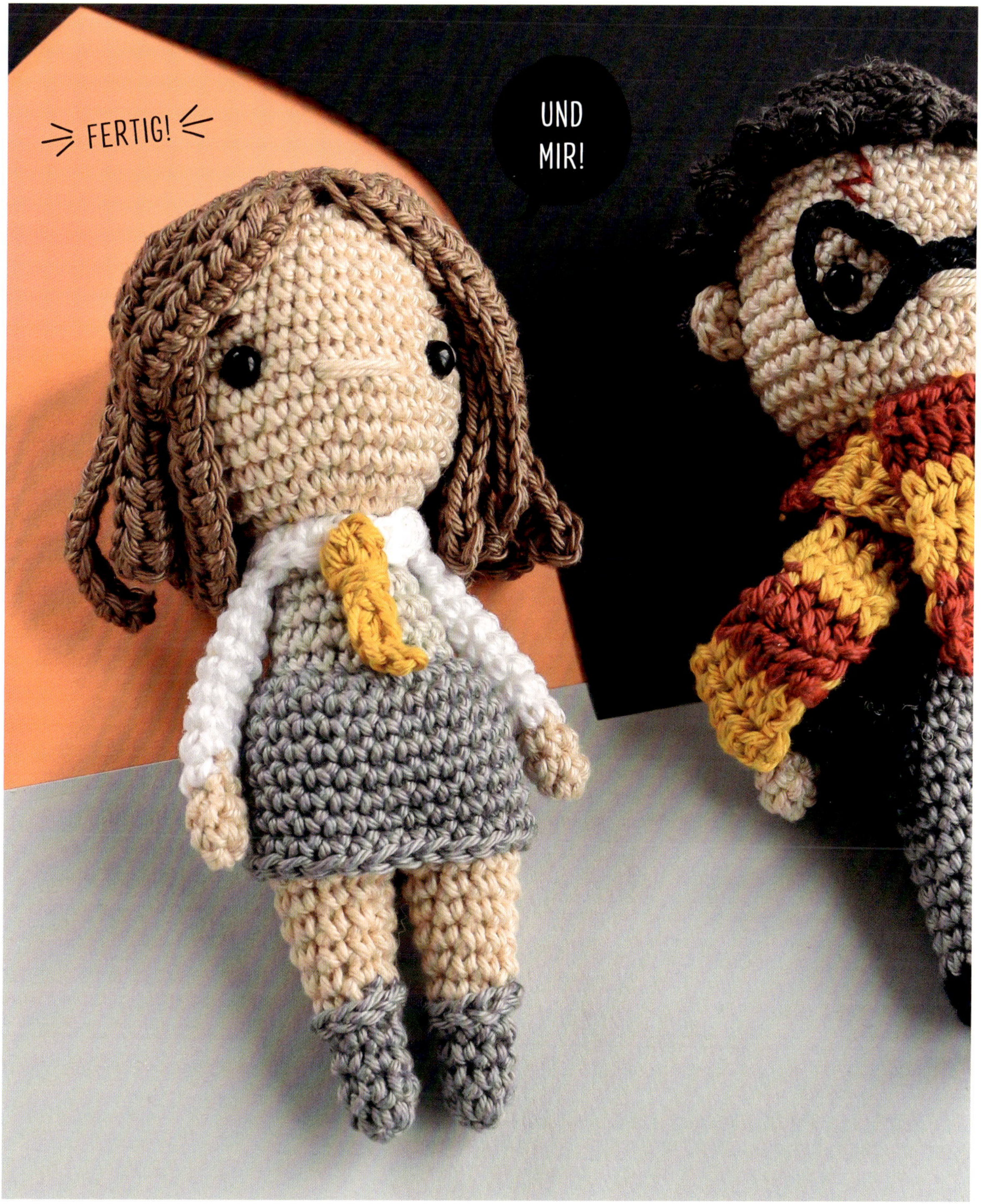
FERTIG!
UND MIR!

JEDi, ein weiser

MATERIAL

- Lana Grossa Cotone (100 % Baumwolle, LL 125 m/50 g), in Pistazie (Fb 23), Beigerot (Fb 68) und Pfirsich (Fb 56), je einen Rest
- Häkelnadel 2,5 mm
- Sicherheitsaugen, ∅ 6 mm
- Füllwatte
- Stopfnadel zum Vernähen

SO WIRD'S GEMACHT

Kopf und Körper werden am Stück in Spiralrunden gehäkelt. Ohren, Füße, Arme und Ärmel werden einzeln gehäkelt und angenäht.

KÖRPER (in Beigerot)

1. Rd: 6 fM in einen Fadenring häkeln.
2. Rd: 6x 1 M zun (= 12 M).
3. Rd: * 1 fM, 1 M zun *, von * bis * noch 5x wdh (= 18 M).
4. Rd: * 2 fM, 1 M zun *, von * bis * noch 5x wdh (= 24 M).
5. Rd: * 3 fM, 1 M zun *, von * bis * noch 5x wdh (= 30 M).
6. Rd: 1 RfMh in jede M der Vor-Rd.
7.–11. Rd: 1 fM in jede M der Vor-Rd.
12. Rd: * 3 fM, 1 M abn *, von * bis * noch 5x wdh (= 24 M).
13. und 14. Rd: 1 fM in jede M der Vor-Rd.
15. Rd: * 2 fM, 1 M abn *, von * bis * noch 5x wdh (= 18 M).
16. und 17. Rd: 1 fM in jede M der Vor-Rd.
18. Rd: 1 Km in jede M der Vor-Rd.
Stopfe den Körper fest mit Füllwatte aus. Fahre ohne Unterbrechung mit dem Häkeln des Kopfs fort.

KOPF (in Pistazie)

19. Rd: * 1 fM, 1 M zun *, von * bis * noch 8x wdh (= 27 M).
20. Rd: * 2 fM, 1 M zun *, von * bis * noch 8x wdh (= 36 M).
21. Rd: 1 fM in jede M der Vor-Rd.
22. Rd: * 3 fM, 1 M zun *, von * bis * noch 8x wdh (= 45 M).
23. und 24. Rd: 1 fM in jede M der Vor-Rd.
25. Rd: * 3 fM, 1 M abn *, von * bis * noch 8x wdh (= 36 M).
26.–30. Rd: 1 fM in jede M der Vor-Rd.
Befestige die Sicherheitsaugen zwischen der 8. und 9. Rd des Kopfs und lass dazwischen 7 M frei.
31. Rd: * 4 fM, 1 M abn *, von * bis * noch 5x wdh (= 30 M).
32. Rd: * 3 fM, 1 M abn *, von * bis * noch 5x wdh (= 24 M).
33. Rd: * 2 fM, 1 M abn *, von * bis * noch 5x wdh (= 18 M).
34. Rd: * 1 fM, 1 M abn *, von * bis * noch 5x wdh (= 12 M).
35. Rd: 6x 1 M abn (= 6 M).
Den Faden lang abschneiden und durch die letzte M ziehen. Mit einer Stopf-Nd und dem Restfaden ivM der letzten Rd weben. Den Faden fest anziehen und somit die Rd schließen.

OHREN (2x, in Pistazie)

1. Rd: 5 fM in einen Fadenring häkeln.
2. Rd: 1 fM in jede M der Vor-Rd.
3. Rd: 5x 1 M zun (= 10 M).
4. und 5. Rd: 1 fM in jede M der Vor-Rd.
6. Rd: * 1 fM, 1 M zun *, von * bis * noch 4x wdh (= 15 M).
7. und 8. Rd: 1 fM in jede M der Vor-Rd.
Drücke das Ohr flach zusammen und verschließe die Öffnung mit 7 fM. Schneide den Faden lang ab und ziehe ihn durch die letzte M. Klappe eine der Seiten zur Mitte hin ein und fixiere sie so. Das wird die obere Seite des Ohrs. Nähe beide Ohren seitlich an den Kopf. Mit dem Restfaden kannst du Nase und Augenbrauen aufsticken.

WEITER GEHT'S ➡

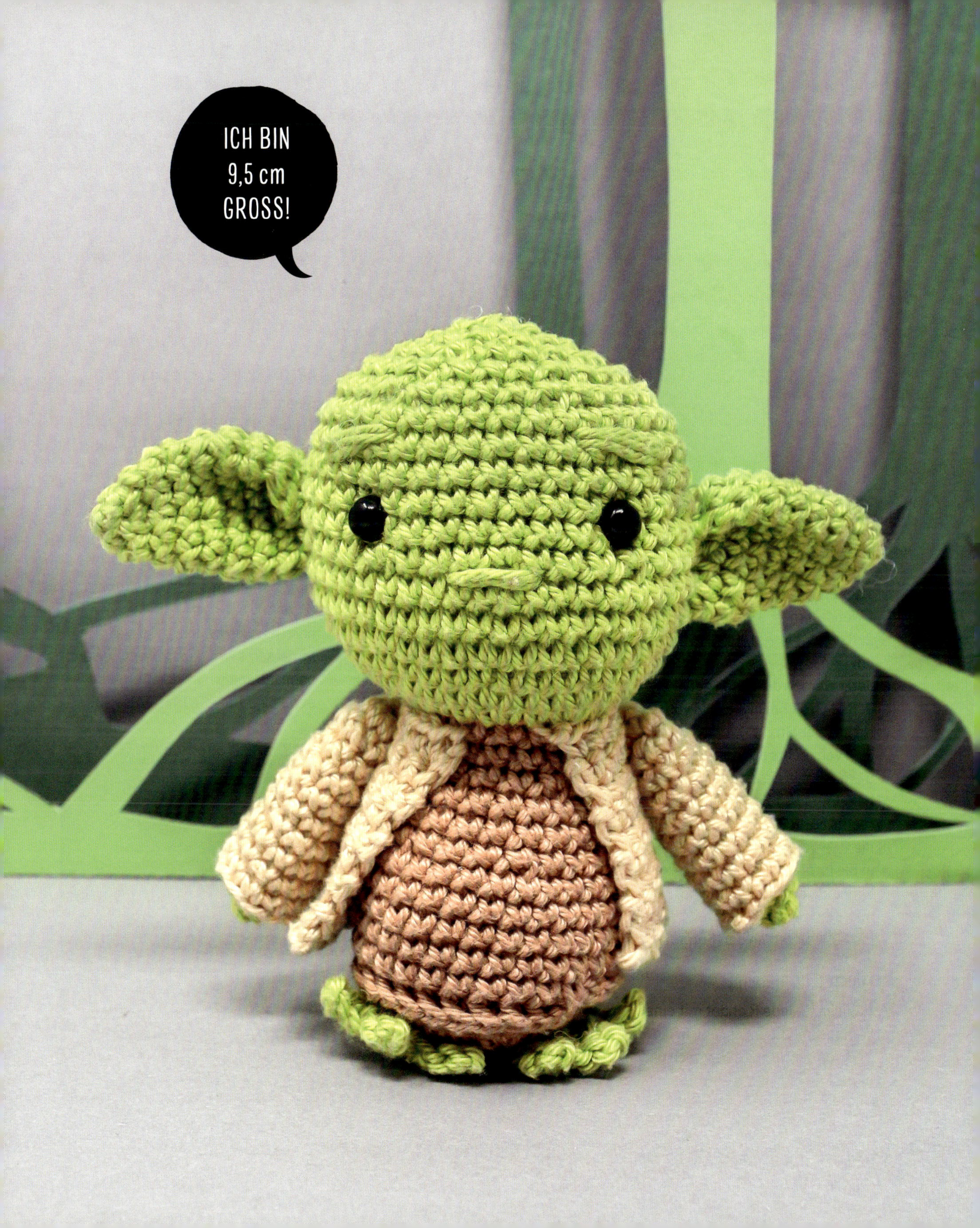
ICH BIN
9,5 cm
GROSS!

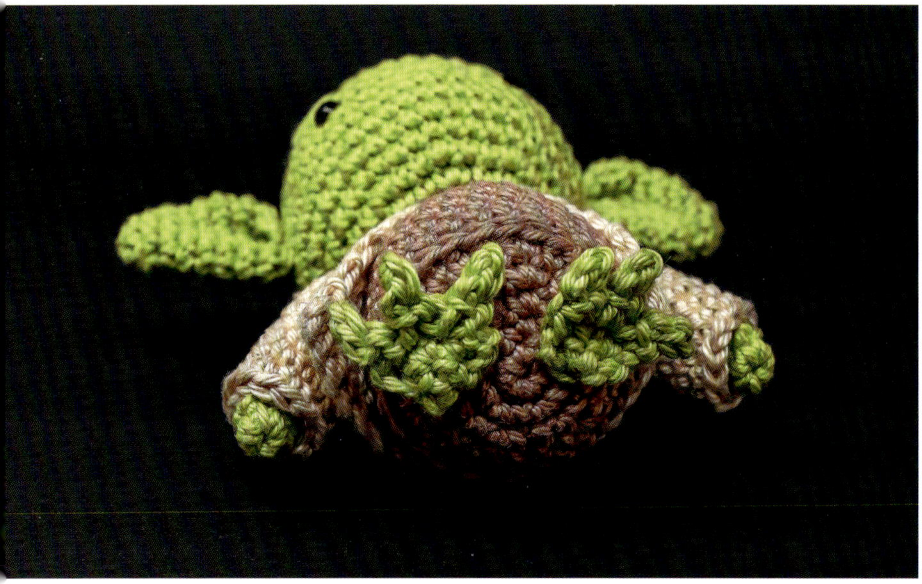

ÄRMEL (2x, in Pfirsich)

1. Rd: 8 fM in einen Fadenring häkeln.
2. Rd: 1 fM in jede M der Vor-Rd.
3. Rd: * 1 M zun, 1 fM *, von * bis * noch 3x wdh (= 12 M).
4.–10. Rd: 1 fM in jede M der Vor-Rd. Häkle 1 Km. Schneide den Faden ab, ziehe ihn durch die letzte M und vernähe ihn.

ARME (2x, in Pistazie und Pfirsich)

Beginne mit Pistazie.
1. Rd: 6 fM in einen Fadenring häkeln.
2.–8. Rd: 1 fM in jede M der Vor-Rd. Fb-Wechsel zu Pfirsich. Den Arm oben flach zusammendrücken und mit 3 fM verschließen. Schneide den Faden lang ab und ziehe ihn durch die letzte M. Fädle mithilfe des Fadenendes den Arm durch den Ärmel. Unten soll ein kleines Stück vom Arm noch hinausschauen. Drücke den Ärmel samt Arm flach zusammen und nähe ihn seitlich an den Körper, etwa eine Rd vom Hals entfernt.

FÜSSE (2x, in Pistazie)

Häkle in R.
1. R: 3 fM in einen Fadenring häkeln, 1 Wende-Lm (= 3 M).
2. R: 1 fM, 1 M zun, 1 fM, 1 Wende-Lm (= 4 M).
Jetzt werden die Zehen gehäkelt.
3. R: 2 Lm, 1 Km in die 2. M von der Nd aus häkeln, 1 fM, 1 Km in die 2. M von rechts aus der 2. R häkeln; 3 Lm, 1 Km in die 2. M von der Nd aus häkeln, 1 fM, 1 Km in die 3. M von rechts aus R 2 häkeln; 3 Lm, 1 Km in die 2. M von der Nd aus, 1 fM, 1 Km in die letzte M aus der 2. R häkeln. Schneide den Faden lang ab und ziehe ihn durch die letzte M. Nähe die Füße unten an den Körper.

MANTEL (in Pfirsich)

Häkle in R. Jede R endet mit einer Wende-Lm. 23 Lm anschl, in die 2. M von der Nd aus einstechen und wie folgt häkeln:
1. R: 22 fM.
2.–10. R: 1 fM in jede M der Vor-R. Anschließend den Faden lang abschneiden und durch die letzte M ziehen. Lege das entstandene Rechteck längs um den Körper und nähe es oben entlang des Halses an. Der Mantel bleibt offen.

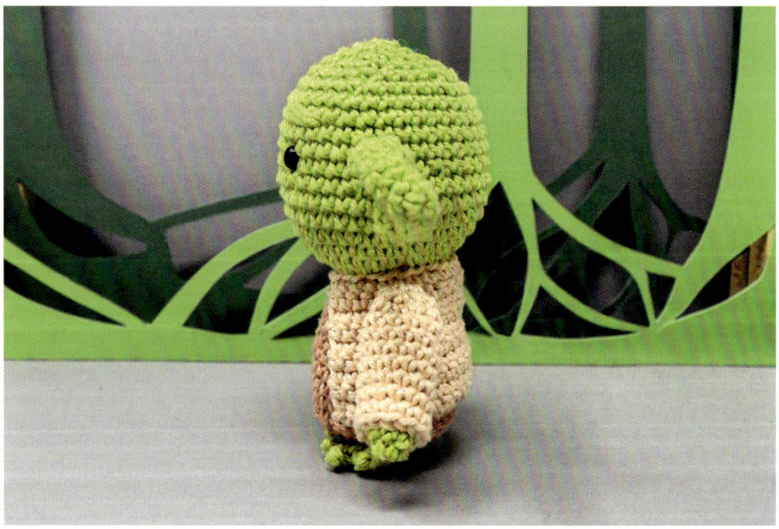

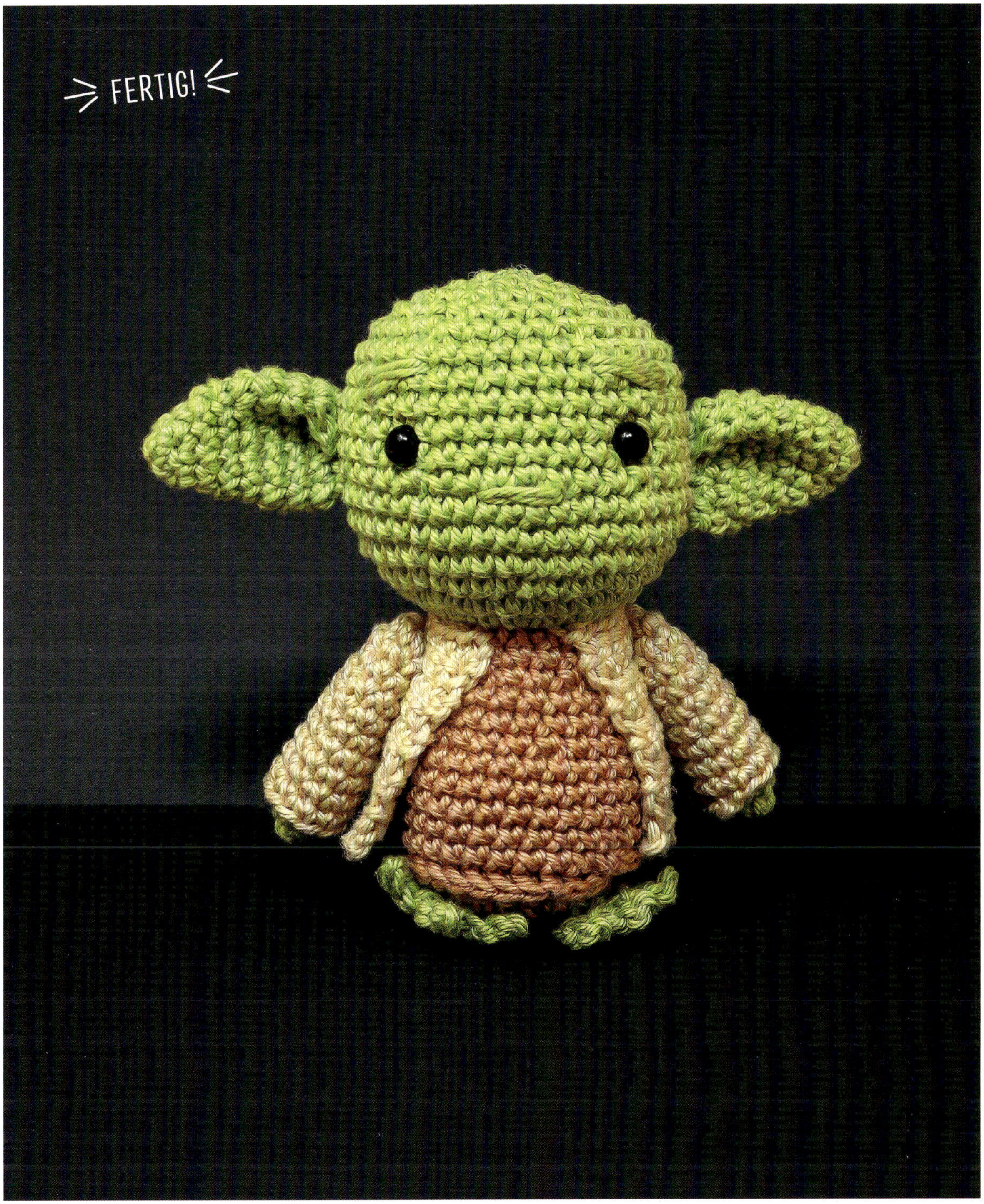
FERTIG!

Verliebte MEERJUNGFRAU

MATERIAL

- Scheepjes Catona (100 % Baumwolle, LL 125 m/50 g) in Old Lace (Fb 130), Jade (Fb 514), Chrystalline (Fb 385) und Poppy Rose (Fb 390), je einen Rest
- Häkelnadel 2,5 mm
- Sicherheitsaugen, ∅ 6 mm
- Füllwatte
- Stopfnadel zum Vernähen

SO WIRD'S GEMACHT

Kopf, Körper und Fischschwanz werden in einem Stück in Spiralrunden gehäkelt. Arme, Haare und Muschel-BH werden einzeln gehäkelt und später angenäht.

FISCHSCHWANZ, KÖRPER UND KOPF (in Jade und Old Lace)

Beginne mit Jade.

1. Rd: 6 fM in einen Fadenring häkeln.
2. Rd: 1 fM in jede M der Vor-Rd.
3. Rd: * 1 M zun, 1 fM *, von * bis * noch 2x wdh (= 9 M)
4. und 5. Rd: 1 fM in jede M der Vor-Rd.
6. Rd: * 2 fM, 1 M zun *, von * bis * noch 2x wdh (= 12 M).
7. und 8. Rd: 1 fM in jede M der Vor-Rd.
9. Rd: * 3 fM, 1 M zun *, von * bis * noch 2x wdh (= 15 M).
10. und 11. Rd: 1 fM in jede M der Vor-Rd.
12. Rd: * 4 fM, 1 M zun *, von * bis * noch 2x wdh (= 18 M).
13. Rd: 1 fM in jede M der Vor-Rd.
14. Rd: * 5 fM, 1 M zun *, von * bis * noch 2x wdh (= 21 M).
15. Rd: 1 fM in jede M der Vor-Rd.
16. Rd: * 6 fM, 1 M zun *, von * bis * noch 2x wdh (= 24 M).
17.–19. Rd: 1 fM in jede M der Vor-Rd.
Fb-Wechsel zu Old Lace.
20. Rd: * 2 fM, 1 M abn *, von * bis * noch 5x wdh (= 18 M).
21.–23. Rd: 1 fM in jede M der Vor-Rd.
24. Rd: * 4 fM, 1 M abn *, von * bis * noch 2x wdh (= 15 M).
25. Rd: 1 fM in jede M der Vor-Rd.
Beginne, Fischschwanz und Körper fest mit Füllwatte auszustopfen. Im weiteren Verlauf stopfst du die Figur bis zum Schluss immer wieder fest aus.
26. Rd: * 3 fM, 1 M abn *, von * bis * noch 2x wdh (= 12 M).
27.–29. Rd: 1 fM in jede M der Vor-Rd.
30. Rd: 1 Km in jede M der Vor-Rd.
31. Rd: in die Km der Vor-Rd häkeln, 12x 1 M zun (= 24 M).
32. Rd: * 3 fM, 1 M zun *, von * bis * noch 5x wdh (= 30 M).
33. Rd: * 4 fM, 1 M zun *, von * bis * noch 5x wdh (= 36 M).
34.–43. Rd: 1 fM in jede M der Vor-Rd.
Befestige die Sicherheitsaugen zwischen der 37. und 38. Rd. Zwischen den Augen sollen 8 M frei sein.
44. Rd: * 4 fM, 1 M abn *, von * bis * noch 5x wdh (= 30 M).
45. Rd: * 3 fM, 1 M abn *, von * bis * noch 5x wdh (= 24 M).
46. Rd: * 2 fM, 1 M abn *, von * bis * noch 5x wdh (= 18 M).
47. Rd: * 1 fM, 1 M abn *, von * bis * noch 5x wdh (= 12 M).
48. Rd: 6x 1 M abn (= 6 M).
Den Faden lang abschneiden und durch die letzte M ziehen. Mit einer Stopf-Nd und dem Restfaden ivM der letzten Rd weben. Den Faden fest anziehen und somit die Rd schließen. Mit dem Restfaden stickst du die Nase zwischen den Augen auf.

HAARE (in Poppy Rose)

Für die Haare werden Strähnen aneinander gehäkelt. Häkle in R, aber ohne Wende-Lm. Nach jeder Strähne wird das Häkelstück nicht gewendet, sondern die nächste Strähne direkt weitergehäkelt.

WEITER GEHT'S ➡

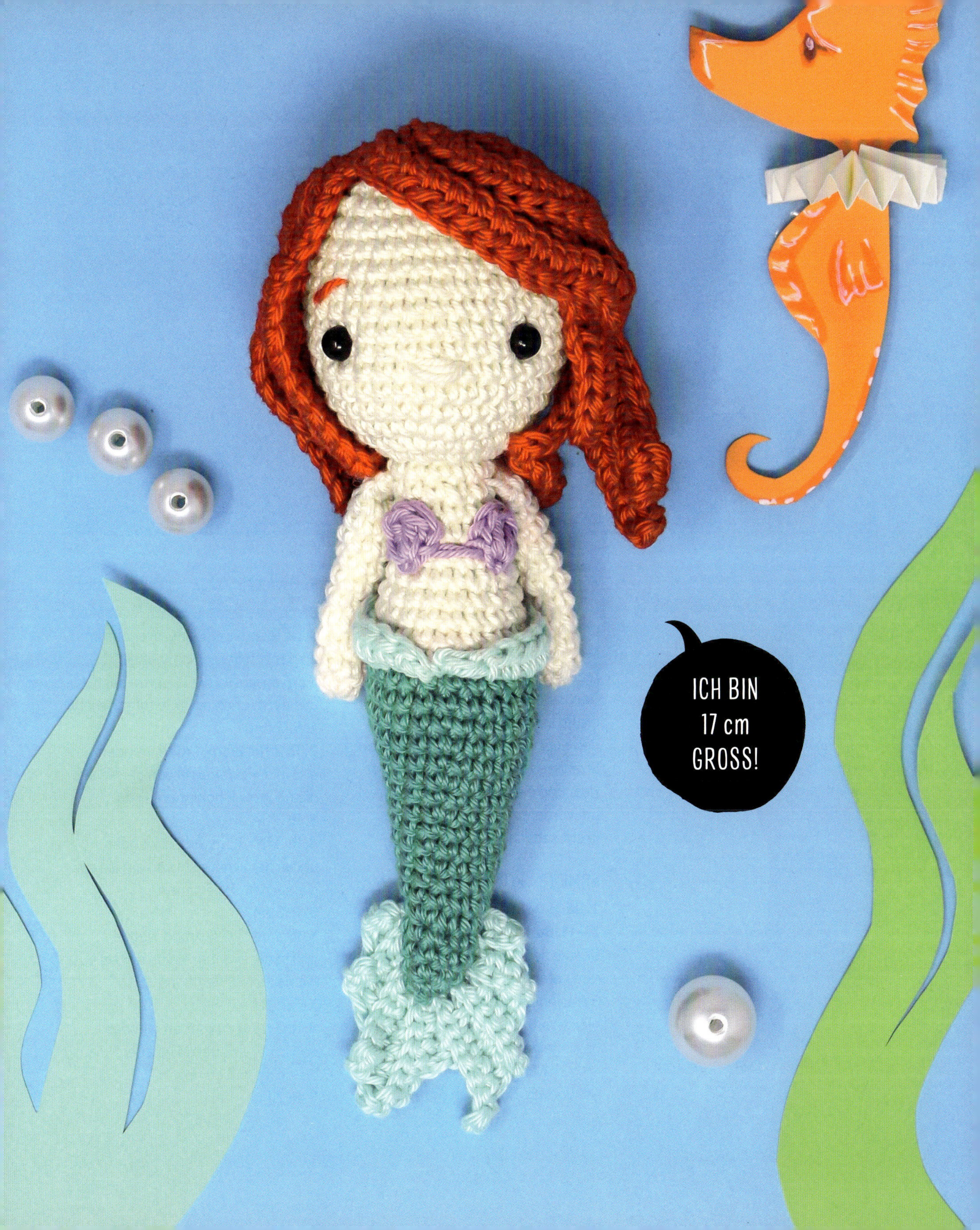
ICH BIN
17 cm
GROSS!

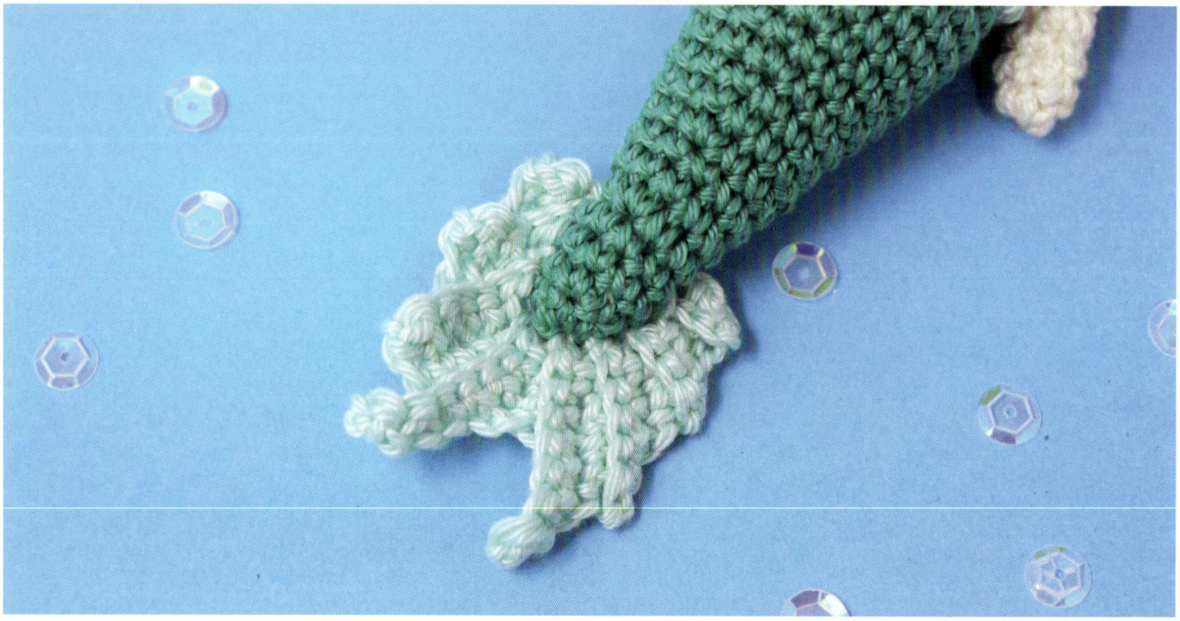

1. R: 17 Lm anschl, in die 2. M von der Nd aus einstechen und 16 hStb zurück häkeln.
2. R: Wie die 1. R häkeln.
3. R: 22 Lm anschl, in die 2. M von der Nd aus einstechen und 21 hStb zurück häkeln.
4.–13. R: Wie die 3. R häkeln.
14. und 15. R: Wie die 1. R häkeln.
Häkle in die erste Strähne 1 fM und schließe somit die Strähnen zur Rd. Fahre mit Spiral-Rd fort. Die Dicke jeder Strähne entspricht zwei fM. Deine geschlossene Rd entspricht demnach 30 fM. Die bereits gehäkelte fM für den Rd-Zusammenschluss zählt bereits als erste fM der neuen Rd.
1. Rd: * 3 fM, 1 M abn *, von * bis * noch 5x wdh (= 24 M).
2. Rd: * 2 fM, 1 M abn *, von * bis * noch 5x wdh (= 18 M).
3. Rd: * 1 fM, 1 M abn *, von * bis * noch 5x wdh (= 12 M).
4. Rd: 6x 1 M abn (= 6 M).
Den Faden sehr lang abschneiden und durch die letzte M ziehen.
Mit einer Stopf-Nd und dem Restfaden ivM der letzten Rd weben.
Den Faden fest anziehen und somit die Rd schließen. Lege das Haar auf den Kopf. Die Stelle mit den kürzeren Strähnen zeigt nach vorn. Nähe das Haar und die Strähnen am Kopf fest. Die vorderen Strähnen kannst du leicht seitlich fixieren.

ARME (2x, in Old Lace)

1. Rd: 6 fM in einen Fadenring häkeln.
2.–11. Rd: 1 fM in jede M der Vor-Rd.
Drücke den Arm oben flach zusammen und verschließe die Öffnung mit 3 fM, indem du durch beide Seiten gleichzeitig häkelst. Den Faden lang abschneiden und durch die letzte M ziehen. Nähe die Arme zwischen der 24. und 25. Rd an den Körper.

SCHWANZFLOSSE (in Chrystalline)

Die Schwanzflosse wird in R gehäkelt. Jede R endet mit einer Wende-Lm. Ab der 2. R immer ihM häkeln.
3 Lm anschl, in die 2. M von der Nd aus einstechen und wie folgt häkeln:
1. R: 2 fM.
2. R: 2 fM, 2 Lm; Arbeit wenden und in der zweiten M von der Nd aus die nächste R beginnen.
3. R: 3 fM.
4. R: 3 fM, 3 Lm; Arbeit wenden und in der zweiten M von der Nd aus die nächste R beginnen.
5. R: 5 fM.
6. R: 5 fM, 3 Lm; Arbeit wenden und in der zweiten M von der Nd aus die nächste R beginnen.
7. R: 7 fM.
8. R: 3 fM, 5 Lm; Arbeit wenden und in der zweiten M von der Nd aus die nächste R beginnen.
9. R: 7 fM.

10. und 11. R: 5 fM.
12. und 13. R: 3 fM.
14. und 15. R: 2 fM.
Den Faden lang abschneiden und durch die letzte M ziehen.
Lege die Schwanzflosse unten um den Fischschwanz und nähe die Flosse fest.

HÜFTFLOSSE (in Chrystalline)

24 Lm anschl, in die 2. M von der Nd aus einstechen und wie folgt häkeln: 1 Km, 1 fM, 19 hStb, 1 fM, 1 Km.
Den Faden lang abschneiden und durch die letzte M ziehen. Lege die Hüftflosse um den Körper, an die Stelle des Fb-Wechsels. Die Lm-Kette liegt direkt am Körper an. Die beiden Enden treffen sich vorne mittig.

MUSCHEL-BH (in Lavender)

Häkle zweimal einen Cup wie folgt: 2 Lm, 2 Stb, 2 Lm, 1 Km in einen Fadenring.
Nähe beide Cups vorne auf den Körper. Die Fadenringe zeigen nach unten. Anschließend mit einem langen Restfaden vom Vernähen zweimal um den Körper führen und somit den BH andeuten.

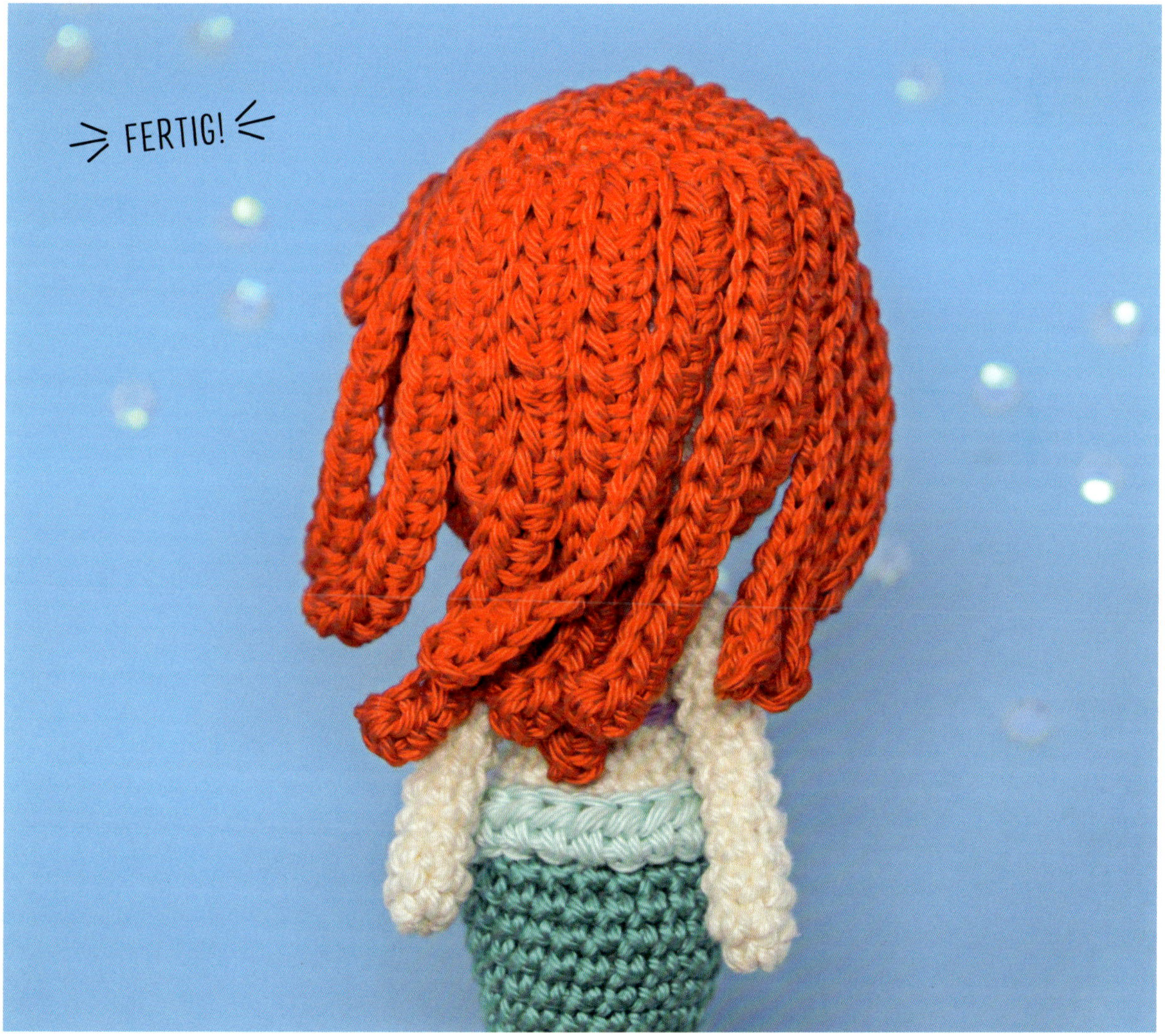

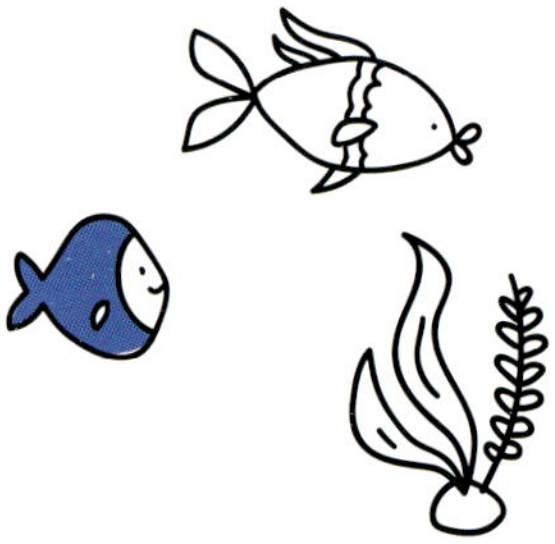

Treuer FISCH-FREUND

MATERIAL

- Scheepjes Catona (100 % Baumwolle, LL 125 m/50 g) in Primrose (Fb 522), 50 g, Snow White (Fb 106), Cyan (Fb 397), Apple Granny (Fb 513), Jet Black (Fb 110) und Capri Blue (Fb 261), je einen Rest
- Häkelnadel 2,5 mm
- Füllwatte
- Stopfnadel zum Vernähen

SO WIRD'S GEMACHT

Der Körper wird in Spiralrunden gehäkelt. Flossen und Streifen werden in R gehäkelt. Jede R endet mit einer Wende-Lm. Die Augen werden einzeln gehäkelt und später angenäht.

KÖRPER (in Primrose)

Der Körper besteht aus Mund und Stirn, die im Verlauf zusammengehäkelt werden und anschließend gemeinsam den Körper bilden.

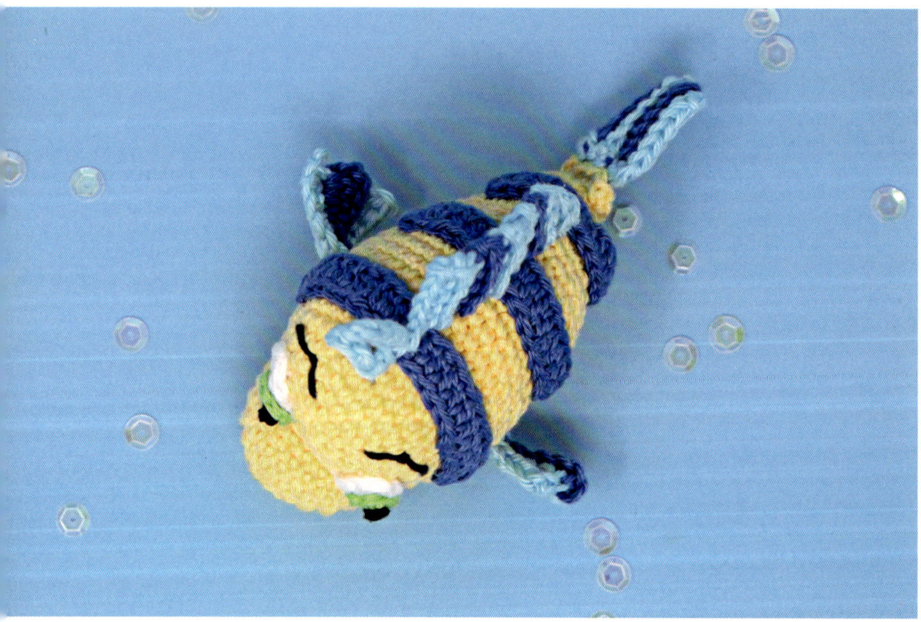

Beginne mit dem Mund.

1. Rd: 6 fM in einen Fadenring häkeln.

2. Rd: 6x 1 M zun (= 12 M).

3. Rd: * 3x 1 M zun, 3 fM *, von * bis * noch 1x wdh (= 18 M).

4. Rd: * 1 fM, 1 M zun *, von * bis * noch 2x wdh, 3 fM, ** 1 fM, 1 M zun **, von ** bis ** noch 2x wdh, 3 fM (= 24 M).

5. und 6. Rd: 1 fM in jede M der Vor-Rd.

Häkle 1 Km in die übernächste M.

Den Faden abschneiden, durch die letzte M ziehen und vernähen.

Häkle anschließend die Stirn.

1. Rd: 6 fM in einen Fadenring häkeln.

2. Rd: 6x 1 M zun (= 12 M).

3. Rd: * 1 fM, 1 M zun *, von * bis * noch 5x wdh (= 18 M).

4. Rd: * 2 fM, 1 M zun *, von * bis * noch 5x wdh (= 24 M).

Lege nun den Mund rechts auf rechts auf die Stirn und häkle beide Teile zusammen. Stich dafür zuerst in die Km aus der 6. Rd des Munds ein und häkle 1 Km durch beide Häkelstücke. Anschließend 3 weitere Km durch beide Häkelstücke häkeln.

☛ siehe Bild 1 (nächste Seite)

Danach um das gesamte verbundene Stück häkeln. Fahre an der Stirn fort.

5. Rd: * 3 fM, 1 M zun *, von * bis * noch 4x wdh, 20 fM (= 45 M).

☛ siehe Bild 2 (nächste Seite)

WEITER GEHT'S ➡

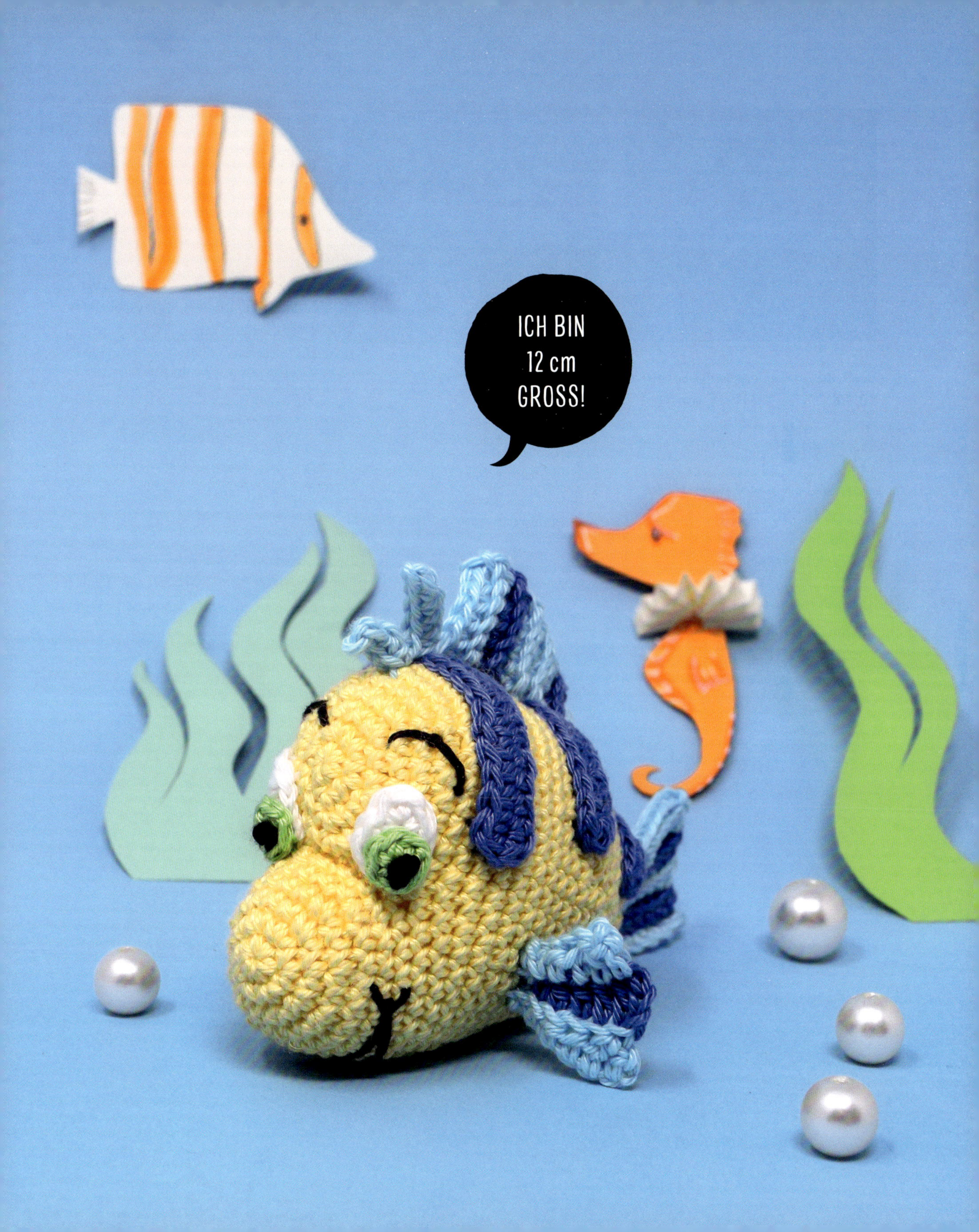
ICH BIN
12 cm
GROSS!

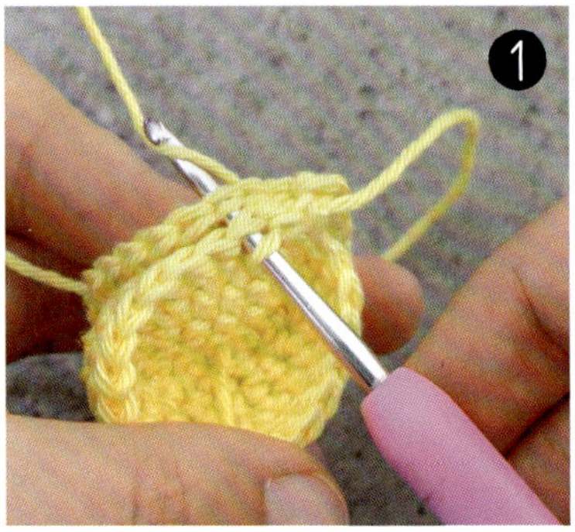

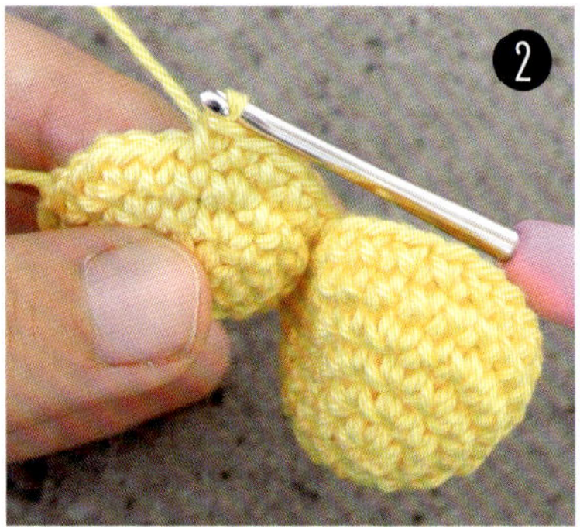

6.–9. Rd: 1 fM in jede M der Vor-Rd.
10. Rd: * 7 fM, 1 M abn *, von * bis * noch 4x wdh (= 40 M).
11.–13. Rd: 1 fM in jede M der Vor-Rd.
14. Rd: * 6 fM, 1 M abn *, von * bis * noch 4x wdh (= 35 M).
15. und 16. Rd: 1 fM in jede M der Vor-Rd.
17. Rd: * 4 fM, 1 M abn *, von * bis * noch 3x wdh, 11 fM (= 31 M).
18. Rd: 1 fM in jede M der Vor-Rd.
19. Rd: * 3 fM, 1 M abn *, von * bis * noch 3x wdh, 11 fM (= 27 M).
20. Rd: 1 fM in jede M der Vor-Rd. Beginne, den Körper fest mit Füllwatte auszustopfen. Im weiteren Verlauf stopfst du die Figur bis zum Schluss immer wieder fest aus.
21. Rd: * 2 fM, 1 M abn *, von * bis * noch 3x wdh, 11 fM (= 23 M).
22. Rd: 1 fM in jede M der Vor-Rd.
23. Rd: * 1 fM, 1 M abn *, von * bis * noch 3x wdh, 11 fM (= 19 M).
24. Rd: 1 fM in jede M der Vor-Rd.
25. Rd: 2 fM, 4x 1 M abn, 9 fM (= 15 M).
26. Rd: 1 fM in jede M der Vor-Rd. Häkle anschließend so viele fM, bis du oben zur Mitte des Rückens gelangst. Danach verschließt du die Öffnung mit 7 fM.

SCHWANZFLOSSE (in Capri Blue und Cyan)

Beginne mit Cyan . 7 Lm anschl, in die 2. M von der Nd aus einstechen und wie folgt häkeln:
1. R: 6 fM.
Ab hier abwechselnd je 2 R in Capri Blue und Cyan häkeln.
2.–9. R: 1 fM in jede M der Vor-R. Anschließend entlang der langen Seite häkeln. Jede R entspricht 1 fM.
Häkle also * 1 fM, 1 M abn *, von * bis * noch 2x wdh, 1 fM (= 7 M).
Den Faden lang abschneiden, durch die letzte M ziehen und die Flosse hinten an den Körper nähen.

STREIFEN (3x, in Capri Blue)

Du benötigst drei verschieden lange Streifen. Für einen Streifen schlägst du eine Lm-Kette aus 20 (15/11) Lm an, stichst in die 2. M von der Nd aus ein und häkelst wie folgt um die Lm-Kette: 1 M zun, 17 (12/8) fM, 4 fM in eine M, auf der Gegenseite der Lm-Kette fortfahren mit: 17 (12/8) fM, 1 M zun. Schließe jeden Streifen mit 1 Km. Den Faden lang abschneiden und durch die letzte M ziehen.
Nähe die Streifen oben auf den Rücken an. Der längste Streifen liegt vorne am Kopf an. Die anderen beiden Streifen folgen der Größe nach.

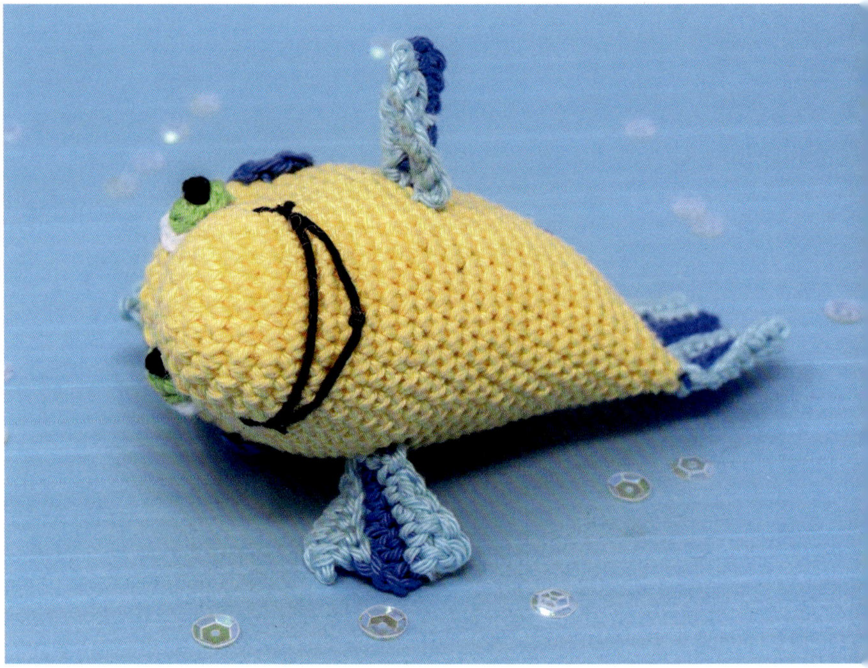

RÜCKENFLOSSE (in Capri Blue und Cyan)

Beginne mit Cyan. 3 Lm anschl, in die 2. M von der Nd aus einstechen und wie folgt häkeln:
1. R: 2 fM.
2. R: 1 fM in jede M der Vor-R.
3. R: 1 M zun, 1 fM (= 3 M).
4. R: 3 fM.
Fb-Wechsel zu Capri Blue.
5. und 6. R: 3 fM.
Fb-Wechsel zu Cyan.
7. R: 1 M zun, 2 fM (= 4 M).
8. R: 1 fM in jede M der Vor-R.
9. R: 1 M zun, 3 fM (= 5 M).
10. R: 1 fM in jede M der Vor-R.
Fb-Wechsel zu Capri Blue.
11. R: 1 M zun, 4 fM (= 6 M).
12. R: 1 fM in jede M der Vor-R.
Fb-Wechsel zu Cyan.
13. und 14. R: 1 fM in jede M der Vor-R.
15. R: 6 Lm, in der 2. M von der Nd aus beginnen und 5 fM häkeln.
16. R: 4 Lm, in der 2. M von der Nd aus beginnen und 3 fM häkeln.
Den Faden lang abschneiden, durch die letzte M ziehen und die Rückenflosse oben auf den Rücken nähen. Die zwei abstehenden Strähnen sitzen oben auf der Stirn.

SEITENFLOSSE (2x, in Capri Blue und Cyan)

Beginne mit Cyan. 7 Lm anschl, in die 2. M von der Nd aus einstechen und wie folgt häkeln:
1. R: 2 fM, 2 hStb, 2 Stb (= 6 M).
Fb-Wechsel zu Capri Blue und anschließend 3 Wende-Lm häkeln.
2. R: 2 Stb, 2 hStb, 2 fM (= 6 M).
Fb-Wechsel zu Cyan und anschließend 1 Wende-Lm häkeln.
3. R: Wie die 1. R häkeln.
Den Faden lang abschneiden und durch die letzte M ziehen. Nähe die Flossen seitlich an den Körper.

AUGEN (2x, in Snow White)

3 Lm anschl, in die 2. M von der Nd aus einstechen und wie folgt häkeln: 1 M zun, 4 fM in eine M, 1 M zun, und mit 1 Km zur Rd schließen. Den Faden lang abschneiden und durch die letzte M ziehen. Nähe die Augen mit der Km nach unten vorne auf die Stirn.

IRIS UND GESICHT (2x, in Apple Granny und Jet Black)

Mit Apple Granny 5 fM in einen Fadenring häkeln und mit 1 Km zur Rd schließen. Den Faden lang abschneiden, durch die letzte M ziehen und die Iris auf die Augen nähen. Mit Jet Black die Pupillen im Knötchenstich aufsticken (siehe Seite 21) und mit dem Restgarn gleich im Anschluss den Mund unten am Bauch aufsticken. Zuletzt noch für die Augenbrauen einen Bogen aufsticken.

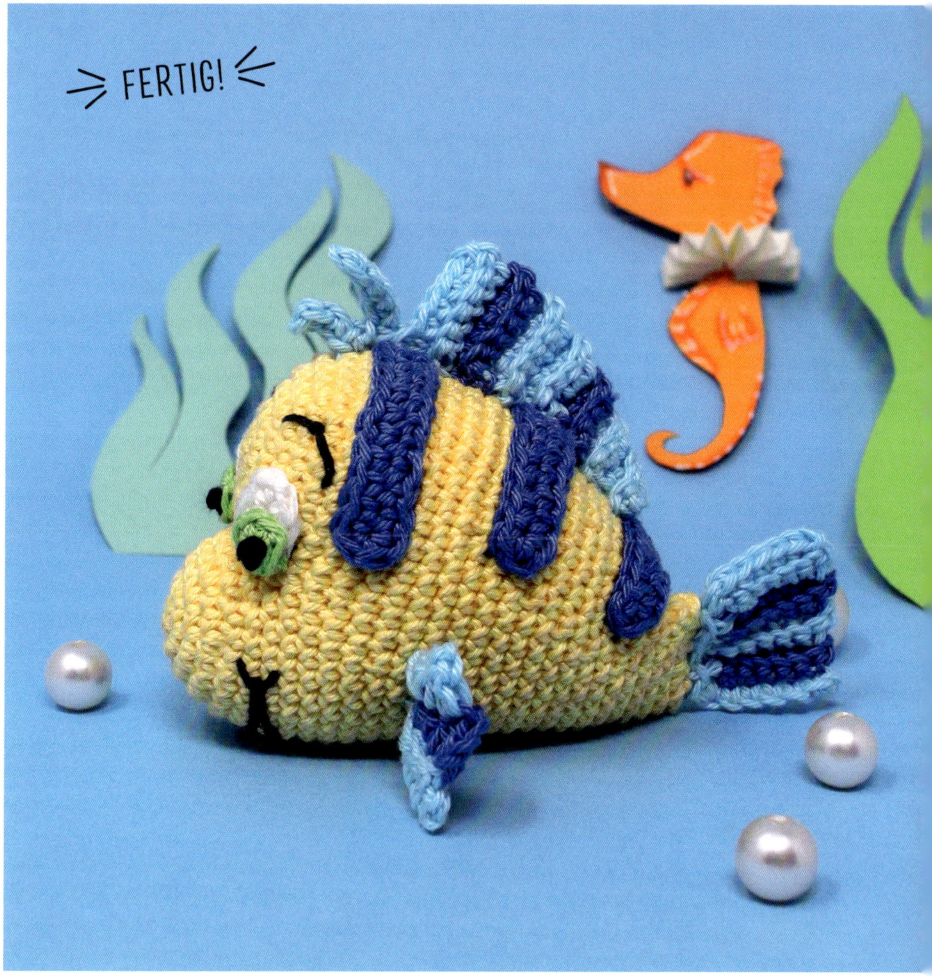

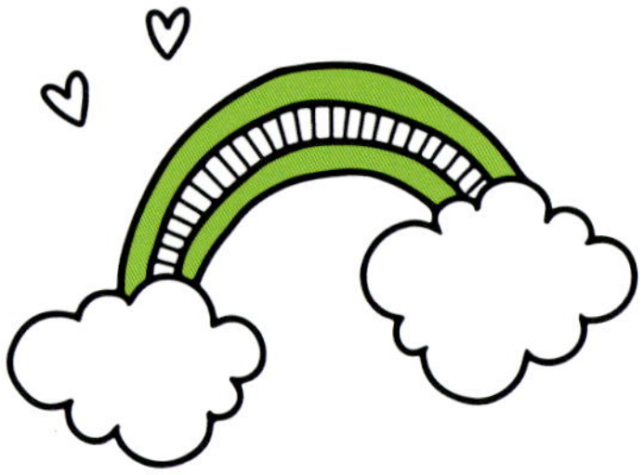

Glücklicher BÄR

MATERIAL

- Schachenmayr Catania (100 % Baumwolle, LL 125 m/50 g) in Gelbgrün (Fb 392), Schwarz (Fb 110), Crème (Fb 130) und Greenery (Fb 418).
- Häkelnadel 2,5 mm
- Füllwatte
- Stopfnadel zum Vernähen

SO WIRD'S GEMACHT

Häkle in Spiralrunden. Beine und Körper werden in einem Stück gehäkelt. Kopf, Arme, Ohren, Schwanz, Bauch und Kleeblatt werden einzeln gehäkelt und später angenäht.

BEINE UND KÖRPER (2x, in Gelbgrün)

1. Rd: 6 fM in einen Fadenring häkeln.
2. Rd: 6x 1 M zun (= 12 M).
3. Rd: * 1 fM, 1 M zun *, von * bis * noch 5x wdh (= 18 M).
Häkle 1 Km in die übernächste M, beginne die folgende Rd in derselben M.
4. Rd: 1 fM in jedes hintere M-Glied der Vor-Rd.
5. Rd: 1 fM in jede M der Vor-Rd.
6. Rd: 6 fM, 3x 1 M abn, 6 fM (= 15 M).
7. Rd: 5 fM, 2x 1 M abn, 6 fM (= 13 M).
8.–11. Rd: 1 fM in jede M der Vor-Rd.
Häkle 1 Km in die übernächste M. Den Faden abschneiden, durch die letzte M ziehen und vernähen. Stopfe das Bein fest mit Füllwatte aus.
Arbeite ein zweites Bein. Wdh dafür die 1. bis 11. Rd. Häkle jedoch keine Km, sondern stattdessen 3 fM, verbinde die beiden Beine wie folgt miteinander und häkle den Körper direkt weiter:
12. Rd: 1 Km in die letzte fM der 11. Rd des ersten Beins häkeln, 12 fM, 1 Km zum anderen Bein, 12 fM (= 26 M).
13. Rd: * 1 fM, 1 M zun *, von * bis * noch 12x wdh (= 39 M).
14.–17. Rd: 1 fM in jede M der Vor-Rd.
18. Rd: * 11 fM, 1 M abn *, von * bis * noch 2x wdh (= 36 M).
19. Rd: 1 fM in jede M der Vor-Rd.
20. Rd: * 4 fM, 1 M abn *, von * bis * noch 5x wdh (= 30 M).
21.–23. Rd: 1 fM in jede M der Vor-Rd.
24. Rd: * 3 fM, 1 M abn *, von * bis * noch 5x wdh (= 24 M).
25. und 26. Rd: 1 fM in jede M der Vor-Rd.
27. Rd: * 2 fM, 1 M abn *, von * bis * noch 5x wdh (= 18 M).
28. Rd: 1 fM in jede M der Vor-Rd.
Häkle 1 Km in die übernächste M. Den Faden abschneiden, durch die letzte M ziehen und vernähen. Stopfe den Körper fest mit Füllwatte aus.

KOPF (in Gelbgrün)

1. Rd: 6 fM in einen Fadenring häkeln.
2. Rd: 6x 1 M zun (= 12 M).
3. Rd: * 1 fM, 1 M zun *, von * bis * noch 5x wdh (= 18 M).
4. Rd: * 2 fM, 1 M zun *, von * bis * noch 5x wdh (= 24 M).
5. Rd: * 3 fM, 1 M zun *, von * bis * noch 5x wdh (= 30 M).
6.–9. Rd: 1 fM in jede M der Vor-Rd.
10. Rd: * 4 fM, 1 M zun *, von * bis * noch 5x wdh (= 36 M).
11. Rd: 1 fM in jede M der Vor-Rd.
12. Rd: * 5 fM, 1 M zun *, von * bis * noch 5x wdh (= 42 M).
13. Rd: * 6 fM, 1 M zun *, von * bis * noch 5x wdh (= 48 M).
14. und 15. Rd: 1 fM in jede M der Vor-Rd.
16. Rd: * 3 fM, 1 M abn *, von * bis * noch 2x wdh, 9 fM, ** 3 fM, 1 M abn **, von ** bis ** noch 2x wdh, 9 fM (= 42 M).
17. Rd: * 2 fM, 1 M abn *, von * bis * noch 2x wdh, 9 fM, ** 2 fM, 1 M abn **, von ** bis ** noch 2x wdh, 9 fM (= 36 M).
18. Rd: * 1 fM, 1 M abn *, von * bis * noch 2x wdh, 9 fM, ** 1 fM, 1 M abn **, von ** bis ** noch 2x wdh, 9 fM (= 30 M).
19. Rd: * 3x 1 M abn, 9 fM *, von * bis * noch 1x wdh (= 24 M).

WEITER GEHT'S

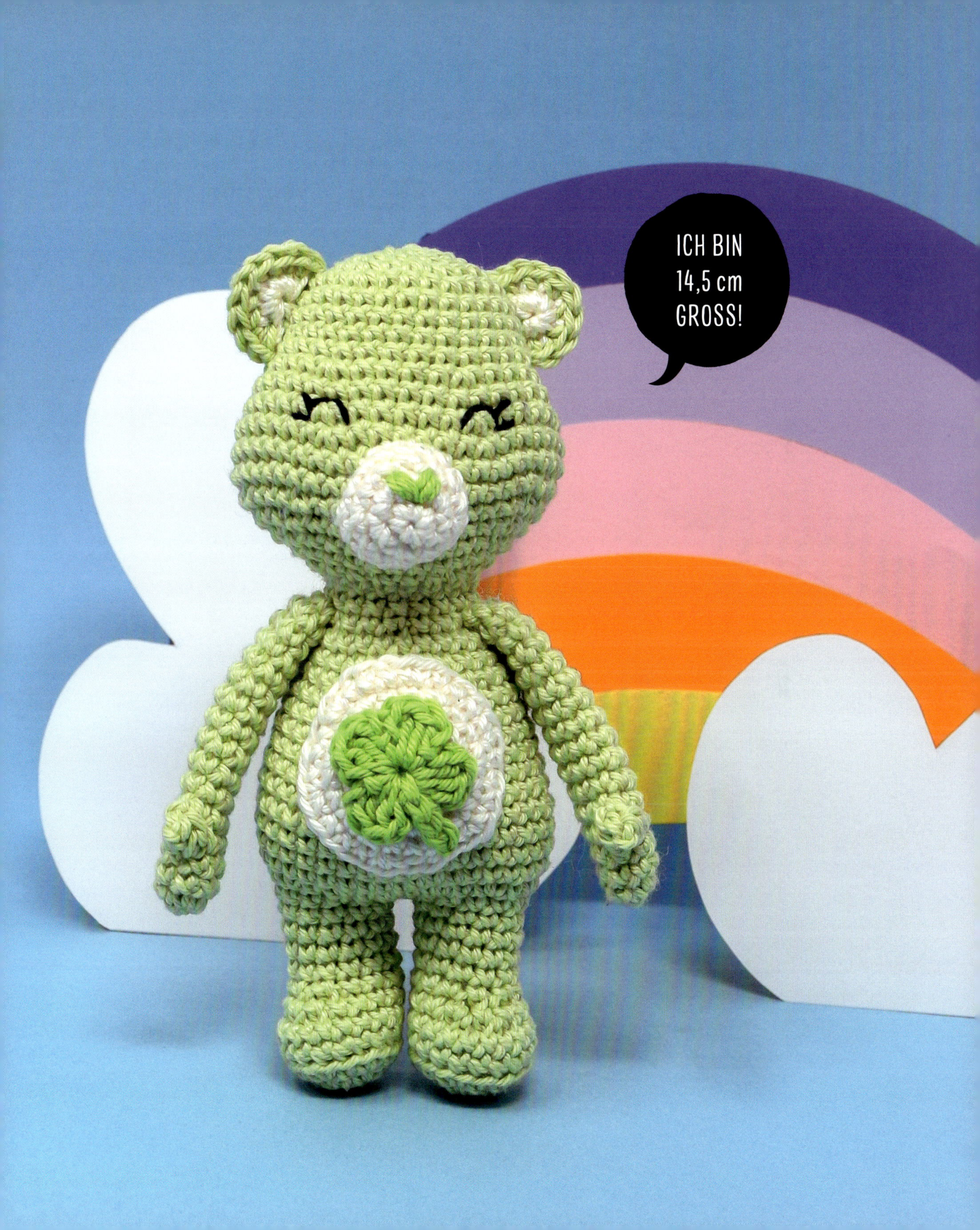
ICH BIN
14,5 cm
GROSS!

20. Rd: * 2 fM, 1 M abn *, von * bis * noch 5x wdh (= 18 M).
Häkle 1 Km in die übernächste M. Stopfe den Kopf fest mit Füllwatte aus. Den Faden sehr lang abschneiden, durch die letzte M ziehen und den Kopf an den Körper nähen. Die Wangen zeigen jeweils zur Seite.

OHREN (2x, in Gelbgrün und Crème)

Jedes Ohr besteht aus je einem Innen- und Außenohr. Häkle in R. Das Innenohr wird mit Crème und das Außenohr mit Gelbgrün gehäkelt. Beginne mit dem Innenohr. Häkle 6 fM in einen Fadenring. Den Faden abschneiden, durch die letzte M ziehen und vernähen.
Für das Außenohr erneut 6 fM in einen Fadenring häkeln, anschließend eine Wende-Lm häkeln. Lege das Innenohr vor das Außenohr und häkle nun beide Ohren wie folgt zusammen: * 1 fM, 1 M zun *, von * bis * noch 2x wdh (= 9 M). Den Faden lang abschneiden, durch die letzte M ziehen und die Ohren seitlich an den Kopf nähen. Sie sitzen mit 4 Rd Abstand zum Scheitel und bedecken 5 Rd in der Höhe.

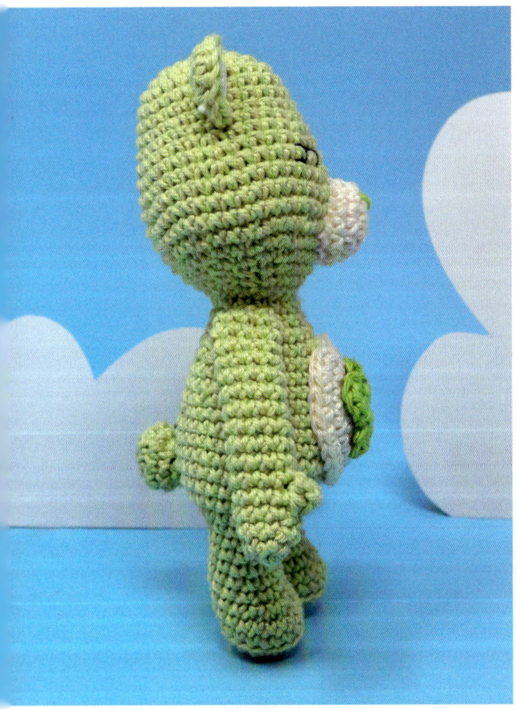

SCHNAUZE (in Crème)

1. Rd: 6 fM in einen Fadenring häkeln.
2. Rd: 6x 1 M zun (= 12 M).
3. Rd: * 2 fM, 1 M zun * von * bis * noch 3x wdh (= 16 M).
4. Rd: 1 fM in jede M der Vor-Rd.
Häkle 1 Km in die übernächste M. Den Faden lang abschneiden und durch die letzte M ziehen. Die Schnauze vorne an den Kopf nähen, sie bedeckt die 14. bis 17. Rd des Kopfs. Stopfe die Schnauze während des Annähens mit Füllwatte aus.

BAUCH (in Crème)

1. Rd: 6 fM in einen Fadenring häkeln.
2. Rd: 6x 1 M zun (= 12 M).
3. Rd: * 1 fM, 1 M zun *, von * bis * noch 5x wdh (= 18 M).
4. Rd: 1 fM, * 1 M zun, 2 fM *, von * bis * noch 4x wdh, 1 M zun, 1 fM (= 24 M).
5. Rd: * 3 fM, 1 M zun *, von * bis * noch 5x wdh (= 30 M).
Häkle 1 Km in die übernächste M. Den Faden lang abschneiden, durch die letzte M ziehen und den Bauch vorne auf den Körper nähen.

ARME (in Gelbgrün)

1. Rd: 6 fM in einen Fadenring häkeln.
2. Rd: * 1 M zun, 1 fM *, von * bis * noch 2x wdh (= 9 M).
3. und 4. Rd: 1 fM in jede M der Vor-Rd.
5. Rd: 1 Popcorn aus 3 Stb, 8 fM (= 9 M).
6.–16. Rd: 1 fM in jede M der Vor-Rd.
Häkle 1 Km. Den Faden lang abschneiden und durch die letzte M ziehen. Drücke die Arme oben flach zusammen und nähe sie so seitlich an den Körper. Achte darauf, dass die Daumen nach vorne zeigen.

GESICHT (in Schwarz und Greenery)

Mit schwarzem Garn stickst du die Augen auf. Sticke kleine Bögen auf und versehe sie mit kurzen Querstichen als angedeutete Wimpern. Für die Nase nimmst du Garn in Greenery und stichst ein V als Nase. So erhälst annäherungsweise eine herzförmige Nase.

KLEEBLATT (in Greenery)

Häkle wie folgt in einen Fadenring: *2 Lm, 2 Stb, 2 Lm, 1 Km *, von * bis * noch 3x wdh. Schlage im Anschluss 4 Lm an, stich in die 2. M von der Nd aus ein und häkle 3 Km zurück. Den Faden lang abschneiden, durch die letzte M ziehen und das Kleeblatt mittig auf den Bauch nähen.

SCHWÄNZCHEN (in Gelbgrün)

1. Rd: 6 fM in einen Fadenring häkeln.
2. Rd: 6x 1 M zun (= 12 M).
3. Rd: 1 fM in jede M der Vor-Rd.
4. Rd: 6x 1 M abn (= 6 M).
Häkle 1 Km. Den Faden lang abschneiden und durch die letzte M ziehen. Nähe den Schwanz hinten an den Po, sodass die Kugelform erhalten bleibt.

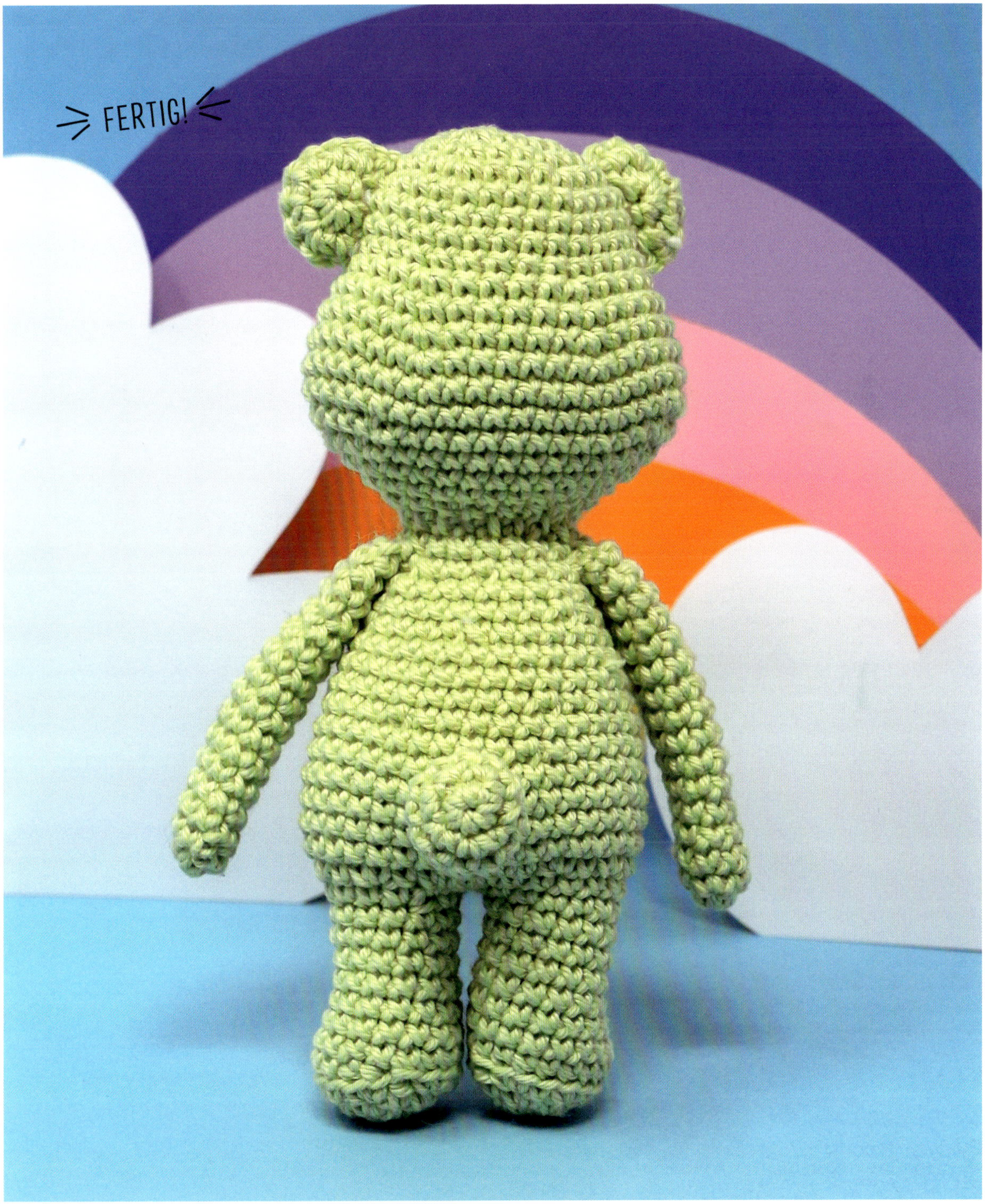
FERTIG!

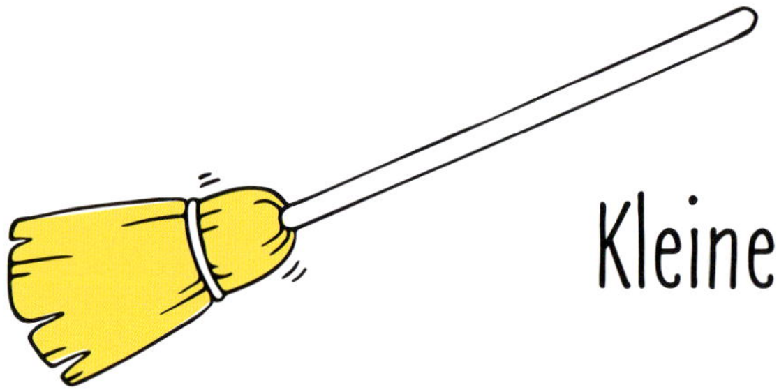

Kleine HEXE

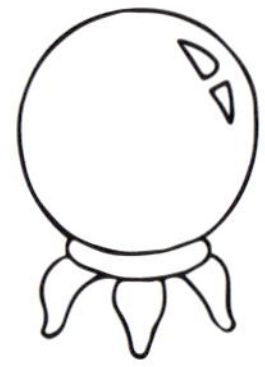

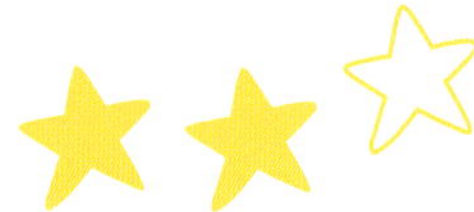

MATERIAL

- Woll Butt Camilla (100 % Baumwolle, LL 125 m/50 g) in Rot, Weiß, Hellgrün, Sonnengelb und Beige, je einen Rest
- Häkelnadel 2,5 mm
- Sicherheitsaugen, ∅ 6 mm
- Füllwatte
- Stopfnadel zum Vernähen

SO WIRD'S GEMACHT

Häkle in Spiral-Rd. Kopf, Körper und Beine werden in einem Stück gehäkelt. Arme, Haare und Accessoires werden einzeln gehäkelt und später angenäht.

BEINE UND KÖRPER (2x, in Beige und Weiß)

Beginne mit Weiß.
1. Rd: 6 fM in einen Fadenring häkeln.
2. und 3. Rd: 1 fM in jede M der Vor-Rd.
4. Rd: * 2 fM, 1 M zun *, von * bis * noch 1x wdh (= 8 M).
Fb-Wechsel zu Beige.
5. und 6. Rd: 1 fM in jede M der Vor-Rd.
7. Rd: * 3 fM, 1 M zun *, von * bis * noch 1x wdh (= 10 M).
8. und 9. Rd: 1 fM in jede M der Vor-Rd.
10. Rd: * 4 fM, 1 M zun *, von * bis * noch 1x wdh (= 12 M).
Fb-Wechsel zu Weiß.
11. und 12. Rd: 1 fM in jede M der Vor-Rd.
Erstes Bein: Nach der 12. Rd 1 Km in die übernächste M häkeln. Den Faden abschneiden, durch die letzte M ziehen und vernähen.
Arbeite ein zweites Bein. Wdh dafür die 1. bis 12. Rd. Anschließend werden die Beine miteinander verbunden.
Hierfür wie folgt weiterhäken:
13. Rd: 1 Km (zum ersten Bein), 11 fM, 1 Km (zum anderen Bein), 11 fM (= 24 fM).
14. und 15. Rd: 1 fM in jede M der Vor-Rd.
Fb-Wechsel zu Hellgrün.
16. Rd: 1 fM in jede M der Vor-Rd.
17. Rd: ihM * 2 fM, 1 M abn *, von * bis * noch 5x wdh (= 18 M).
18.–20. Rd: 1 fM in jede M der Vor-Rd.
21. Rd: * 4 fM, 1 M abn *, von * bis * noch 2x wdh (= 15 M).
22. Rd: 1 fM in jede M der Vor-Rd.
Beginne, Beine und Körper fest mit Füllwatte auszustopfen. Im weiteren Verlauf stopfst du die Figur bis zum Schluss immer wieder fest aus.
23. Rd: * 3 fM, 1 M abn *, von * bis * noch 2x wdh (= 12 M).
24. Rd: 1 fM in jede M der Vor-Rd.
Fb-Wechsel zu Beige.
25. Rd: 1 fM in jede M der Vor-Rd.
26. Rd: 1 Km in jede M der Vor-Rd.
27. Rd: in die Km der Vor-Rd häkeln, 12x 1 M zun (= 24 M).
28. Rd: * 3 fM, 1 M zun *, von * bis * noch 5x wdh (= 30 M).
29. Rd: * 4 fM, 1 M zun *, von * bis * noch 5x wdh (= 36 M).
30.–39. Rd: 1 fM in jede M der Vor-Rd.
Befestige die Sicherheitsaugen zwischen der 33. und 34. Rd. Zwischen den Augen sollen 8 M frei sein.

Betrachte die Puppe von unten. So kannst du erkennen, an welcher Stelle die Augen sitzen sollen, damit deine Puppe gerade nach vorne schaut.

40. Rd: * 4 fM, 1 M abn *, von * bis * noch 5x wdh (= 30 M).
41. Rd: * 3 fM, 1 M abn *, von * bis * noch 5x wdh (= 24 M).
42. Rd: * 2 fM, 1 M abn *, von * bis * noch 5x wdh (= 18 M).
43. Rd: * 1 fM, 1 M abn *, von * bis * noch 5x wdh (= 12 M).
44. Rd: 6x 1 M abn (= 6 M).

WEITER GEHT'S

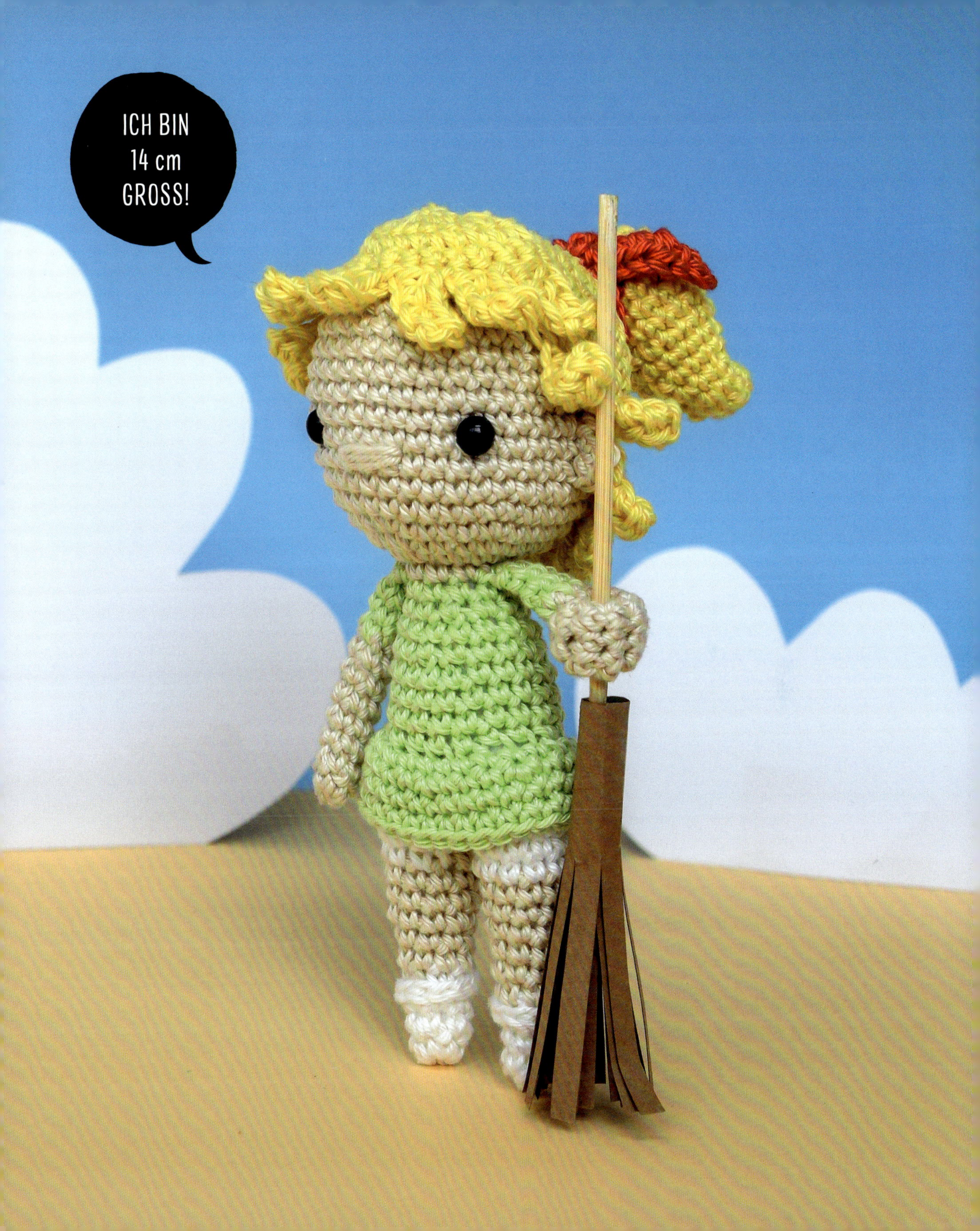
ICH BIN
14 cm
GROSS!

Den Faden lang abschneiden und durch die letzte M ziehen. Mit einer Stopf-Nd und dem Restfaden ivM der letzten Rd weben. Den Faden fest anziehen und somit die Rd schließen.

ARME (2x, in Beige und Hellgrün)

Beginne mit Beige.
1. Rd: 6 fM in einen Fadenring häkeln.
2.–8. Rd: 1 fM in jede M der Vor-Rd.
Fb-Wechsel zu Hellgrün.
9.–11. Rd: 1 fM in jede M der Vor-Rd.
Drücke den Arm oben flach zusammen und verschließe die Öffnung mit 3 fM, indem du durch beide Seiten gleichzeitig häkelst. Den Faden lang abschneiden und durch die letzte M ziehen. Nähe die Arme zwischen der 24. und 25. Rd an den Körper.

SOCKENRAND (2x, in Weiß)

Für einen Sockenrand 10 Lm anschl. Den Faden lang abschneiden, durch die letzte M ziehen und die Lm-Kette um den Knöchel nähen. Die Lm-Kette bedeckt dabei den Fb-Wechsel von Weiß zu Beige.

KLEID (in Hellgrün)

Beginne mit einer stehenden fM (siehe Seite 15), die du in irgendeine M der 16. Rd häkelst. Die 16. Rd ist die Rd, in der die vorderen M-Glieder übrig sind und eine Linie um den Körper bilden. Halte die Puppe dabei verkehrt herum.
1. Rd: 24 fM.
2. Rd: * 3 fM, 1 M zun *, von * bis * noch 5x wdh (= 30 M).
3. und 4. Rd: 1 fM in jede M der Vor-Rd. Den Faden abschneiden, durch die letzte M ziehen und vernähen.

HAARE (in Sonnengelb)

1. Rd: 6 fM in einen Fadenring häkeln.
2. Rd: 6x 1 M zun (= 12 M).
3. Rd: * 1 fM, 1 M zun * von * bis * noch 5x wdh (= 18 M).
4. Rd: * 2 fM, 1 M zun *, von * bis * noch 5x wdh (= 24 M).
5. Rd: * 3 fM, 1 M zun *, von * bis * noch 5x wdh (= 30 M).
6. Rd: * 4 fM, 1 M zun *, von * bis * noch 5x wdh (= 36 M).
7.–10. Rd: 1 fM in jede M der Vor-Rd.
Im Anschluss werden die Strähnen an die Halbkugel gehäkelt. * 6 Lm anschl, in die 2. M von der Nd aus einstechen und 5 hStb zurück häkeln, mit 1 Km in die übernächste M der 10. Rd die Strähne fixieren *. Von * bis * noch 11x wdh. ☛ siehe Bild
Den Faden sehr lang abschneiden, durch die letzte M ziehen und die Haare an den Kopf nähen. Bedecke mit den Haaren den Hinterkopf. Die Stelle ohne Strähnen liegt oben und bedeckt knapp den Scheitel. Über Vorderkopf und Scheitel wird später der Pony gelegt.

PONY (in Sonnengelb)

Häkle in R. Jede R endet mit einer Wende-Lm.
1. R: 4 fM in einen Fadenring häkeln.
2. R: 4x 1 M zun (= 8 M).
3. R: * 1 fM, 1 M zun *, von * bis * noch 3x wdh (= 12 M).

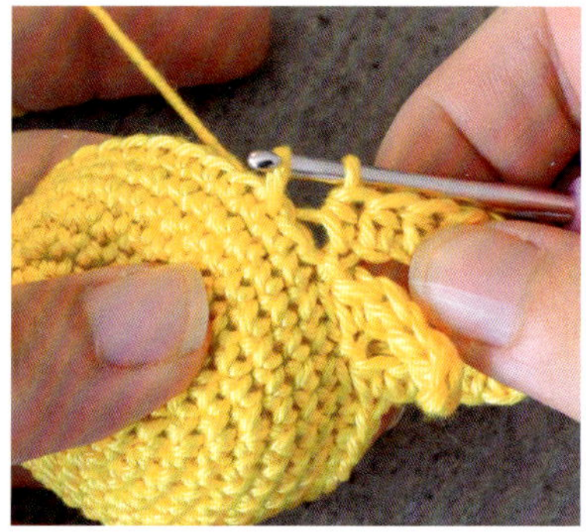

4. R: * 2 fM, 1 M zun *, von * bis * noch 3x wdh (= 16 M).
5. R: 1 fM in jede M der Vor-R.
Die folgende Wende-Lm ist inklusive.
6. R: * 5 Lm anschl, in die 2. M von der Nd aus einstechen und 4 hStb zurück häkeln, mit 1 Km in die übernächste M der 5. R die Strähne fixieren *. Von * bis * noch 7x wdh.
Den Faden lang abschneiden, durch die letzte M ziehen und den Pony oben auf den Kopf nähen. Der Pony überlappt dabei die restlichen Haare etwas. Achte darauf, dass der Pony nicht zu weit auf der Stirn sitzt.

PFERDESCHWANZ (in Sonnengelb)

1. Rd: 6 fM in einen Fadenring häkeln.
2. Rd: 6x 1 M zun (= 12 M).
3. Rd: * 1 fM, 1 M zun *, von * bis * noch 5x wdh (= 18 M).
4.–6. Rd: 1 fM in jede M der Vor-Rd.
7. Rd: * 4 fM, 1 M abn *, von * bis * noch 2x wdh (= 15 M).
8. Rd: 1 fM in jede M der Vor-Rd.
9. Rd: * 3 fM, 1 M abn *, von * bis * noch 2x wdh (= 12 M).
10. Rd: 1 fM in jede M der Vor-Rd.

11. Rd: * 2 fM, 1 M abn *, von * bis * noch 2x wdh (= 9 M).
12. Rd: 1 fM in jede M der Vor-Rd. Stopfe den Pferdeschwanz mit Füllwatte aus. Die Spitze dabei aussparen.
13. Rd: * 1 fM, 1 M abn *, von * bis * noch 2x wdh (= 6 M).
14. Rd: 1 fM in jede M der Vor-Rd. Den Faden lang abschneiden und durch die letzte M ziehen. Mit einer Stopf-Nd und dem Restfaden ivM der letzten Rd weben. Den Faden fest anziehen und somit die Rd schließen. Nähe die Spitze schneckenförmig an den Pferdeschwanz. Anschließend den Pferdeschwanz oben an den Kopf nähen.

HAARSCHLEIFE (in Rot)

23 Lm anschl, in die 2. M von der Nd aus einstechen und wie folgt häkeln: 1 Km, 1 fM, 18 hStb, 1 fM, 1 Km. Anschließend den Faden abschneiden, durch die letzte M ziehen und das Band um den Pferdeschwanz binden und verknoten. Danach mit dem Restfaden die entstandene Haarschleife am Kopf fixieren.

OHREN (2x, in Beige)

5 fM in einen Fadenring häkeln. Anschließend den Faden lang abschneiden, durch die letzte M ziehen und die Ohren seitlich an den Kopf auf Höhe der Augen annähen. Mit dem Restfaden stickst du noch die Nase auf.

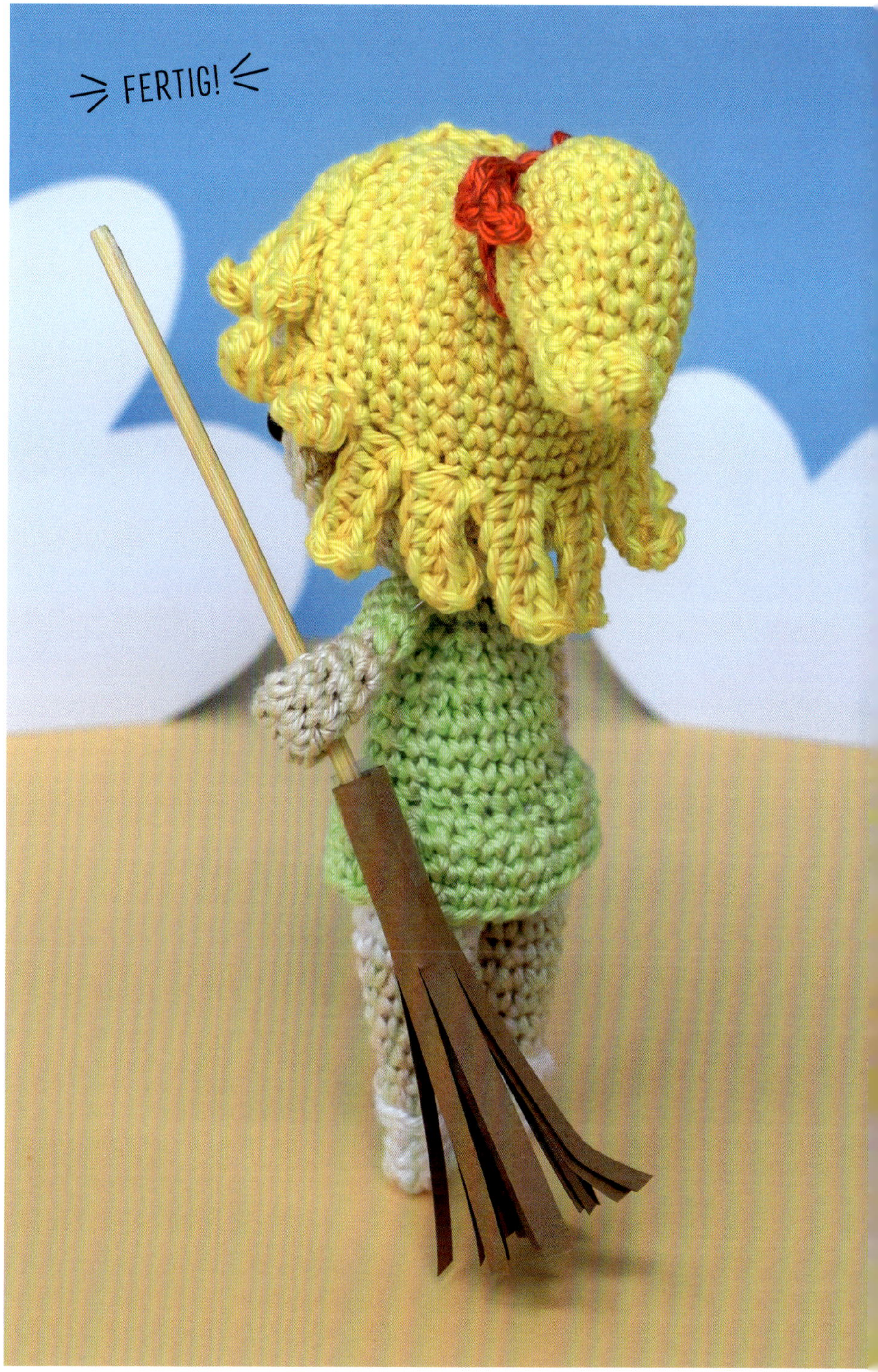

Quirliger KATER

MATERIAL

- Schachenmayr Catania (100 % Baumwolle, LL 130 m/50 g) in Marone (Fb 157) und Camel (Fb 179), je 25 g, in Crème (Fb 130), Greenery (Fb 418), Moos (Fb 412) und Schwarz (Fb 110), je einen Rest
- Häkelnadel 2,5 mm
- Füllwatte
- Stopfnadel zum Vernähen

SO WIRD'S GEMACHT

Körper und Kopf werden am Stück in Spiralrunden gehäkelt. Arme, Beine, Schwanz, Ohren, Schnauze und Kappe werden einzeln in Spiralrunden gehäkelt und später angenäht. Hose und Hosenträger werden in R gehäkelt. Jede R endet mit einer Wende-Lm.

KÖRPER UND KOPF (in Marone und Camel)

Beginne mit Marone.
1. Rd: 6 fM in einen Fadenring häkeln.
2. Rd: 6x 1 M zun (= 12 M).
3. Rd: * 1 fM, 1 M zun *, von * bis * noch 5x wdh (= 18 M).
4. Rd: * 2 fM, 1 M zun *, von * bis * noch 5x wdh (= 24 M).
5. Rd: * 3 fM, 1 M zun *, von * bis * noch 5x wdh (= 30 M).
6. Rd: 1 fM in jede M der Vor-Rd.
Fb-Wechsel zu Camel.
7.–10. Rd: 1 fM in jede M der Vor-Rd.
Fb-Wechsel zu Marone.
11.–13. Rd: 1 fM in jede M der Vor-R.
Fb-Wechsel zu Camel.
14. Rd: 1 fM in jede M der Vor-Rd.
15. Rd: * 3 fM, 1 M abn *, von * bis * noch 5x wdh (= 24 M).
Fb-Wechsel zu Marone.
16. und 17. Rd: 1 fM in jede M der Vor-Rd.
Fb-Wechsel zu Camel.
18. Rd: 1 fM in jede M der Vor-Rd.
19. Rd: * 2 fM, 1 M abn *, von * bis * noch 5x wdh (= 18 M).
20.–22. Rd: 1 fM in jede M der Vor-Rd.
Stopfe den Körper fest mit Füllwatte aus. Im weiteren Verlauf stopfst du die Figur bis zum Schluss immer wieder fest aus.
23. Rd: 3 fM, 3x 1 M zun, 6 fM, 3x 1 M zun, 3 fM (= 24 M).
24. Rd: 3 fM, * 1 fM, 1 M zun *, von * bis * noch 2x wdh, 6 fM, ** 1 fM, 1 M zun **, von ** bis ** noch 2x wdh, 3 fM (= 30 M).
25. Rd: 3 fM, * 2 fM, 1 M zun *, von * bis * noch 2x wdh, 6 fM, ** 2 fM, 1 M zun **, von ** bis ** noch 2x wdh, 3 fM (= 36 M).
26. Rd: 3 fM, * 3 fM, 1 M zun *, von * bis * noch 2x wdh, 6 fM, ** 3 fM, 1 M zun **, von ** bis ** noch 2x wdh, 3 fM (= 42 M).
27. Rd: 1 fM in jede M der Vor-Rd.
28. Rd: 10 fM, 1 M abn, 3 fM zus abn, 1 M abn, 14 fM, 1 M abn, 3 fM zus abn, 1 M abn, 4 fM (= 34 M).
Fb-Wechsel zu Marone.
29. Rd: 1 fM in jede M der Vor-Rd.
30. Rd: * 15 fM, 1 M abn *, von * bis * noch 1x wdh (= 32 M).
Fb-Wechsel zu Camel.
31. und 32. Rd: 1 fM in jede M der Vor-Rd.
Fb-Wechsel zu Marone.
33. Rd: 1 fM in jede M der Vor-Rd.
34. Rd: * 14 fM, 1 M abn *, von * bis * noch 1x wdh (= 30 M).
Fb-Wechsel zu Camel.
35.–37. Rd: 1 fM in jede M der Vor-Rd.
Fb-Wechsel zu Marone.
38. Rd: * 3 fM, 1 M abn *, von * bis * noch 5x wdh (= 24 M).
39. Rd: * 2 fM, 1 M abn *, von * bis * noch 5x wdh (= 18 M).

WEITER GEHT'S

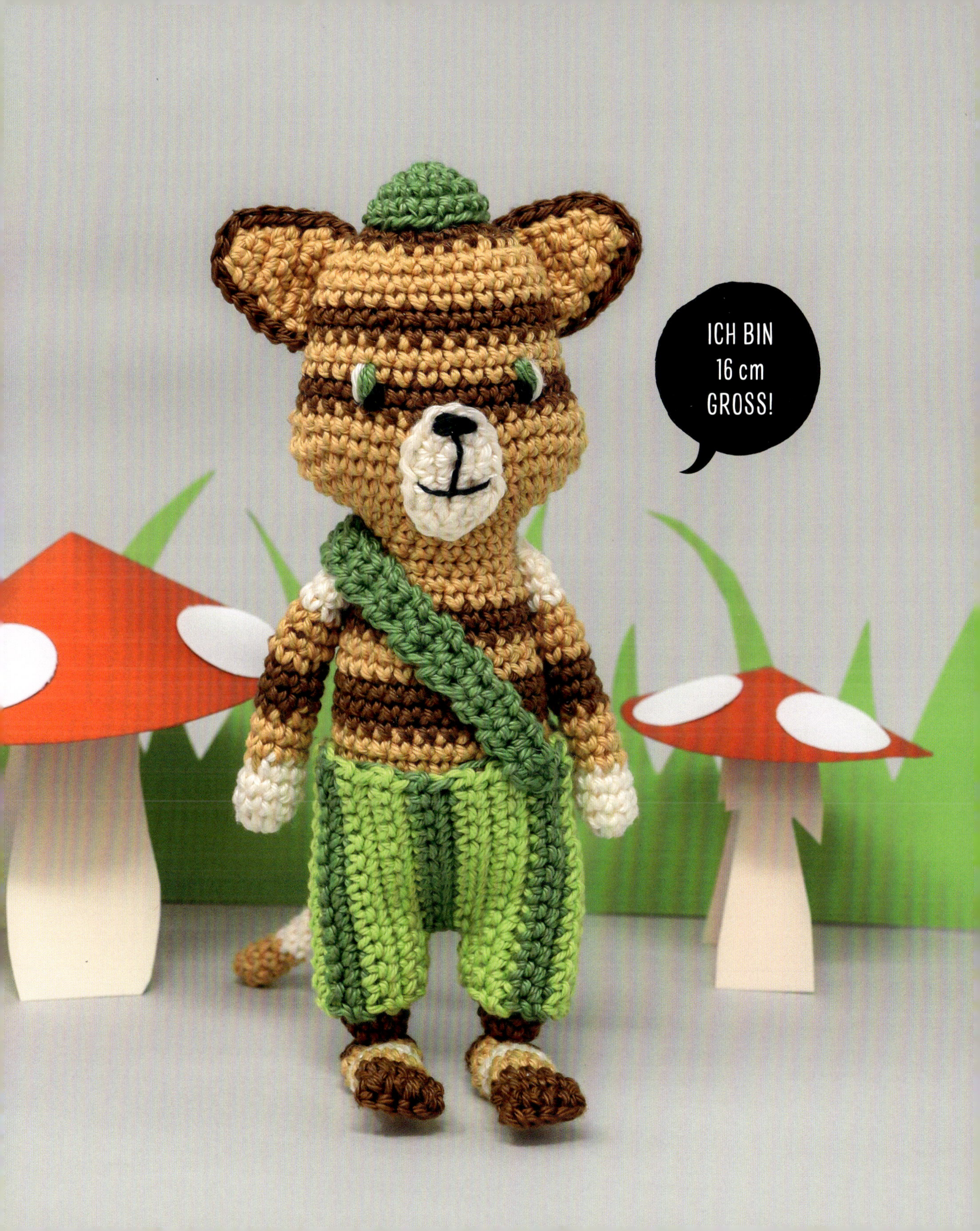
ICH BIN
16 cm
GROSS!

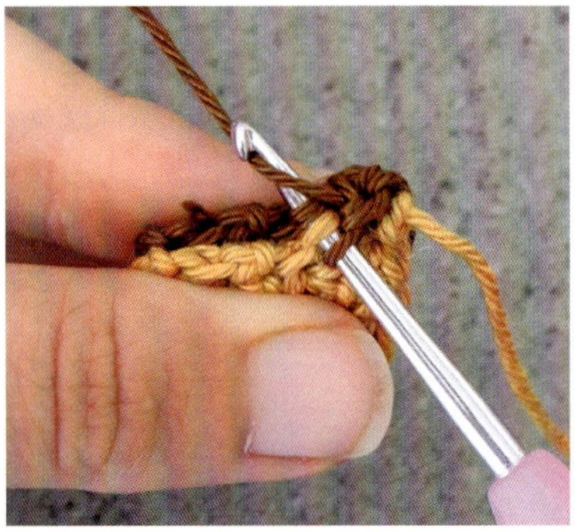

40. Rd: * 1 fM, 1 M abn *, von * bis * noch 5x wdh (= 12 M).
41. Rd: 6x 1 M abn (= 6 M).
Den Faden lang abschneiden und durch die letzte M ziehen. Mit einer Stopf-Nd und dem Restfaden ivM der letzten Rd weben. Den Faden fest anziehen und somit die Rd schließen.

SCHNAUZE (in Crème)

4 Lm anschl, in die 2. M von der Nd aus einstechen und wie folgt häkeln:
1. Rd: 1 M zun, 1 fM, 4 fM in eine M, auf der anderen Seite der Lm-Kette fortfahren mit 1 fM, 1 M zun (= 10 M).
2. Rd: 2x 1 M zun, 1 fM, 4x 1 M zun, 1 fM, 2x 1 M zun (= 18 M).
Häkle 1 Km in die übernächste M. Den Faden lang abschneiden und durch die letzte M ziehen. Nähe die Schnauze hochkant auf den Kopf. Sie bedeckt dabei die 23. bis 29. Rd.

OHREN (2x, für ein Ohr je 1x Camel und 1x Marone)

Jedes Ohr wird in R gehäkelt. Am Ende jeder R eine Wende-Lm häkeln.

Innenohr (in Camel)

1. R: 3 fM in einen Fadenring häkeln.
2. R: 1 fM in jede M der Vor-R.
3. R: 1 fM, 1 M zun, 1 fM (= 4 M).
4. R: 1 fM in jede M der Vor-R.
5. R: 1 M zun, 2 fM, 1 M zun (= 6 M).
6. R: 1 fM in jede M der Vor-R.
Nach der 6. R keine Wende-Lm häkeln. Die Arbeit in Camel hier beenden. Den Faden abschneiden, durch die letzte M ziehen und vernähen.

Außenohr

Arbeite das Außenohr in Marone. Wdh dafür die 1.–6. R des Innenohrs. Anschließend häkelst du 1 Lm. Die Arbeit nicht wenden. Nun die Ohrhälfte in Camel auf die in Marone legen. Die Spitze beider Hälften sollte nach links zeigen. Jetzt häkelst du beide Hälften mit einer umschließenden Rd wie folgt zusammen (☛ siehe Bild): 6 fM (= pro R 1 fM), 2 fM in die Fadenringe vom Anfang, 6 fM. Den Faden lang abschneiden und durch die letzte M ziehen. Die Ohren nähst du seitlich an den Kopf. Sie reichen von der 33. bis 38. Rd.

BEINE UND FÜSSE (4x in Marone, Camel und Crème)

Beginne mit Marone.
1. Rd: 6 fM in einen Fadenring häkeln.
2. Rd: * 1 M zun, 1 fM *, von * bis * noch 2x wdh (= 9 M).
3. Rd: 1 fM in jede M der Vor-Rd.
Fb-Wechsel zu Camel.
4. und 5. Rd: 1 fM in jede M der Vor-Rd.
Fb-Wechsel zu Crème.
6. und 7. Rd: 1 fM in jede M der Vor-Rd.
Fb-Wechsel zu Camel.
8. und 9. Rd: 1 fM in jede M der Vor-Rd.
Fb-Wechsel zu Marone.
10. und 11. Rd: 1 fM in jede M der Vor-Rd.
Drücke das Häkelstück flach zusammen und häkle es oben mit 4 fM zusammen. Den Faden lang abschneiden und durch die letzte M ziehen.
Nähe zwei dieser Häkelstücke unten seitlich an den Körper mit 4 Rd Abstand zum Mittelpunkt. Die schließende R mit fM soll dabei angenäht werden. Zwei weitere dieser Häkelstücke sollen die Füße sein. Nähe sie so an die Beine, dass der Anfang mit dem Fadenring die Verse darstellt.

ARME (2x, in Marone, Crème und Camel)

Beginne mit Crème.
1. Rd: 6 fM in einen Fadenring häkeln.
2. Rd: * 1 M zun, 1 fM *, von * bis * noch 2x wdh (= 9 M).
3. und 4. Rd: 1 fM in jede M der Vor-Rd.
Fb-Wechsel zu Camel.
5.–7. Rd: 1 fM in jede M der Vor-Rd.
Fb-Wechsel zu Marone.
8.–10. Rd: 1 fM in jede M der Vor-Rd.
Fb-Wechsel zu Camel.
11.–13. Rd: 1 fM in jede M der Vor-Rd.
Fb-Wechsel zu Crème.
14.–16. Rd: 1 fM in jede M der Vor-Rd.
Drücke den Arm flach zusammen und häkle ihn oben mit 4 fM zusammen. Den Faden lang abschneiden und durch die letzte M ziehen. Nähe die Arme seitlich an den Körper, zwischen die 20. und 21. Rd.

HOSE (in Greenery und Moos)

14 Lm anschl, in die 2. M von der Nd aus einstechen und wie folgt häkeln:
1. R: 13 fM.
2. und 3. R: 1 fM in jede M der Vor-R.
Ab hier im Wechsel je 2 R in Moos und 4 R in Greenery häkeln.
4.–15. R: 1 fM in jede M der Vor-R.
16. R: 10 fM.
17. R: 1 fM in jede M der Vor-R.

18. R: 10 fM, 4 Lm; Arbeit wenden und in der 2. M von der Nd aus die nächste R beginnen.
19. R: 13 fM.
20.–33. R: 1 fM in jede M der Vor-R.
34. R: 10 fM.
35. R: 1 fM in jede M der Vor-R.
Den Faden lang abschneiden und durch die letzte M ziehen. Lege die Hose um den Körper. Du kannst die Hose auch erst zusammennähen und anschließend der Katze anziehen. Die Abschnitte mit den kürzeren R stellen den Hosenschritt dar. Nähe die Hose mit dem Matratzenstich zusammen. Die Naht soll später hinten am Po sitzen. Nähe auch die Hosenbeine zusammen.

Beim Fb-Wechsel steht es dir frei, ob du den Faden in der anderen Fb mitführst oder hängen lässt und ein paar R später wieder aufnimmst. Da die Fb-Wechsel hier nach einer geraden Anzahl an R stattfinden, befinden sie sich immer auf derselben Seite des Häkelstücks. Bei der Hose lasse ich die Fäden hängen und nehme sie wieder neu auf. Das gefällt mir hier am besten.

HOSENTRÄGER (in Moos)

1. R: 2 fM in einen Fadenring häkeln.
2.–33. R: 1 fM in jede M der Vor-R.
Den Faden lang abschneiden, durch die letzte M ziehen und den Hosenträger an die Hose nähen. Der Träger sitzt schräg über einer Schulter.

SCHWANZ (in Marone, Crème und Camel)

Beginne mit Camel.
1. Rd: 6 fM in einen Fadenring häkeln.
2.–4. Rd: 6 fM.
Fb-Wechsel zu Crème.
5.–7. Rd: 1 fM in jede M der Vor-Rd.
Fb-Wechsel zu Camel.
8.–10. Rd: 1 fM in jede M der Vor-Rd.
Fb-Wechsel zu Marone.
11.–13. Rd: 1 fM in jede M der Vor-Rd.
Fb-Wechsel zu Camel.
14.–16. Rd: 1 fM in jede M der Vor-Rd.
Fb-Wechsel zu Marone.
17.–19. Rd: 1 fM in jede M der Vor-Rd.
Fb-Wechsel zu Camel.
20.–23. Rd: 1 fM in jede M der Vor-Rd.
Häkle 1 Km. Den Faden lang abschneiden, durch die letzte M ziehen und den Schwanz hinten an die Hose nähen.

GESICHT (in Schwarz, Crème und Moos)

Sticke zuerst mit Garn in Moos die Augen auf. Sie bedecken 2 Rd in der Höhe. Stich 2–3 Fäden hintereinander für ein Auge auf. Anschließend mit Garn in Crème das Augenweiß jeweils außen an den Augen entlang sticken. Zum Schluss das Garn in Schwarz splitten, sodass du einen dünneren Faden erhältst. Sticke Nase und Mund auf die Schnauze auf und anschließend die Pupillen auf die Augen. Diese bedecken nur eine Rd in der Höhe.

KAPPE (in Moos)

1. Rd: 6 fM in einen Fadenring häkeln.
2. Rd: * 1 M zun, 1 fM *, von * bis* noch 2x wdh (= 9 M).
3. Rd: 9x 1 M zun (= 18 M).
4. Rd: 1 fM in jede M der Vor-Rd.
Häkle 1 Km in die übernächste M.
Den Faden lang abschneiden, durch die letzte M ziehen und die Kappe oben auf den Kopf nähen.

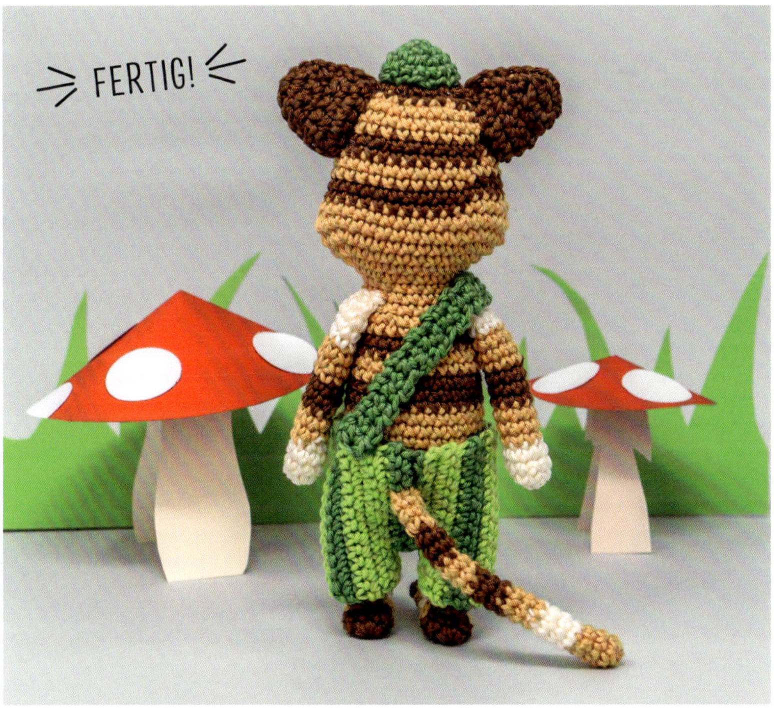

SCHÖNE Prinzessin

MATERIAL

- Scheepjes Catona (100 % Baumwolle, LL 125 m/50 g) in Old Lace (Fb 130), Primrose (Fb 522) und Root Beer (Fb 157), je einen Rest
- Häkelnadel 2,5 mm
- Sicherheitsaugen, ∅ 6 mm
- Füllwatte
- Stopfnadel zum Vernähen

SO WIRD'S GEMACHT

Häkle in Spiralrunden. Kopf, Körper und Beine werden in einem Stück gehäkelt. Das Kleid wird an den fertigen Körper gehäkelt. Arme, Ausschnitt und Haare werden später angenäht.

BEINE UND KÖRPER (2x, in Old Lace und Primrose)

Beginne mit Old Lace.
1. Rd: 6 fM in einen Fadenring häkeln.
2. und 3. Rd: 1 fM in jede M der Vor-Rd.
4. Rd: * 2 fM, 1 M zun *, von * bis * noch 1x wdh (= 8 M).
5. und 6. Rd: 1 fM in jede M der Vor-Rd.
7. Rd: * 3 fM, 1 M zun *, von * bis * noch 1x wdh (= 10 M).
8. und 9. Rd: 1 fM in jede M der Vor-Rd.
10. Rd: * 4 fM, 1 M zun *, von * bis * noch 1x wdh (= 12 M).
11. und 12. Rd: 1 fM in jede M der Vor-Rd.
Erstes Bein: Nach der 12. Rd 1 Km in die übernächste M häkeln.
Den Faden abschneiden, durch die letzte M ziehen und vernähen.
Arbeite ein zweites Bein. Wdh dafür die 1.–12. Rd. Schneide den Faden jedoch nicht ab, sondern verbinde damit die Beine miteinander.
Hierfür wie folgt weiterhäkeln:
13. Rd: 1 Km (zum ersten Bein), 11 fM, 1 Km (zum anderen Bein), 11 fM (= 24 fM).
14.–16. Rd: 1 fM in jede M der Vor-Rd.
17. Rd: * 2 fM, 1 M abn *, von * bis * noch 5x wdh (= 18 M).
Fb-Wechsel zu Primrose.
18. Rd: 1 fM in jede M der Vor-Rd.
19. Rd: 1 fM in jedes hintere M-Glied der Vor-Rd.
20. Rd: 1 fM in jede M der Vor-Rd.
21. Rd: * 4 fM, 1 M abn *, von * bis * noch 2x wdh (= 15 M).
22. Rd: 1 fM in jede M der Vor-Rd.
Beginne, Beine und Körper fest auszustopfen. Im weiteren Verlauf stopfst du die Figur bis zum Schluss immer wieder fest aus.
23. Rd: * 3 fM, 1 M abn *, von * bis * noch 2x wdh (= 12 M).
Fb-Wechsel zu Old Lace.
24. und 25. Rd: 1 fM in jede M der Vor-Rd.
26. Rd: 1 Km in jede M der Vor-Rd.
27. Rd: In die Km der Vor-Rd häkeln und 12x 1 M zun (= 24 M).
28. Rd: * 3 fM, 1 M zun *, von * bis * noch 5x wdh (= 30 M).
29. Rd: * 4 fM, 1 M zun *, von * bis * noch 5x wdh (= 36 M).
30.–39. Rd: 1 fM in jede M der Vor-Rd.
Befestige die Sicherheitsaugen zwischen der 33. und 34. Rd. Die Augen sollen 8 M Abstand zueinander haben.

Betrachte die Puppe von unten. So kannst du erkennen, an welcher Stelle die Augen sitzen sollen, damit deine Puppe gerade nach vorne schaut.

40. Rd: * 4 fM, 1 M abn *, von * bis * noch 5x wdh (= 30 M).
41. Rd: * 3 fM, 1 M abn *, von * bis * noch 5x wdh (= 24 M).
42. Rd: * 2 fM, 1 M abn *, von * bis * noch 5x wdh (= 18 M).
43. Rd: * 1 fM, 1 M abn *, von * bis * noch 5x wdh (= 12 M).
44. Rd: 6x 1 M abn (= 6 M).
Den Faden lang abschneiden und vollständig durch die letzte M ziehen.

WEITER GEHT'S ➡

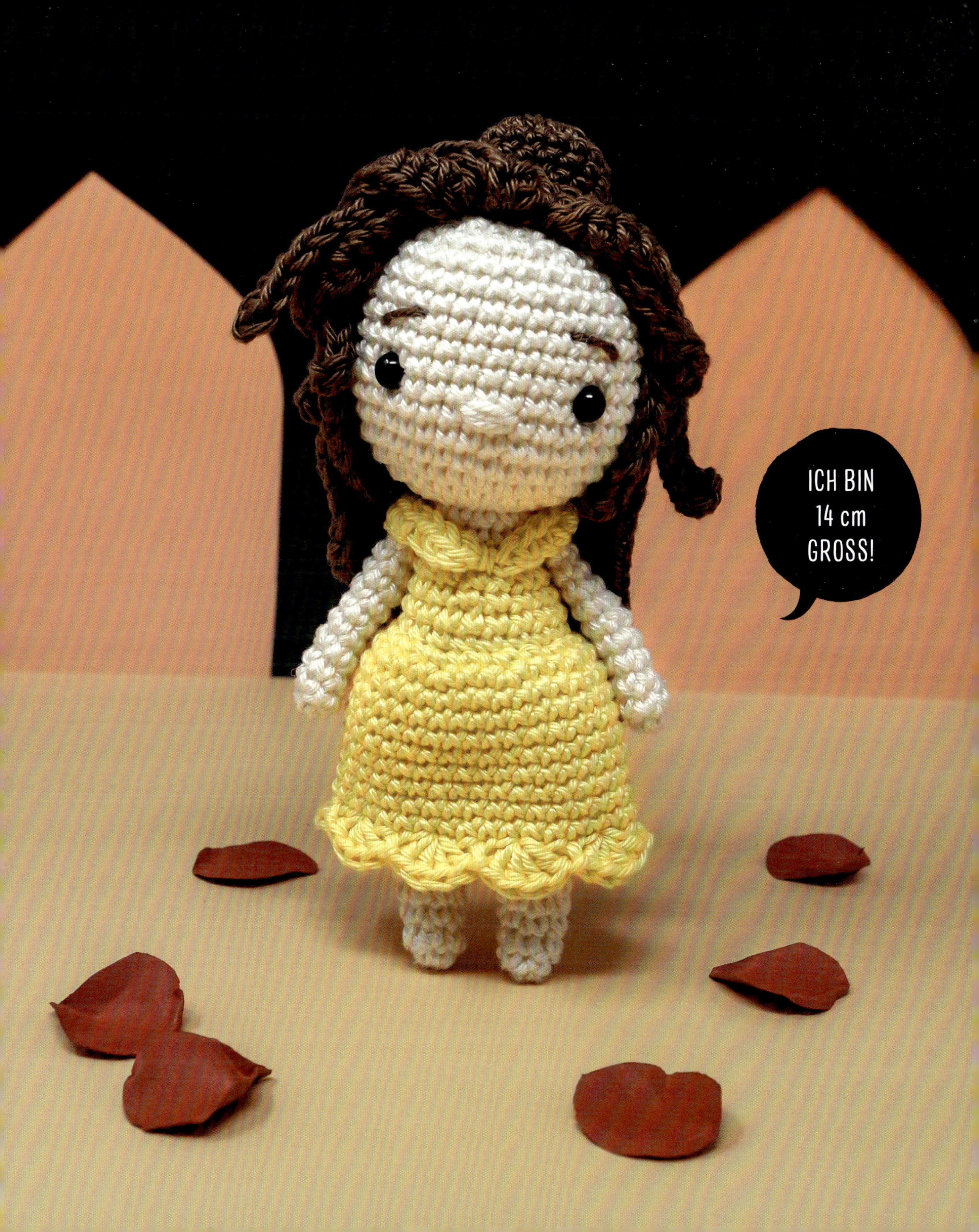
ICH BIN
14 cm
GROSS!

Mit einer Stopf-Nd und dem Restfaden ivM der letzten Rd weben. Den Faden fest anziehen, somit die Rd schließen, und vernähen.

KLEID (in Primrose)

Beginne mit einer stehenden fM, die du in irgendeine M der 18. Rd häkelst. Die 18. Rd ist die, in der die vorderen M-Glieder übrig sind und eine Linie um den Körper bilden.
1. Rd: * 1 fM, 1 M zun *, von * bis * noch 8x wdh (= 27 M).
2. Rd: * 2 fM, 1 M zun *, von * bis * noch 8x wdh (= 36 M).
3.–10. Rd: 1 fM in jede M der Vor-Rd.
11. Rd: * 1 M überspringen, 4 Stb in eine M, 1 M überspringen, 1 Km *, von * bis * noch 8x wdh (= 9 Bogen).
Den Faden lang abschneiden, durch die letzte M ziehen und vernähen.

HAARE (in Root Beer)

Für die Haare werden Strähnen aneinander gehäkelt. Häkle in R, aber ohne Wende-Lm. Nach jeder Strähne wird das Häkelstück nicht gewendet, sondern die nächste Strähne direkt weitergehäkelt.
1. R: 17 Lm anschl, in die 2. M von der Nd aus einstechen und 16 hStb zurück häkeln.
2. R: Wie die 1. R häkeln.
3. R: 22 Lm anschl, in die 2. M von der Nd aus einstechen und 21 hStb zurück häkeln.
4.–13. R: Wie die 3. R häkeln.
14. und 15. R: Wie die 1. R häkeln.
Häkle in die erste Strähne 1 fM und schließe somit die Strähnen zu einer Rd. Fahre in Spiral-Rd fort. Die Dicke jeder Strähne entspricht 2 fM. Deine geschlossene Rd entspricht also 30 fM. Die bereits gehäkelte fM für den Rd-Zusammenschluss zählt bereits als erste fM der neuen Rd.
1. Rd: * 3 fM, 1 M abn *, von * bis * noch 5x wdh (= 24 M).
2. Rd: * 2 fM, 1 M abn, von * bis * noch 5x wdh (= 18 M).
3. Rd: * 1 fM, 1 M abn *, von * bis * noch 5x wdh (= 12 M).
4. Rd: 6x 1 M abn (= 6 M).
Den Faden sehr lang abschneiden und durch die letzte M ziehen. Mit einer Stopf-Nd und dem Restfaden ivM der letzten Rd weben. Den Faden fest anziehen und somit die Rd schließen. Lege das Haar auf den Kopf. Die Stelle mit den kürzeren Strähnen zeigt nach vorn. Nähe das Haar und die Strähnen an den Kopf. Die vorderen Strähnen kannst du leicht seitlich fixieren.

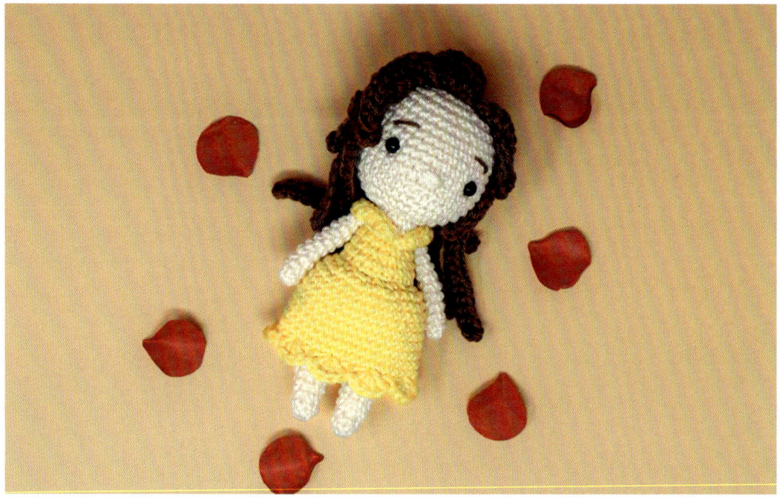

DUTT (in Root Beer)

1. Rd: 6 fM in einen Fadenring häkeln.
2. Rd: 6x 1 M zun (= 12 M).
3. Rd: * 1 fM, 1 M zun *, von * bis * noch 5x wdh (= 18 M).
4.–6. Rd: 1 fM in jede M der Vor-Rd.
Häkle 1 Km in die übernächste M. Schneide den Faden lang ab und ziehe ihn durch die letzte M. Nähe den Dutt oben auf die hintere Kopfhälfte.

ARME (2x, in Old Lace)

1. Rd: 6 fM in einen Fadenring häkeln.
2.–11. Rd: 1 fM in jede M der Vor-Rd.
Drücke den Arm oben flach zusammen und verschließe die Öffnung mit 3 fM, indem du durch beide Seiten gleichzeitig häkelst. Schneide den Faden lang ab und ziehe ihn durch die letzte M. Nähe die Arme zwischen der 24. und 25. Rd an den Körper.

CARMEN-AUSSCHNITT (in Primrose)

22 Lm anschl, in die 2. M von der Nd aus einstechen und wie folgt weiterhäkeln: 1 Km, 19 fM, 1 Km. Schneide den Faden lang ab und ziehe ihn durch die letzte M. Lege den Ausschnitt um den Körper, die Arme werden an den Schultern bedeckt. Die Enden treffen sich vorne mittig. Nähe den Ausschnitt an.

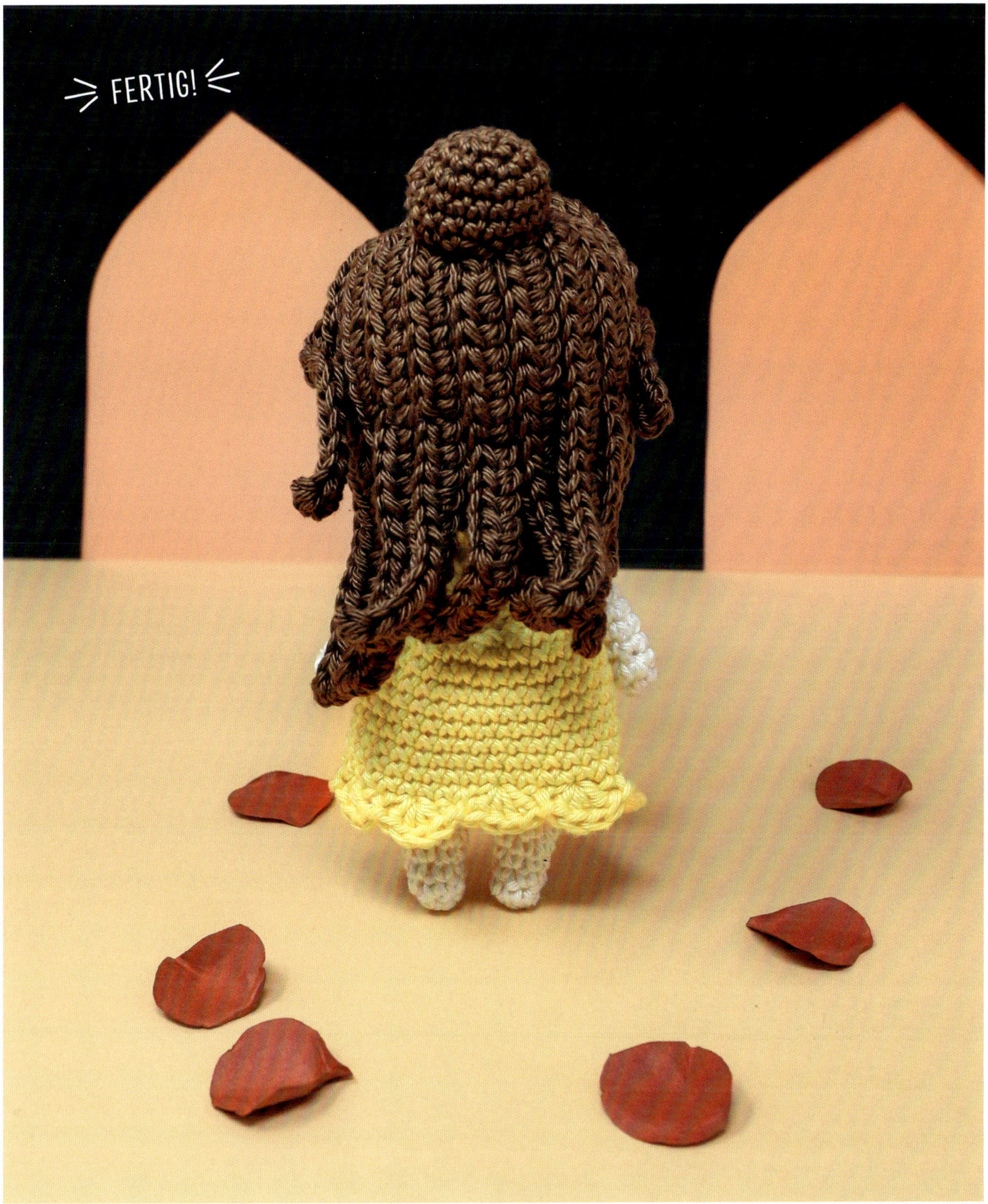
FERTIG!

Hüpfendes BÄRCHEN

MATERIAL

- Woll Butt Camilla (100 % Baumwolle, LL 125 m/50 g) in Rosa, 50 g, in Rot, Schwarz, Weiß, Royal und Sonnengelb, je einen Rest
- Häkelnadel 2,5 mm
- Füllwatte
- Stopfnadel zum Vernähen

SO WIRD'S GEMACHT

Häkle in Spiralrunden. Beine und Körper werden in einem Stück gehäkelt. Kopf, Arme, Ohren, Schnauze, Mütze, Oberteil und Kragen werden einzeln gehäkelt und später angenäht.

BEINE UND KÖRPER (2x, in Rosa)

1. Rd: 6 fM in einen Fadenring häkeln.
2. Rd: 6x 1 M zun (= 12 M).
3. Rd: * 1 fM, 1 M zun *, von * bis * noch 5x wdh (= 18 M).
Häkle 1 Km in die übernächste M und beginne die folgende Rd in derselben M.
4. Rd: 1 fM in jedes hintere M-Glied der Vor-Rd.
5. Rd: 1 fM in jede M der Vor-Rd.
6. Rd: 6 fM, 3x 1 M abn, 6 fM (= 15 M).
7. Rd: 5 fM, 2x 1 M abn, 6 fM (= 13 M).
8.–11. Rd: 1 fM in jede M der Vor-Rd.
Häkle 1 Km in die übernächste M. Den Faden abschneiden, durch die letzte M ziehen und vernähen. Stopfe das Bein fest mit Füllwatte aus. Arbeite ein zweites Bein. Wdh dafür die 1. bis 11. Rd. Häkle keine Km, sondern stattdessen weitere 3 fM, verbinde beide Beine wie folgt miteinander und häkle den Körper direkt weiter:
12. Rd: 1 Km in die letzte fM der 11. Rd des ersten Beins häkeln, 12 fM, 1 Km zum anderen Bein, 12 fM (= 26 M).
13. Rd: * 1 fM, 1 M zun *, von * bis * noch 12x wdh (= 39 M).
14.–17. Rd: 1 fM in jede M der Vor-Rd.
18. Rd: * 11 fM, 1 M abn *, von * bis * noch 2x wdh (= 36 M).
19. Rd: 1 fM in jede M der Vor-Rd.
20. Rd: * 4 fM, 1 M abn *, von * bis * noch 5x wdh (= 30 M).
21.–23. Rd: 1 fM in jede M der Vor-Rd.
24. Rd: * 3 fM, 1 M abn *, von * bis * noch 5x wdh (= 24 M).
25. und 26. Rd: 1 fM in jede M der Vor-Rd.
27. Rd: * 2 fM, 1 M abn *, von * bis * noch 5x wdh (= 18 M).
28. Rd: 1 fM in jede M der Vor-Rd.
Häkle 1 Km in die übernächste M. Den Faden abschneiden, durch die letzte M ziehen und vernähen. Stopfe den Körper fest mit Füllwatte aus.

KOPF (in Rosa)

1. Rd: 6 fM in einen Fadenring häkeln.
2. Rd: 6x 1 M zun (= 12 M).
3. Rd: * 1 fM, 1 M zun *, von * bis * noch 5x wdh (= 18 M).
4. Rd: * 2 fM, 1 M zun *, von * bis * noch 5x wdh (= 24 M).
5. Rd: * 3 fM, 1 M zun *, von * bis * noch 5x wdh (= 30 M).
6.–9. Rd: 1 fM in jede M der Vor-Rd.
10. Rd: * 4 fM, 1 M zun *, von * bis * noch 5x wdh (= 36 M).
11. Rd: 1 fM in jede M der Vor-Rd.
12. Rd: * 5 fM, 1 M zun *, von * bis * noch 5x wdh (= 42 M).
13. Rd: * 6 fM, 1 M zun *, von * bis * noch 5x wdh (= 48 M).
14. und 15. Rd: 1 fM in jede M der Vor-Rd.
16. Rd: * 3 fM, 1 M abn *, von * bis * noch 2x wdh, 9 fM, ** 3 fM, 1 M abn **, von ** bis ** noch 2x wdh, 9 fM (= 42 M).
17. Rd: * 2 fM, 1 M abn *, von * bis * noch 2x wdh, 9 fM, ** 2 fM, 1 M abn **, von ** bis ** noch 2x wdh, 9 fM (= 36 M).
18. Rd: * 1 fM, 1 M abn *, von * bis * noch 2x wdh, 9 fM, ** 1 fM, 1 M abn **, von ** bis ** noch 2x wdh, 9 fM (= 30 M).

WEITER GEHT'S ➡

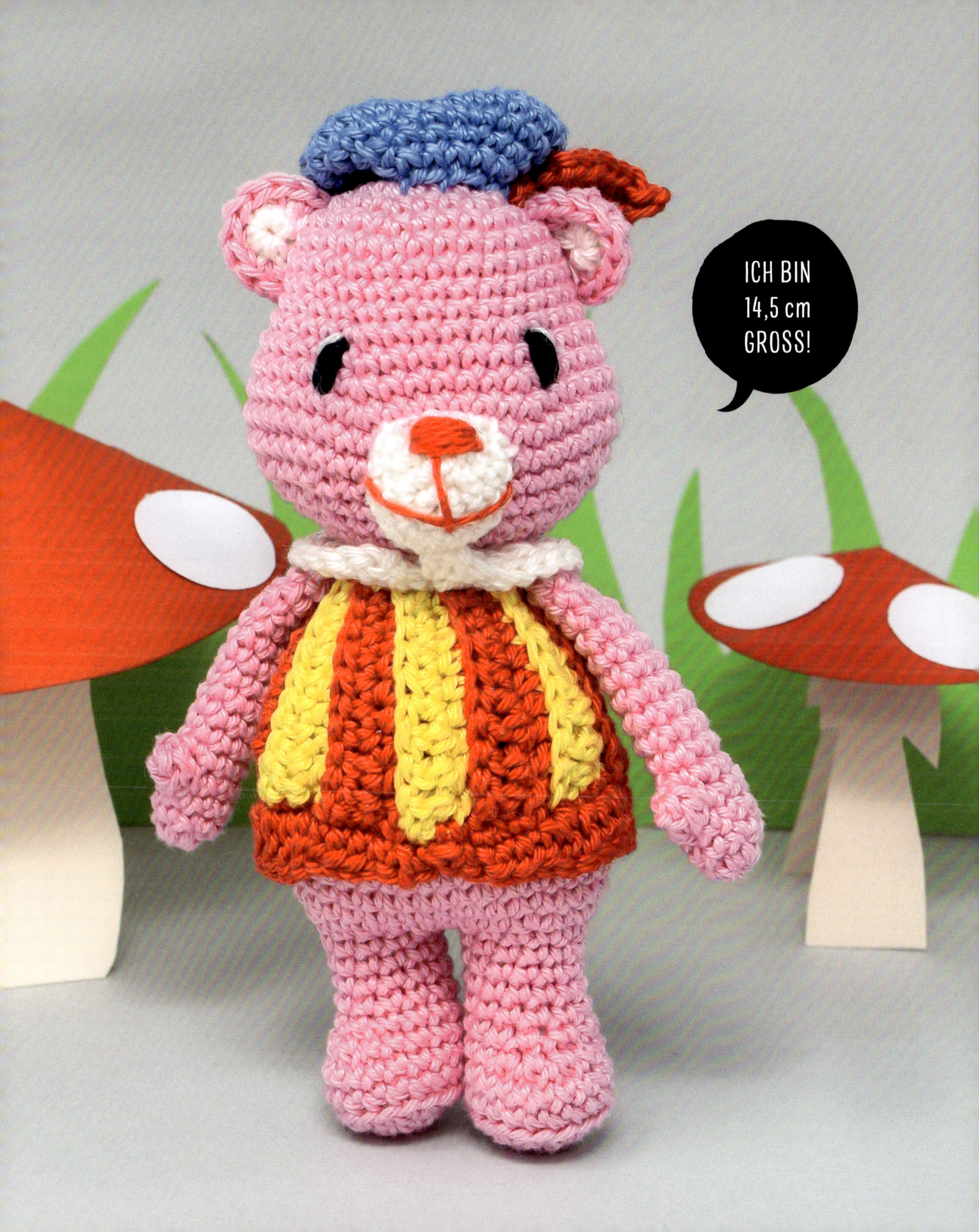
ICH BIN
14,5 cm
GROSS!

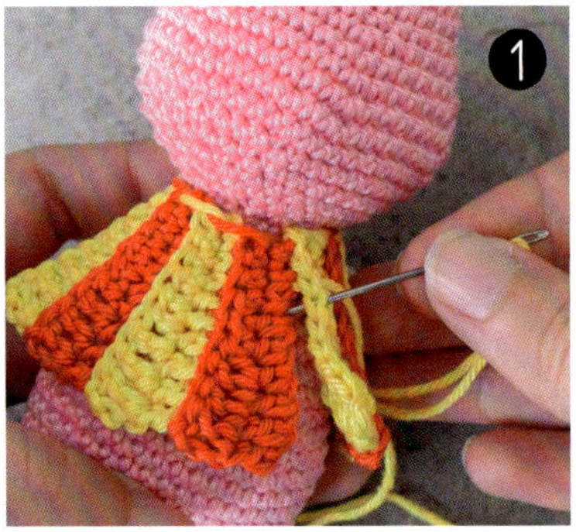

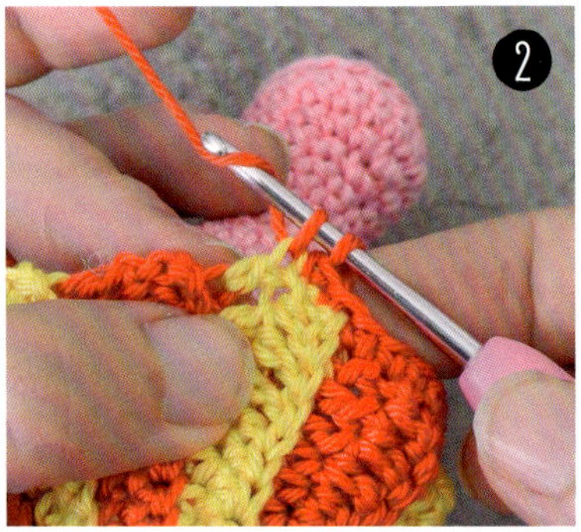

19. Rd: * 3x 1 M abn, 9 fM *, von * bis * noch 1x wdh (= 24 M).
20. Rd: * 2 fM, 1 M abn *, von * bis * noch 5x wdh (= 18 M).
Häkle 1 Km in die übernächste M. Stopfe den Kopf fest mit Füllwatte aus. Den Faden sehr lang abschneiden, durch die letzte M ziehen und den Kopf an den Körper nähen. Die Wangen zeigen jeweils zur Seite.

OHREN (2x, in Rosa und Weiß)

Jedes Ohr besteht aus je einem Innen- und Außenohr. Häkle in R. Das Innenohr wird mit Weiß und das Außenohr mit Rosa gehäkelt. Beginne mit dem Innenohr. Häkle 6 fM in einen Fadenring. Den Faden abschneiden, durch die letzte M ziehen und vernähen.
Für das Außenohr erneut 6 fM in einen Fadenring häkeln, anschließend eine Wende-Lm häkeln. Lege das Innenohr vor das Außenohr und häkle nun beide Ohren wie folgt zusammen: * 1 fM, 1 M zun *, von * bis * noch 2x wdh (= 9 M).
Den Faden lang abschneiden, durch die letzte M ziehen und die Ohren seitlich an den Kopf nähen. Sie sitzen mit 4 Rd Abstand zum Scheitel und bedecken 5 Rd in der Höhe.

SCHNAUZE (in Weiß)

1. Rd: 6 fM in einen Fadenring häkeln.
2. Rd: 6x 1 M zun (= 12 M).
3. Rd: * 2 fM, 1 M zun *, von * bis * noch 4x wdh (= 16 M).
4. Rd: 1 fM in jede M der Vor-Rd.
Häkle 1 Km in die übernächste M. Den Faden lang abschneiden und durch die letzte M ziehen. Nähe die Schnauze vorne an den Kopf, sie soll die 14. bis 17. Rd bedecken. Stopfe die Schnauze während des Annähens mit Füllwatte aus.

OBERTEIL (in Sonnengelb und Rot)

Häkle in R. Beginne mit Rot. 10 Lm anschl, in die 2. M von der Nd aus einstechen und wie folgt zurück häkeln:
1. R: 3 fM, 3 hStb, 3 Stb, 3 Wende-Lm (= 9 M).
2. R: 3 Stb, 3 hStb, 3 fM, 1 Wende-Lm (= 9 M).
Fb-Wechsel zu Sonnengelb.
3. R: ihM 3 fM, 3 hStb, 3 Stb, 3 Wende-Lm (= 9 M).
4. R: 3 Stb, 3 hStb, 3 fM, 1 Wende-Lm (= 9 M).
Nun weiter abwechselnd je zwei R in Rot und Sonnengelb arbeiten und dabei für eine Fb die 3. und 4. R wdh, bis du insgesamt 12 Streifen hast.
Am Ende den Faden in Sonnengelb lang abschneiden und durch die letzte M ziehen. Lege das Oberteil um den Hals des Bärchens und nähe es anschließend zusammen. Achte darauf, dass der letzte Streifen in Sonnengelb den ersten Streifen in Rot an der Kante leicht überlappt. So wirkt später die Naht unsichtbar.
☛ siehe Bild 1

Lass den Faden in der Kontrastfarbe nicht mitlaufen. Stattdessen nach dem Farbwechsel den Kontrastfaden hängen lassen und beim nächsten Farbwechsel wieder aufnehmen.

SAUM (in Rot)

Nimm eine Anfangsschlinge in Rot auf und ziehe sie durch die rechte untere Ecke eines Streifens. Das wird später der vorne liegende Mittelpunkt deines Oberteils sein.
1. Rd: Häkle 1 Lm (= 1. M der Rd). Häkle noch weitere 3 fM entlang des Streifens. Danach pro Streifen immer 4 fM häkeln (= 48 M). Schließe die Rd mit 1 Km, 1 Wende-Lm.
2. Rd: Die erste M überspringen, 2 fM, 3 hStb, 36 Stb, 3 hStb, 2 fM, 1 M überspringen, 1 Km (= 46 M).
Den Faden sehr lang abschneiden, durch die letzte M ziehen und das Oberteil an der „Nahtstelle" zum Saum am Körper festnähen. Achte darauf, dass dein Mittelpunkt vorne am Bauch sitzt.
☛ siehe Bild 2

ARME (in Rosa)

1. Rd: 6 fM in einen Fadenring häkeln.
2. Rd: * 1 M zun, 1 fM *, von * bis * noch 2x wdh (= 9 M).
3. und 4. Rd: 1 fM in jede M der Vor-Rd.
5. Rd: 1 Popcorn aus 3 Stb, 8 fM (= 9 M).
6.–16. Rd: 1 fM in jede M der Vor-Rd.
Häkle 1 Km. Den Faden lang abschneiden und durch die letzte M ziehen. Drücke die Arme oben flach zusammen und nähe sie so seitlich an den Körper. Achte darauf, dass die Daumen nach vorne zeigen.

KRAGEN (in Weiß)

27 Lm anschl, in die 4. M von der Nd aus einstechen und 24 Stb zurück häkeln.
Den Faden lang abschneiden und durch die letzte M ziehen. Lege den Kragen um den Hals, über die Schultern, die Enden treffen sich vorne, und nähe den Kragen an. Dabei soll sich nur der innenliegende Kragen vorne verbinden. Die beiden äußeren Enden stehen weg. Das gelingt am besten, wenn die Lm-Kette direkt am Hals anliegt.

GESICHT (in Schwarz und Rot)

Mit schwarzem Garn stickst du die Augen auf. Sie bedecken die 11. und 12. Rd des Kopfs und haben einen Abstand von etwa 8 M zueinander. Für die Nase nimmst du rotes Garn und halbierst es, es ist dann 2- statt 4-fädig. Dann kannst du die Nase auf die Schnauze aufsticken. Wenn du möchtest, füge noch einen Mund hinzu.

MÜTZE (in Royal)

1. Rd: 6 fM in einen Fadenring häkeln.
2. Rd: 6x 1 M zun (= 12 M).
3. Rd: * 1 fM, 1 M zun *, von * bis * noch 5x wdh (= 18 M).
4. Rd: * 2 fM, 1 M zun *, von * bis * noch 5x wdh (= 24 M).
5. Rd: * 3 fM, 1 M zun *, von * bis * noch 5x wdh (= 30 M).
6. Rd: * 4 fM, 1 M zun *, von * bis * noch 5x wdh (= 36 M).
7. Rd: * 5 fM, 1 M zun *, von * bis * noch 5x wdh (= 42 M).
8. Rd: 1 fM in jede M der Vor-Rd.
9. Rd: Klappe das Häkelstück flach zusammen und beginne, es oben zusammenzuhäkeln. Häkle dafür 6 fM durch beide Seiten gleichzeitig. Es verbleibt eine Öffnung von 30 M. Häkle 30 fM entlang dieser Öffnung.
10. Rd: * 3 fM, 1 M abn *, von * bis * noch 5x wdh (= 24 M).
11. Rd: * 2 fM, 1 M abn *, von * bis * noch 5x wdh (= 18 M).
12. Rd: 1 fM in jede M der Vor-Rd.
Häkle 1 Km. Den Faden lang abschneiden, durch die letzte M ziehen und die Mütze oben auf den Kopf nähen. Der Zipfel zeigt nach hinten.

FEDER (in Rot)

8 Lm anschl, in die 2. M von der Nd aus einstechen und wie folgt um die Lm-Kette häkeln: 2 Km, 2 Lm, 3 hStb, 1 fM, 1 fM + 1 kleines Picot + 1 fM in eine M, auf der anderen Seite der Lm-Kette fortfahren mit: 1 fM, 3 hStb, 2 Lm, 1 Km in dieselbe M, in der das letzte hStb sitzt.
Den Faden abschneiden, durch die letzte M ziehen und die Feder seitlich an die Mütze nähen.

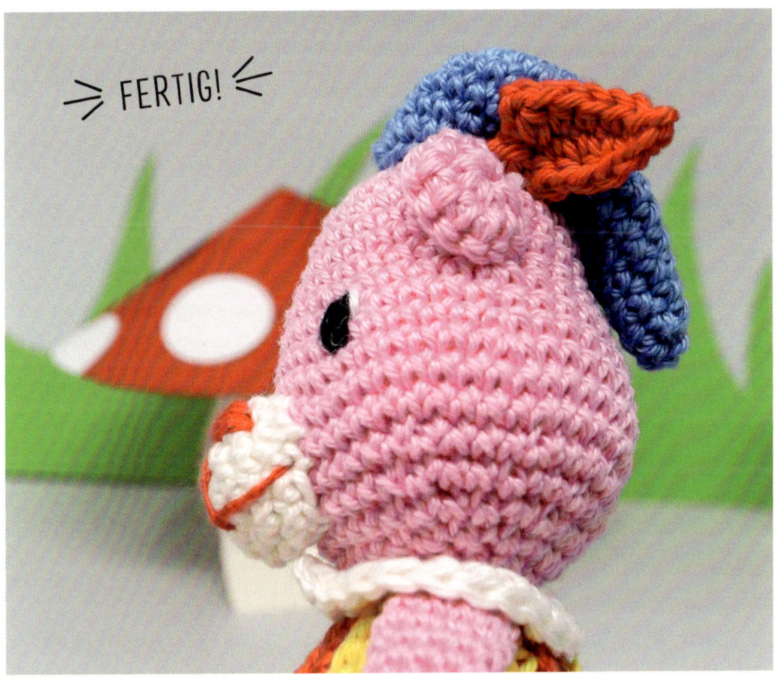

Mutiger ASTRONAUT

MATERIAL

- Schachenmayr Catania (100 % Baumwolle, LL 125 m/50 g) in Weiß (Fb 106), in Schwarz (Fb 110), Ivory (Fb 436), Fuchsia (Fb 128), Greenery (Fb 418), Hellblau (Fb 173), Zartbitter (Fb 415) und Tomate (Fb 390), je einen Rest
- Häkelnadel 2,5 mm
- Füllwatte
- Stopfnadel zum Vernähen

SO WIRD'S GEMACHT

Häkle in Spiralrunden. Kopf und Körper entstehen am Stück.

KÖRPER UND KOPF (in Weiß, Schwarz und Ivory)

Beginne mit Weiß.
1. Rd: 7 fM in einen Fadenring häkeln.
2. Rd: 7x 1 M zun (= 14 M).
3. Rd: * 1 fM, 1 M zun *, von * bis * noch 6x wdh (= 21 M).
4. Rd: * 2 fM, 1 M zun *, von * bis * noch 6x wdh (= 28 M).
5. Rd: 1 fM in jede M der Vor-Rd.
Fb-Wechsel zu Schwarz.
6. Rd: 1 fM in jedes hintere M-Glied der Vor-Rd .
7.–9. Rd: 1 fM in jede M der Vor-Rd.
Fb-Wechsel zu Weiß.
10. Rd: 1 Km in jede M der Vor-Rd.
11. Rd: ivM der Km * 1 fM, 1 M zun *, von * bis * noch 13x wdh (= 42 M).
12. Rd: 1 fM in jedes hintere M-Glied der Vor-Rd .
13.–16. Rd: 1 fM in jede M der Vor-Rd.
17. Rd: 1 fM in jedes hintere M-Glied der Vor-Rd.
18. Rd: * 4 fM, 1 M abn *, von * bis * noch 6x wdh (= 35 M).
19. Rd: * 3 fM, 1 M abn *, von * bis * noch 6x wdh (= 28 M).
20. Rd: * 2 fM, 1 M abn *, von * bis * noch 6x wdh (= 21 M).
Stopfe den Körper fest mit Füllwatte aus. Im weiteren Verlauf stopfst du bis zum Schluss immer wieder fest aus.
Fb-Wechsel zu Ivory.
21. Rd: 1 RfMv in jede M der Vor-Rd.
22.–28. Rd: 1 fM in jede M der Vor-Rd.
29. Rd: * 1 fM, 1 M abn *, von * bis * noch 6x wdh (= 14 M).
30. Rd: 7x 1 M abn (= 7 M).
Den Faden lang abschneiden und durch die letzte M ziehen. Mit einer Stopf-Nd und dem Restfaden ivM der letzten Rd weben. Den Faden fest anziehen und somit die Rd schließen.

BRUSTPANZER (in Greenery)

Häkle in R. Jede R endet mit einer Wende-Lm. 13 Lm anschl, in die 2. M von der Nd aus einstechen und wie folgt häkeln:
1. R: 12 fM.
2. und 3. R: 1 fM in jede M der Vor-R.
1. Rd: Das Rechteck an den Körper halten und eine Rd oben entlang der verbliebenen vorderen M-Glieder der 16. Rd häkeln.
☛ siehe Bilder 1+2 (nächste Seite)
So wird das Rechteck ohne Annähen an den Körper gefügt. Häkle wie folgt: 30 fM entlang der vorderen M-Glieder, 12 fM, dabei gleichzeitig sowohl in die M-Glieder des Rechtecks als auch in die vorderen M-Glieder wie bisher häkeln. ☛ siehe Bild 3 (nächste Seite)
Du stichst die letzten 12 fM also durch insgesamt 3 M-Glieder pro fM.
Häkle in Spiral-Rd weiter.
2. Rd: 3 fM, 1 M überspringen, 5 Stb in eine M, 1 M überspringen, 18 fM, 1 M überspringen, 5 Stb in eine M, 1 M überspringen, 15 fM.
Häkle 1 Km in die übernächste M.
Den Faden lang abschneiden, durch die letzte M ziehen und vernähen.
Beim Vernähen das Rechteck am Oberkörper fixieren.

WEITER GEHT'S ➡

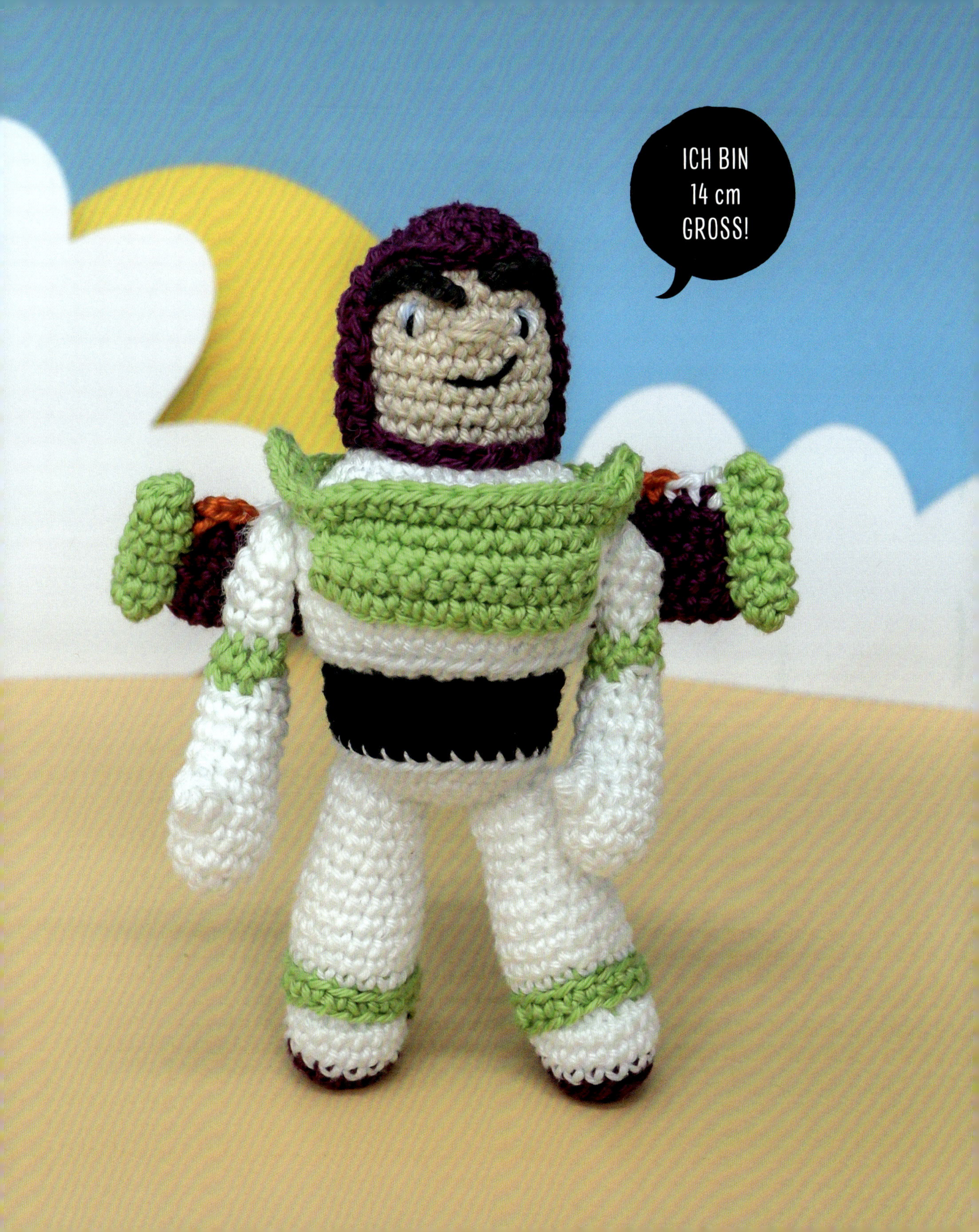
ICH BIN
14 cm
GROSS!

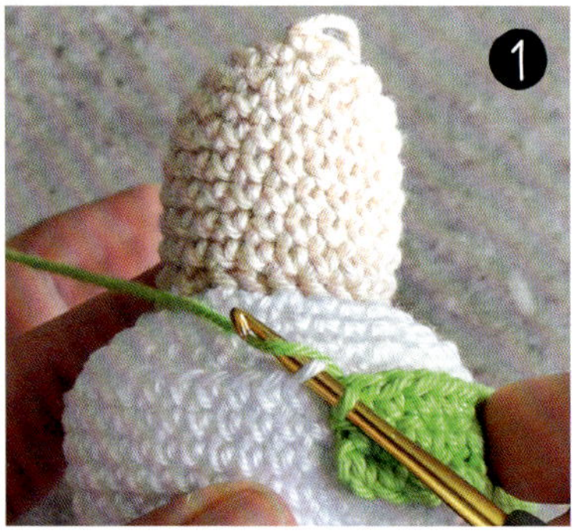

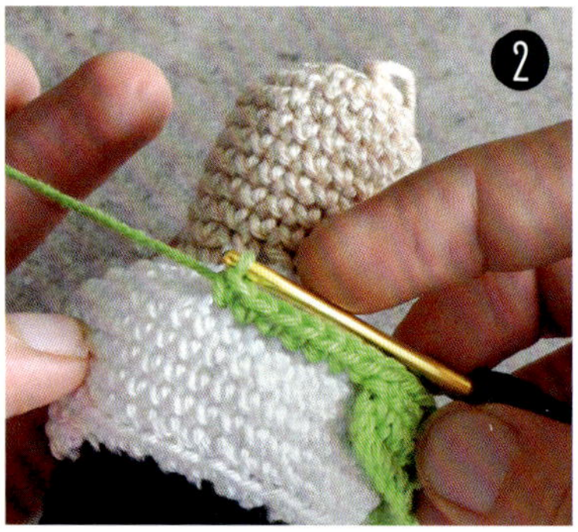

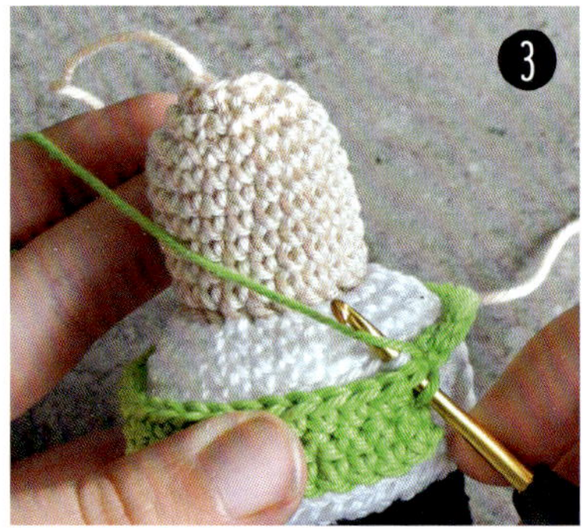

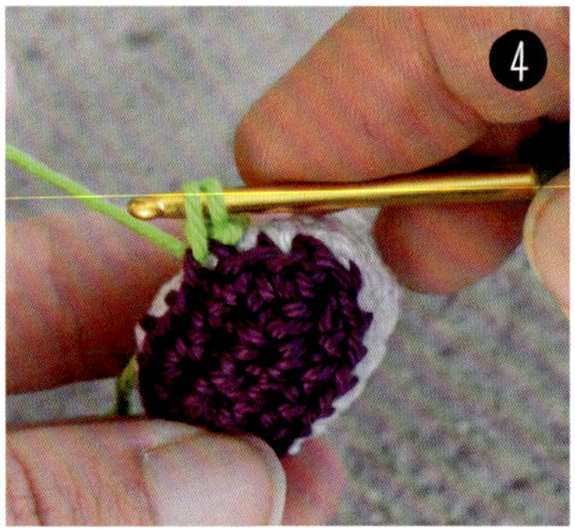

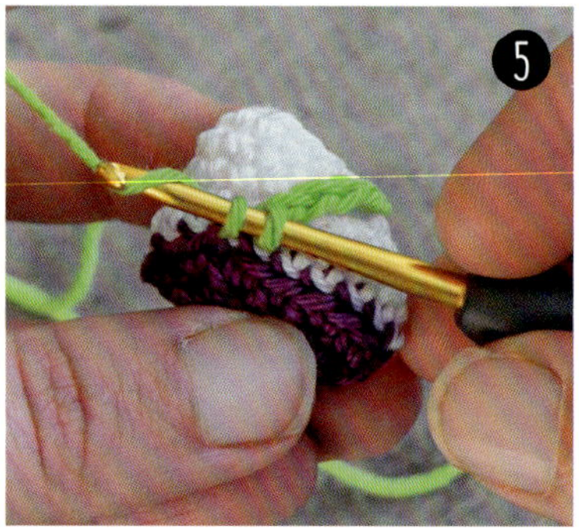

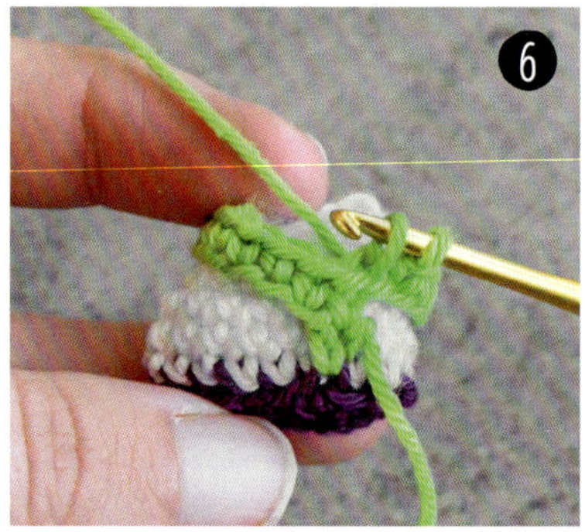

HELM (in Fuchsia)

1. Rd: 6 fM in einen Fadenring häkeln.
2. Rd: 6x 1 M zun (= 12 M).
3. Rd: * 1 fM, 1 M zun *, von * bis * noch 5x wdh (= 18 M).
4. Rd: * 2 fM, 1 M zun *, von * bis * noch 5x wdh (= 24 M).
5. Rd: 1 fM in jede M der Vor-Rd, 1 Wende-Lm.
Ab hier in R weiterhäkeln. Jede R endet mit einer Wende-Lm.
1. R: 15 fM.
2.–6. R: 1 fM in jede M der Vor-R. Nach der 6. R keine Wende-Lm häkeln. 9 Lm anschl und mit 1 Km auf der Gegenseite zur Rd schließen. Den Faden lang abschneiden und durch die letzte M ziehen. Stülpe den Helm über den Kopf und nähe sie am Halsansatz fest. Die Öffnung zeigt nach vorne. Vorne ist da, wo der Brustpanzer sitzt.

GESICHT (in Hellblau, Weiß, Ivory und Schwarz)

Mit Hellblau stickst du zuerst die Iris im oberen Teil des Gesichts auf. Anschließend mit Weiß das Augenweiß. Mit einem halbierten schwarzen Faden stickst du die Pupillen und den Mund darunter auf. Mit einem Restfaden Ivory kannst du die Nase aufsticken.

AUGENBRAUEN (2x, in Zartbitter)

5 Lm anschl. Den Faden abschneiden und durch die letzte M ziehen. Nähe die Augenbrauen oben auf das Gesicht. Sie können dabei auch die Haube etwas berühren.

ARME (2x, in Weiß und Greenery)

Beginne mit Weiß.
1. Rd: 1. Rd: 6 fM in einen Fadenring häkeln.
2. Rd: 6x 1 M zun (= 12 M).
3. und 4. Rd: 1 fM in jede M der Vor-Rd.
5. Rd: Popcorn aus 3 Stb, 11 fM (= 12 M).
6. Rd: 1 M abn, 4 fM, 1 M abn, 4 fM (= 10 M).
7.–9. Rd: 1 fM in jede M der Vor-Rd . Fb-Wechsel zu Greenery und den Unterarm mit Füllwatte stopfen.
10. Rd: ihM 4 fM, 2x 1 M abn, 2 fM (= 8 M).
11. Rd: 4 fM, 1 M abn, 2 fM (= 7 M). Fb-Wechsel zu Weiß.
12. Rd: 1 Km in jede M der Vor-Rd.
13. Rd: 1 fM in jede Km der Vor-Rd.
14.–16. Rd: 1 fM in jede M der Vor-Rd.

Stopfe den Unterarm mit Füllwatte aus. Den Faden lang abschneiden und durch die letzte M ziehen. Mit einer Stopf-Nd und dem Restfaden ivM der letzten Rd weben. Den Faden fest anziehen und somit die Rd schließen. Nähe die Arme seitlich an den Körper, direkt unterhalb des grünen Bogens. Die Daumen zeigen nach vorn.

FÜSSE (2x, in Weiß und Fuchsia)

Beginne mit Fuchsia. 4 Lm anschl, in die 2. M von der Nd aus einstechen und wie folgt häkeln:
1. Rd: 1 M zun, 1 fM, 4 fM in eine M, 1 fM, 1 M zun (= 10 M).
2. Rd: 2x 1 M zun, 1 fM, 4x 1 M zun, 1 fM, 2x 1 M zun (= 18 M).
Häkle 1 Km in die übernächste M. Den Faden abschneiden, durch die letzte M ziehen und vernähen.
Fb-Wechsel zu Weiß. Nimm eine Anfangsschlinge auf und starte mit einer stehenden fM (siehe Seite 15) in der Km der 2. Rd. Diese gilt als erste fM der neuen Rd.
3. Rd: 1 fM in jedes hintere M-Glied der Vor-Rd .
4. und 5. Rd: 1 fM in jede M der Vor-Rd.
6. Rd: 6 fM, 4x 1 M abn, 4 fM (= 14 M).
7. Rd: 4 fM, 4x 1 M abn, 2 fM (= 10 M).
Häkle 1 Km. Den Faden abschneiden, durch die letzte M ziehen und vernähen. Stopfe den Fuß fest mit Füllwatte aus.

BEINE (2x, in Greenery und Weiß)

Für das Bein betrachtest du den gehäkelten Fuß genauer. Die Sohle ist in Fuchsia gehäkelt. Aus der 2. Rd bilden die verbliebenen vorderen M-Glieder eine dünne Linie um die Sohle. Nun wird mit Greenery eine stehende fM in das dritte vordere M-Glied links von der abschließenden Km der Sohle gehäkelt.
☛ siehe Bild 4
Diese gilt als erste M deiner neuen Rd.

Lass einen langen Anfangsfaden bei der stehenden fM stehen. Damit kannst du später das Bein am restlichen Fuß annähen.

1. Rd: 10 Lm anschl, 1 fM auf der Gegenseite (in das 3. vordere M-Glied rechts von der Km) ☛ siehe Bild 5, 6 Lm anschl (= 18 M).
Häkle in Spiral-Rd weiter.
2. Rd: 1 fM in jede M der Vor-Rd.
☛ siehe Bild 6
Fb-Wechsel zu Weiß.
3. Rd: 1 fM in jedes hintere M-Glied der Vor-Rd .
4. und 5. Rd: 1 fM in jede M der Vor-Rd.
6. Rd: * 4 fM, 1 M abn *, von * bis * noch 2x wdh (= 15 M).
7. Rd: 1 fM in jede M der Vor-Rd.
8. Rd: * 3 fM, 1 M abn *, von * bis * noch 2x wdh (= 12 M).
9.–12. Rd: 1 fM in jede M der Vor-Rd.
Häkle 1 Km in die übernächste M. Den Faden lang abschneiden und durch die letzte M ziehen. Nähe den

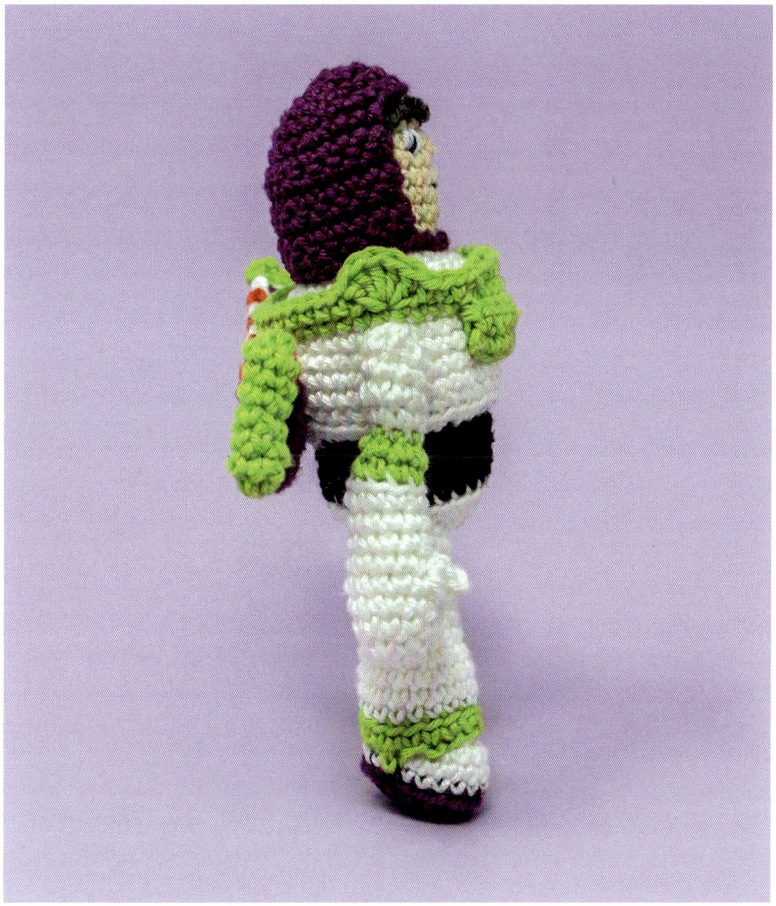

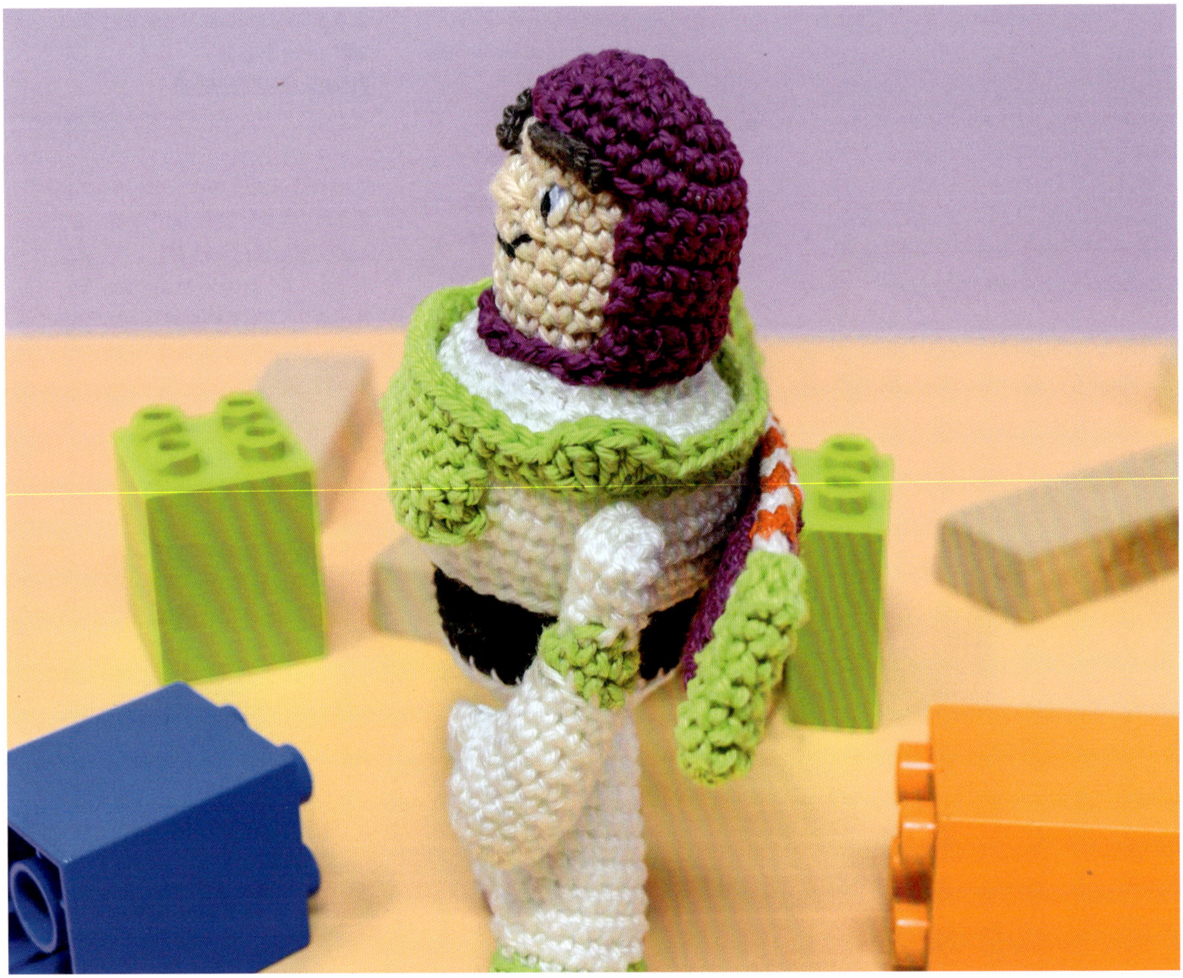

unteren Teil des Beins an den Fuß, damit beim Ausstopfen nichts herausquellen kann. Anschließend das Bein fest ausstopfen und unten an den Körper nähen.

TRAGFLÄCHE (in Fuchsia, Weiß, Tomate und Greenery)

25 Lm in Fuchsia anschl und anschließend in R häkeln. Jede R endet mit einer Wende-Lm. Stich in die 2. M von der Nd aus ein und häkle wie folgt:
1. R: 24 fM.
2.–10. R: 1 fM in jede M der Vor-R.
Mit Weiß und Tomate weiterhäkeln. Klappe das Rechteck längs zusammen und häkle die unverändert langen Seiten wie folgt zusammen, dabei jeweils 2 M in einer Fb häkeln.
11. R: 1 fM in jede M der Vor-R.
Den Faden abschneiden, durch die letzte M ziehen und vernähen.
Die beiden kurzen Seiten sind noch offen. Diese werden mit zwei Stäben verschlossen. Für einen Stab in Greenery wie folgt häkeln:
1. Rd: 6 fM in einen Fadenring häkeln.
2.–7. Rd: 1 fM in jede M der Vor-Rd.
Den Faden lang abschneiden und durch die letzte M ziehen. Mit einer Stopf-Nd und dem Restfaden ivM der letzten Rd weben. Den Faden fest anziehen und somit die Rd schließen. Anschließend je einen Stab an die kurze Seite der Tragfläche nähen und somit die Öffnung der Tragfläche gleichzeitig verschließen. Nähe die Tragfläche an den Rücken des Astronauten.

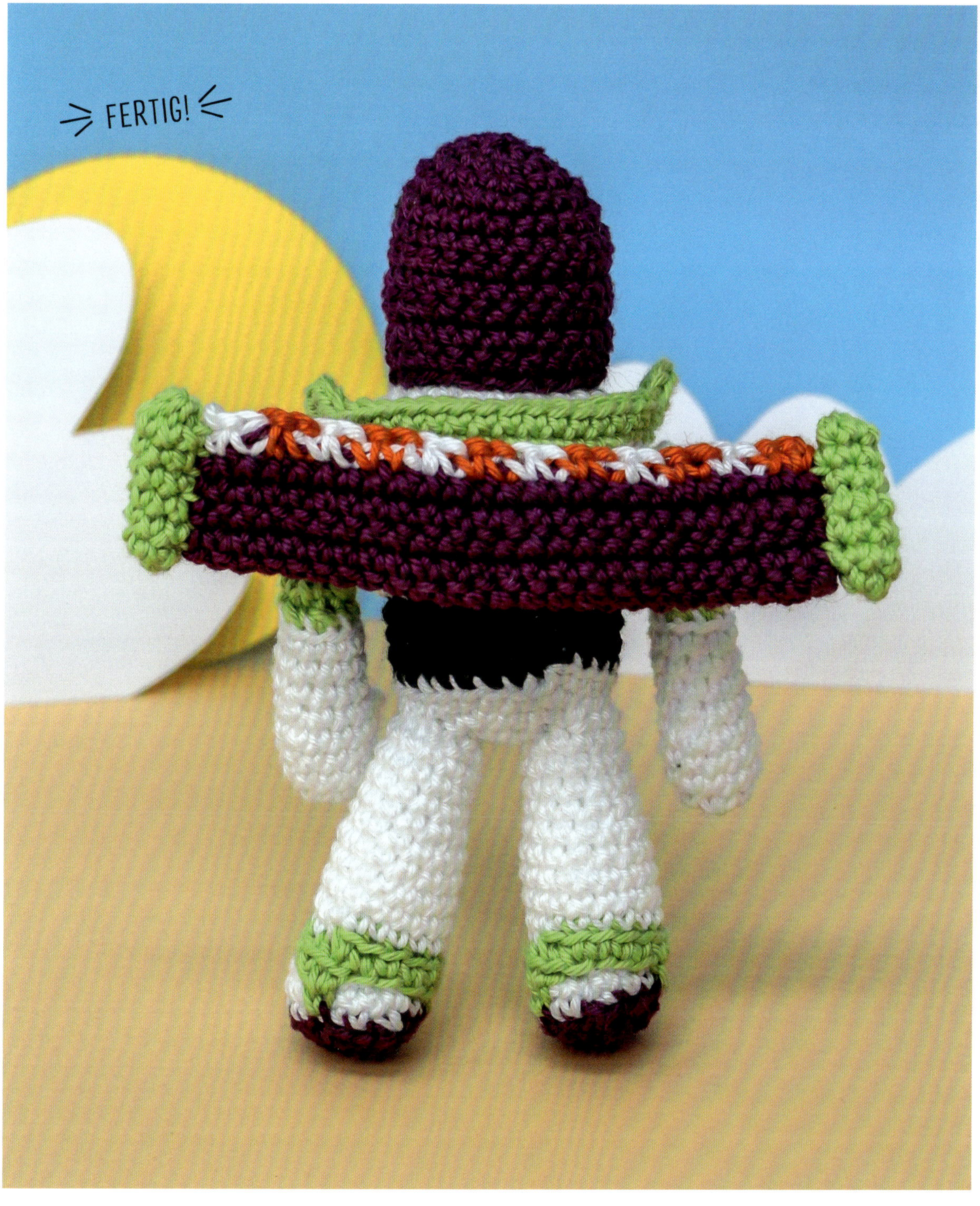
FERTIG!

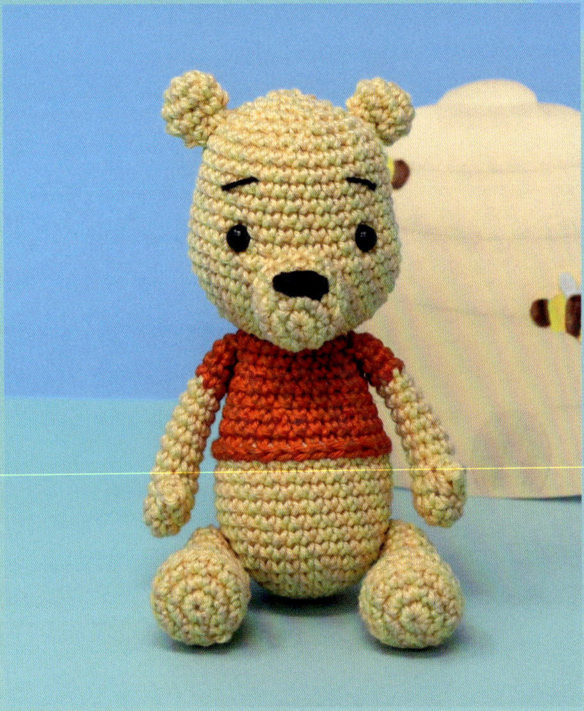
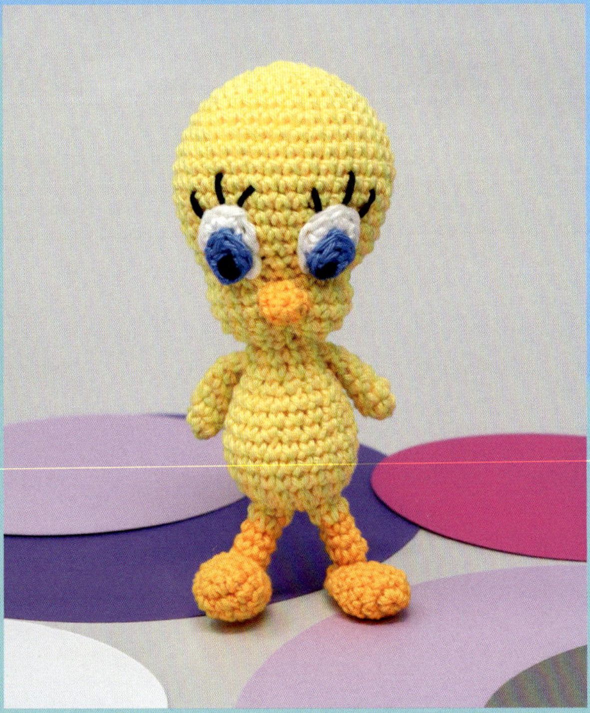
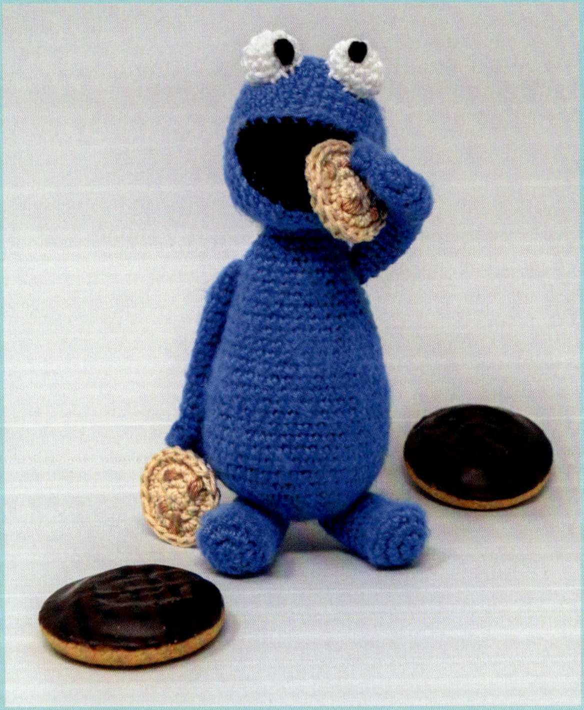
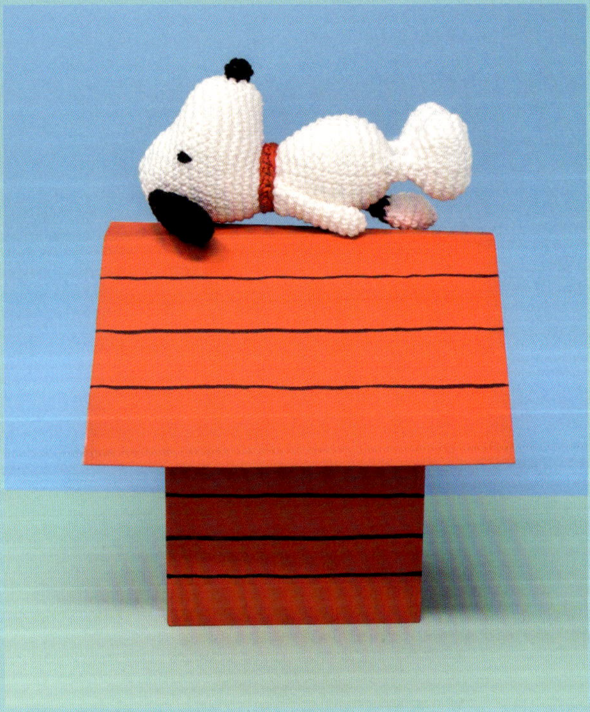

HELDEN FÜR IMMER

EGAL, OB GROSS ODER KLEIN: DIE FIGUREN AUS DIESEM KAPITEL SIND FÜR JEDEN VON UNS HELDEN UND WERDEN ES IMMER BLEIBEN.

Unzertrennliches MÄUSEPAAR

CLEVERER MÄUSERICH

MATERIAL

- Schachenmayr Catania (100 % Baumwolle, LL 125 m/50 g) in Ivory (Fb 436), Schwarz (Fb 110), Weiß (Fb 106), Signalrot (Fb 115) und Sonne (Fb 208), je einen Rest
- Häkelnadel 2,5 mm
- Füllwatte
- Stopfnadel zum Vernähen

SO WIRD'S GEMACHT

Alle Teile werden einzeln in Spiralrunden gehäkelt und zum Schluss zusammengenäht.

KOPF (in Ivory)

1. Rd: 6 fM in einen Fadenring häkeln.
2. Rd: 6x 1 M zun (= 12 M).
3. Rd: * 1 fM, 1 M zun *, von * bis * noch 5x wdh (= 18 M).
4. Rd: * 2 fM, 1 M zun *, von * bis * noch 5x wdh (= 24 M).
5. Rd: * 3 fM, 1 M zun *, von * bis * noch 5x wdh (= 30 M).
6. Rd: * 4 fM, 1 M zun *, von * bis * noch 5x wdh (= 36 M).
7. Rd: 1 fM in jede M der Vor-Rd.
8. Rd: * 5 fM, 1 M zun *, von * bis * noch 5x wdh (= 42 M).
9.–13. Rd: 1 fM in jede M der Vor-Rd.
14. Rd: * 5 fM, 1 M abn *, von * bis * noch 5x wdh (= 36 M).
15. und 16. Rd: 1 fM in jede M der Vor-Rd.
17. Rd: 15 Km, * 1 fM, 1 M abn *, von * bis * noch 6x wdh (= 29 M).
18. Rd: * 2 fM, 1 M zun *, von * bis * noch 4x wdh, 14 fM (= 34 M).
19. Rd: * 3 fM, 1 M zun *, von * bis * noch 4x wdh, 7x 1 M abn (= 32 M).
20. Rd: 1 fM in jede M der Vor-Rd. Beginne mit dem Ausstopfen des Kopfs. Im weiteren Verlauf stopfst du bis zum Schluss immer wieder fest aus.
21. Rd: * 6 fM, 1 M abn *, von * bis * noch 3x wdh (= 28 M).
22. Rd: * 2 fM, 1 M abn *, von * bis * noch 6x wdh (= 21 M).
23. Rd: * 1 fM, 1 M abn *, von * bis * noch 6x wdh (= 14 M).
24. Rd: 7x 1 M abn (= 7 M).
Den Faden lang abschneiden und durch die letzte M ziehen. Mit einer Stopf-Nd und dem Restfaden ivM der letzten Rd weben. Den Faden fest anziehen und somit die Rd schließen.

HAARE (in Schwarz)

1. Rd: 6 fM in einen Fadenring häkeln.
2. Rd: 6x 1 M zun (= 12 M).
3. Rd: * 1 fM, 1 M zun *, von * bis * noch 5x wdh (= 18 M).
4. Rd: * 2 fM, 1 M zun *, von * bis * noch 5x wdh (= 24 M).
5. Rd: * 3 fM, 1 M zun *, von * bis * noch 5x wdh (= 30 M).
6. Rd: * 4 fM, 1 M zun *, von * bis * noch 5x wdh (= 36 M).
7. Rd: * 5 fM, 1 M zun *, von * bis * noch 5x wdh (= 42 M).
8.–14. Rd: 1 fM in jede M der Vor-Rd.
15. Rd: 3 fM, * 1 hStb, 1 Stb, 2 DStb und ein kleines Picot in eine M, 2 DStb in eine M, 1 Stb, 1 hStb, 7 fM *, von * bis * noch 2x wdh (= 48 M).
Häkle noch 2 Km. Den Faden sehr lang abschneiden und durch die letzte M ziehen. Stülpe die Haare über den Kopf. Die mittlere Spitze der Haare soll mittig auf der Stirn liegen. Die anderen beiden Ecken schließen an den Wangen ab. Nähe die Haare an.

OHREN (2x, in Schwarz)

1. Rd: 6 fM in einen Fadenring häkeln.
2. Rd: 6x 1 M zun (= 12 M).
3. Rd: * 1 fM, 1 M zun *, von * bis * noch 5x wdh (= 18 M).

WEITER GEHT'S ➡

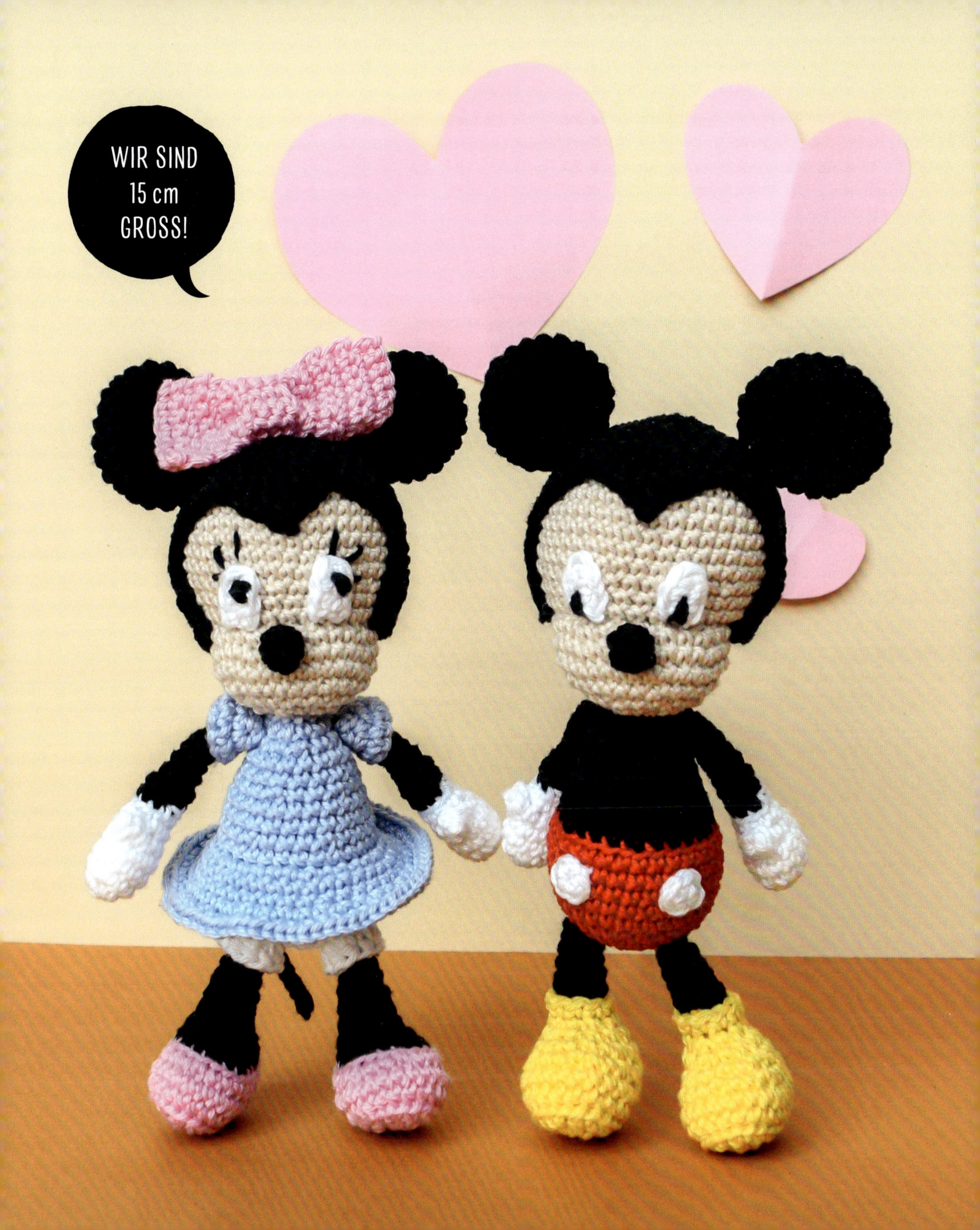
WIR SIND
15 cm
GROSS!

4. Rd: * 2 fM, 1 M zun *, von * bis * noch 5x wdh (= 24 M).
5.–8. Rd: 1 fM in jede M der Vor-Rd.
9. Rd: * 2 fM, 1 M abn *, von * bis * noch 5x wdh (= 18 M).
10. Rd: * 1 fM, 1 M abn *, von * bis * noch 5x wdh (= 12 M).
11. Rd: 6x 1 M abn (= 6 M).
Häkle 1 Km. Den Faden lang abschneiden und durch die letzte M ziehen. Die Ohren flach zusammengedrückt oben an den Kopf nähen.

AUGEN (2x, in Weiß)

4 Lm anschl, in die 2. M von der Nd aus einstechen und wie folgt häkeln: 2 fM, 3 fM in eine M, auf der anderen Seite der Lm-Kette fortfahren und 2 fM häkeln.
Den Faden lang abschneiden und durch die letzte M ziehen. Nähe die Augen mit der geraden Seite nach unten zeigend an den Kopf, direkt über die Wangen.

NASE (in Schwarz)

1. Rd: 6 fM in einen Fadenring häkeln.
2. Rd: 1 fM in jede M der Vor-Rd.
Häkle 1 Km in die übernächste M. Den Faden sehr lang abschneiden und durch die letzte M ziehen. Nähe die Nase vorne auf die Mitte der Wangen. Nutze den Restfaden, um die Pupillen anschließend auf die Augen zu sticken.

KÖRPER (in Schwarz und Rot)

Beginne mit Rot.
1. Rd: 6 fM in einen Fadenring häkeln.
2. Rd: 6x 1 M zun (= 12 M).
3. Rd: * 1 fM, 1 M zun *, von * bis * noch 5x wdh (= 18 M).
4. Rd: * 2 fM, 1 M zun *, von * bis * noch 5x wdh (= 24 M).
5. Rd: * 3 fM, 1 M zun *, von * bis * noch 5x wdh (= 30 M).
6.–10. Rd: 1 fM in jede M der Vor-Rd.
Fb-Wechsel zu Schwarz.
11. Rd: ihM * 3 fM, 1 M abn *, von * bis * noch 5x wdh (= 24 M).
12. und 13. Rd: 1 fM in jede M der Vor-Rd.
14. Rd: * 2 fM, 1 M abn *, von * bis * noch 5x wdh (= 18 M).
15. und 16. Rd: 1 fM in jede M der Vor-Rd.
17. Rd: * 1 fM, 1 M abn *, von * bis * noch 5x wdh (= 12 M).
18. Rd: 1 fM in jede M der Vor-Rd.
Häkle 1 Km. Den Faden sehr lang abschneiden und durch die letzte M ziehen. Stopfe den Körper fest mit Füllwatte aus. Anschließend kannst du den Körper unten an den Kopf nähen.

KNÖPFE (2x, in Weiß)

6 fM in einen Fadenring häkeln und mit 1 Km in die erste M zur Rd schließen. Den Faden lang abschneiden und durch die letzte M ziehen. Nähe die Knöpfe vorne auf die Hose.

BEINE MIT FÜSSEN (2x, in Sonne und Schwarz)

Beginne mit Sonne.
6 Lm anschl, in die 2. M von der Nd aus einstechen und wie folgt häkeln:
1. Rd: 1 M zun, 3 fM, 6 fM in eine M, auf der anderen Seite der Lm-Kette fortfahren mit 3 fM, 1 M zun (= 16 M).
2. Rd: 2x 1 M zun, 3 fM, 6x 1 M zun, 3 fM, 2x 1 M zun (= 26 M).
Häkle 1 Km in die übernächste M und beginne die folgende Rd in derselben M.
3. Rd: 1 fM in jedes hintere M-Glied der Vor-Rd.
4. Rd: 1 fM in jede M der Vor-Rd .
5. Rd: 5 fM, * 2 fM, 1 M abn *, von * bis * noch 3x wdh, 5 fM (= 22 M).
6. Rd: 5 fM, * 1 fM, 1 M abn *, von * bis * noch 3x wdh, 5 fM (= 18 M).
7. Rd: 5 fM, 4x 1 M abn, 5 fM (= 14 M).
8. Rd: 3 fM, 4x 1 M abn, 3 fM (= 10 M).
Fb-Wechsel zu Schwarz. Stopfe den Fuß fest aus.
9. Rd: 1 fM in jedes hintere M-Glied der Vor-Rd.
10. Rd: * 3 fM, 1 M abn *, von * bis * noch 1x wdh (= 8 M).
11. Rd: * 2 fM, 1 M abn *, von * bis * noch 1x wdh (= 6 M).
12. und 13. Rd: 1 fM in jede M der Vor-Rd.
Häkle 1 Km. Den Faden lang abschneiden und durch die letzte M ziehen.
Nimm eine Anfangsschlinge in Sonne neu auf und häkle eine stehende fM (siehe Seite 15) in eines der übrigen vorderen M-Glieder der 8. Rd. Häkle insgesamt 10 fM um das Bein. Verschließe die Rd mit 1 Km in die erste M. Statt der Km kannst du die Arbeit auch unsichtbar verschließen (siehe Seite 20). Nähe das Bein anschließend unten an den Körper.

ARME (2x, in Weiß und Schwarz)

Beginne mit Weiß.
1. Rd: 6 fM in einen Fadenring häkeln.
2. Rd: 6x 1 M zun (= 12 M).
3. und 4. Rd: 1 fM in jede M der Vor-Rd.
5. Rd: * 2 fM, 1 M abn *, von * bis * noch 2x wdh (= 9 M).
6. Rd: Popcorn aus 3 Stb, 8 fM (= 9 M).
7. Rd: 1 fM in jede M der Vor-Rd.
Fb-Wechsel zu Schwarz. Stopfe die Hand aus.

8. Rd: 1 fM in jedes hintere M-Glied der Vor-Rd.
9. Rd: 1 fM in jede M der Vor-Rd.
10. Rd: * 1 fM, 1 M abn *, von * bis * noch 2x wdh (= 6 M).
11.–15. Rd: 1 fM in jede M der Vor-Rd.

Drücke den Arm oben flach zusammen und verschließe die Öffnung mit 3 fM, indem du durch beide Seiten gleichzeitig häkelst. Schneide den Faden lang ab und ziehe ihn durch die letzte M. Nähe die Arme seitlich an den Körper.

SCHWANZ (in Schwarz)

17 Lm anschl, in die 2. M von der Nd aus einstechen und wie folgt häkeln: 14 Km, 2 fM. Den Faden lang abschneiden und durch die letzte M ziehen. Nähe den Schwanz hinten an den Po.

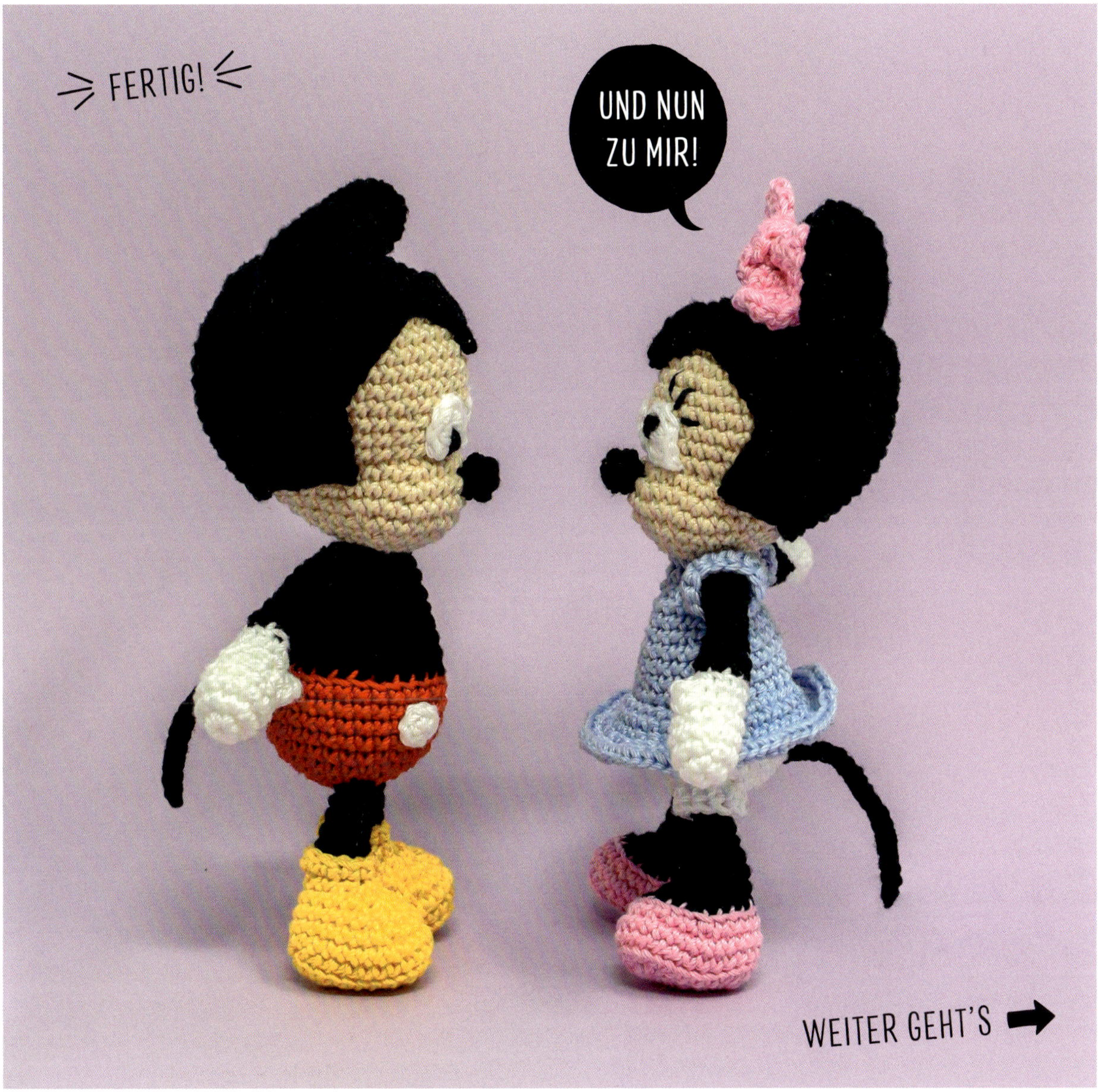

MATERIAL

- Schachenmayr Catania (100 % Baumwolle, LL 125 m/50 g) in Ivory (Fb 436), Schwarz (Fb 110), Weiß (Fb 106), Serenity (Fb 180) und Orchidee (Fb 222), je einen Rest
- Häkelnadel 2,5 mm
- Füllwatte
- Stopfnadel zum Vernähen

SO WIRD'S GEMACHT

Alle Teile werden einzeln in Spiralrunden gehäkelt und zum Schluss zusammengenäht.

KOPF (in Ivory)

- siehe Anleitung Mäuserich

HAARE (in Schwarz)

- siehe Anleitung Mäuserich

OHREN (2x, in Schwarz)

- siehe Anleitung Mäuserich

AUGEN (2x, in Weiß)

- siehe Anleitung Mäuserich

NASE (in Schwarz)

- siehe Anleitung Mäuserich

KÖRPER (in Weiß und Serenity)

Beginne mit Weiß.
1. Rd: 6 fM in einen Fadenring häkeln.
2. Rd: 6x 1 M zun (= 12 M).
3. Rd: * 1 fM, 1 M zun *, von * bis * noch 5x wdh (= 18 M).
4. Rd: * 2 fM, 1 M zun *, von * bis * noch 5x wdh (= 24 M).
5. Rd: * 3 fM, 1 M zun *, von * bis * noch 5x wdh (= 30 M).
6.–8. Rd: 1 fM in jede M der Vor-Rd. Fb-Wechsel zu Serenity.
9. Rd: 1 fM in jede M der Vor-Rd.
10. Rd: 1 fM in jedes hintere M-Glied der Vor-Rd .
11. Rd: * 3 fM, 1 M abn *, von * bis * noch 5x wdh (= 24 M).
12. und 13. Rd: 1 fM in jede M der Vor-Rd.
14. Rd: * 2 fM, 1 M abn *, von * bis * noch 5x wdh (= 18 M).
15. und 16. Rd: 1 fM in jede M der Vor-Rd.
17. Rd: * 1 fM, 1 M abn *, von * bis * noch 5x wdh (= 12 M).
18. Rd: 1 fM in jede M der Vor-Rd.
Häkle 1 Km. Schneide den Faden sehr lang ab und ziehe ihn durch die letzte M. Stopfe den Körper fest mit Füllwatte aus.

ROCK (in Serenity)

Häkle in die verbliebenen vorderen M-Glieder der 9. Rd des Körpers. Halte den Körper verkehrt herum. Beginne mit einer stehenden fM (siehe Seite 15), vorzugsweise in der Nähe des Fb-Wechsels. Diese Stelle soll später der Rücken sein.
1. Rd: * 4 fM, 1 M zun *, von * bis * noch 5x wdh (= 36 M).
2. und 3. Rd: 1 fM in jede M der Vor-Rd.
4. Rd: * 1 fM, 1 M zun *, von * bis * noch 17x wdh (= 54 M).
5. Rd: * 2 fM, 1 M zun *, von * bis * noch 17x wdh (= 72 M).
Häkle 1 Km in die übernächste M. Schneide den Faden ab, ziehe ihn vollständig durch die letzte M und vernähe ihn. Anschließend kannst du den Körper unten an den Kopf nähen.

SCHLEIFE (in Orchidee)

Häkle in R. Jede R endet mit einer Wende-Lm.
8 Lm anschl, in die 2. M von der Nd aus einstechen und wie folgt häkeln.
1. R: 7 fM.
2.–16. R: 1 fM in jede M der Vor-R.
Das Band für die Schleife ebenfalls in R mit Wende-Lm häkeln.
1. R: 3 fM.
2.–9. R: 1 fM in jede M der Vor-R.
Das Schleifenband um die Mitte der Schleife legen, festnähen und die fertige Schleife auf den Kopf nähen.

BEINE MIT FÜSSEN (2x, in Orchidee und Schwarz)

Beginne mit Orchidee.
6 Lm anschl, in die 2. M von der Nd aus einstechen und wie folgt häkeln:
1. Rd: 1 M zun, 3 fM, 6 fM in eine M, auf der anderen Seite der Lm-Kette fortfahren mit 3 fM, 1 M zun (= 16 M).
2. Rd: 2x 1 M zun, 3 fM, 6x 1 M zun, 3 fM, 2x 1 M zun (= 26 M).
Häkle 1 Km in die übernächste M und beginne die folgende Rd in derselben M.
3. Rd: 1 fM in jedes hintere M-Glied der Vor-Rd.
4. Rd: 1 fM in jede M der Vor-Rd .
5. Rd: 5 fM, * 2 fM, 1 M abn *, von * bis * noch 3x wdh, 5 fM (= 22 M).
Fb-Wechsel zu Schwarz.

6. Rd: ihM 5 fM, ihM * 1 fM, 1 M abn *, von * bis * noch 3x wdh, 5 fM (= 18 M).
7. Rd: 5 fM, 4x 1 M abn, 5 fM (= 14 M). Beginne, die Figur auszustopfen. Im weiteren Verlauf stopfst du bis zum Schluss immer wieder nach.
8. Rd: 3 fM, 4x 1 M abn, 3 fM (= 10 M).
9. Rd: 1 fM in jede M der Vor-Rd.
10. Rd: * 3 fM, 1 M abn *, von * bis * noch 1x wdh (= 8 M).
11. Rd: * 2 fM, 1 M abn *, von * bis * noch 1x wdh (= 6 M).
12. und 13. Rd: 1 fM in jede M der Vor-Rd.
Häkle 1 Km. Schneide den Faden lang ab und ziehe ihn durch die letzte M. Nähe die Beine unten auf Höhe der 3. und 4. Rd vom Körper an, die Fußspitzen zeigen nach vorn.

RÜSCHEN AN DER UNTERHOSE (2x, in Weiß)

13 Lm anschl, stich in die 3. M von der Nd aus ein und häkle 11 hStb zurück. Den Faden lang abschneiden und durch die letzte M ziehen. Lege das Rüschenband oben um das Bein und nähe es fest.

ARME (2x, in Weiß und Schwarz)

☛ siehe Anleitung Mäuserich

ÄRMEL (2x, in Serenity)

Häkle in R. Jede R endet mit einer Wende-Lm. 9 Lm anschl, in die 2. M von der Nd aus einstechen und wie folgt häkeln:

1. R: 8 fM.
2. R: * 1 fM, 1 M zun *, von * bis * noch 3x wdh (= 12 M).
3. R: 1 fM in jede M der Vor-R.
Schneide den Faden lang ab und ziehe ihn durch die letzte M. Klappe das schmale Stück so zusammen, dass du die kurzen Seiten zusammennähen kannst. Lege einen Arm in einen Ärmel hinein. Die verschließende R des Arms und die Lm-Kette des Ärmels liegen auf einer Höhe. Fixiere den Ärmel am Arm und nähe anschließend so den Arm mit Ärmel seitlich an den Körper, ein bis zwei Rd unter dem Hals.

SCHWANZ (in Schwarz)

☛ siehe Anleitung Mäuserich

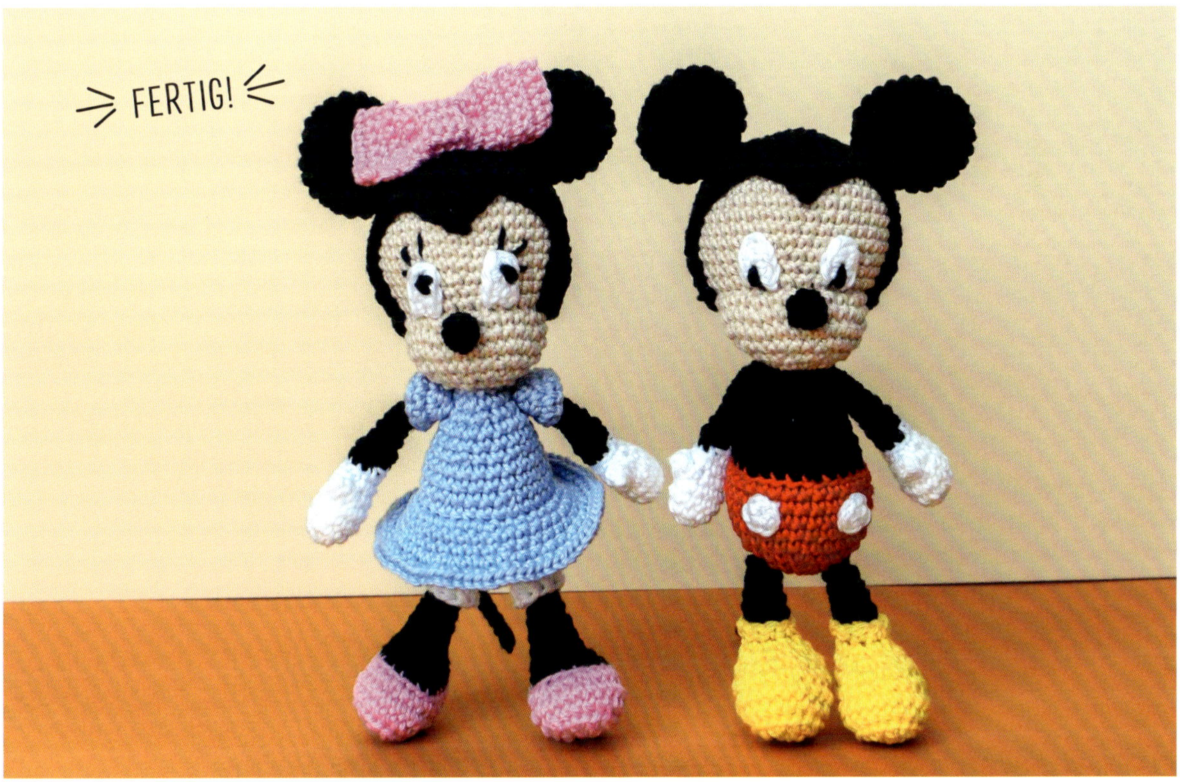

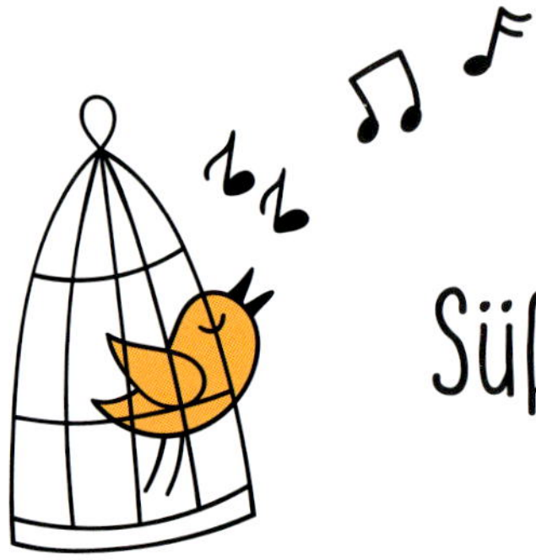

Süßes VÖGELCHEN

MATERIAL

- Scheepjes Catona (100 % Baumwolle, LL 125 m/50 g) in Primrose (Fb 522), 25 g, Sweet Orange (Fb 411), Snow White (Fb 106), Cornflower (Fb 511), Jet Black (Fb 110), je einen Rest
- Häkelnadel 2,5 mm
- Füllwatte
- Stopfnadel zum Vernähen

SO WIRD'S GEMACHT

Alle Teile werden einzeln in Spiralrunden gehäkelt und zum Schluss zusammengenäht.

KOPF (in Primrose)

1. Rd: 6 fM in einen Fadenring häkeln.
2. Rd: 6x 1 M zun (= 12 M).
3. Rd: * 1 fM, 1 M zun *, von * bis * noch 5x wdh (= 18 M).
4. Rd: * 2 fM, 1 M zun *, von * bis * noch 5x wdh (= 24 M).
5. Rd: * 3 fM, 1 M zun *, von * bis * noch 5x wdh (= 30 M).
6. Rd: * 4 fM, 1 M zun *, von * bis * noch 5x wdh (= 36 M).
7. Rd: 1 fM in jede M der Vor-Rd.
8. Rd: * 5 fM, 1 M zun *, von * bis * noch 5x wdh (= 42 M).
9.–11. Rd: 1 fM in jede M der Vor-Rd.
12. Rd: 6 fM, 1 M abn, 12 fM, 1 M abn, 12 fM, 1 M abn, 6 fM (= 39 M).
13. Rd: 1 fM in jede M der Vor-Rd.
14. Rd: * 11 fM, 1 M abn *, von * bis * noch 2x wdh (= 36 M).
15. Rd: 1 fM in jede M der Vor-Rd.
16. Rd: * 4 fM, 1 M abn *, von * bis * noch 5x wdh (= 30 M).
17. Rd: * 3 fM, 1 M abn *, von * bis * noch 5x wdh (= 24 M).
18. Rd: 4 Km, 2 fM, 4 Km, 5 fM, 2x 1 M abn, 5 fM (= 22 M).
19. Rd: 4x 1 M zun, 1 M abn, 4x 1 M zun, * 2 fM, 1 M abn *, von * bis * noch 2x wdh (= 26 M).
20. Rd: 6 fM, 1 M abn, 1 fM, 1 M abn, 15 fM (= 24 M).
Beginne mit dem Ausstopfen des Kopfs. Im weiteren Verlauf stopfst du ihn bis zum Schluss immer wieder fest aus.
21. Rd: * 2 fM, 1 M abn *, von * bis * noch 5x wdh (= 18 M).
22. Rd: * 1 fM, 1 M abn *, von * bis * noch 5x wdh (= 12 M).
23. Rd: 6x 1 M abn (= 6 M).
Den Faden lang abschneiden und durch die letzte M ziehen. Mit einer Stopf-Nd und dem Restfaden ivM der letzten Rd weben. Den Faden fest anziehen und somit die Rd schließen. Stich nun mit der Nd und dem Restgarn von unten durch den Kopf. Die Nd soll durch die Abnahme zwischen den 4 Zunahmen der 19. Rd herauskommen. Stich anschließend 5 R tiefer wieder ein und ziehe den Faden fest an. Die Wangen formen sich und es entsteht eine Kuhle für den Schnabel.

SCHNABEL (in Sweet Orange)

1. Rd: 6 fM in einen Fadenring häkeln.
2. Rd: 1 fM in jede M der Vor-Rd.
Häkle 1 Km. Schneide den Faden lang ab und ziehe ihn durch die letzte M. Drücke den Schnabel flach zusammen und nähe ihn quer zwischen die Wangen an den Kopf.

KÖRPER (in Primrose)

1. Rd: 6 fM in einen Fadenring häkeln.
2. Rd: 6x 1 M zun (= 12 M).
3. Rd: * 1 fM, 1 M zun *, von * bis * noch 5x wdh (= 18 M).
4. Rd: * 2 fM, 1 M zun *, von * bis * noch 5x wdh (= 24 M).
5.–7. Rd: 1 fM in jede M der Vor-Rd.

WEITER GEHT'S

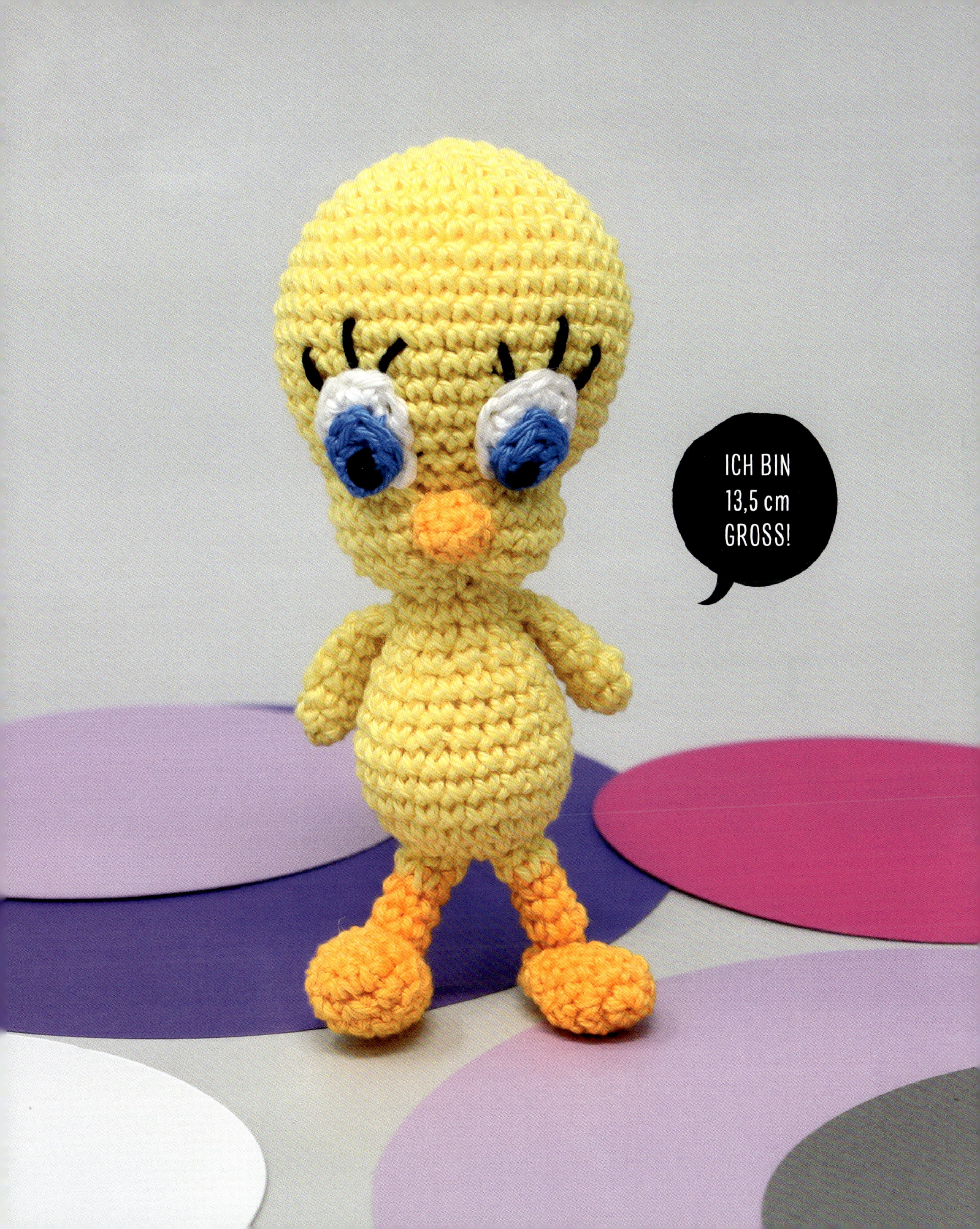
ICH BIN
13,5 cm
GROSS!

8. Rd: * 2 fM, 1 M abn *, von * bis * noch 5x wdh (= 18 M).
9. und 10. Rd: 1 fM in jede M der Vor-Rd.
11. Rd: * 1 fM, 1 M abn *, von * bis * noch 5x wdh (= 12 M).
12. und 13. Rd: 1 fM in jede M der Vor-Rd.
Häkle 1 Km. Den Faden sehr lang abschneiden und durch die letzte M ziehen. Den Körper mit Füllwatte ausstopfen und unten an den Kopf nähen.

BEINE (2x, in Sweet Orange und Primrose)

Beginne mit Sweet Orange.
1. Rd: 6 fM in einen Fadenring häkeln.
2.–4. Rd: 1 fM in jede M der Vor-Rd.

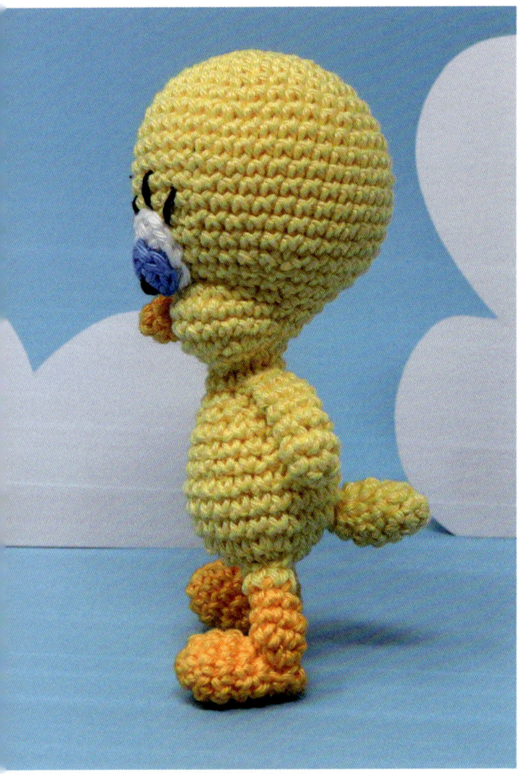

Fb-Wechel zu Primrose.
5. Rd: 1 fM in jede M der Vor-Rd.
Häkle 1 Km. Den Faden lang abschneiden und durch die letzte M ziehen.

FÜSSE (2x, in Sweet Orange)

1. Rd: 6 fM in einen Fadenring häkeln.
2. Rd: 6x 1 M zun (= 12 M).
3. und 4. Rd: 1 fM in jede M der Vor-Rd.
5. Rd: * 1 fM, 1 M abn *, von * bis * noch 3x wdh (= 8 M).
6. Rd: 1 fM in jede M der Vor-Rd.
Stopfe den Fuß leicht mit Füllwatte aus.
7. Rd: 4x 1 M abn (= 4 M).
Den Faden lang abschneiden und durch die letzte M ziehen. Mit einer Stopf-Nd und dem Restfaden ivM der letzten Rd weben. Den Faden fest anziehen und somit die Rd schließen. Nähe den Fuß unten an das Bein. Danach kannst du das Bein unten an den Körper nähen.

FLÜGEL (2x, in Primrose)

1. Rd: 6 fM in einen Fadenring häkeln.
2.–6. Rd: 1 fM in jede M der Vor-Rd.
Drücke den Flügel oben flach zusammen und verschließe die Öffnung mit 3 fM, indem du durch beide Seiten gleichzeitig häkelst. Den Faden lang abschneiden und durch die letzte M ziehen. Häkle den zweiten Flügel ebenso. Nähe die Flügel zwischen der 12. und 13. Rd seitlich an den Körper.

AUGEN (2x, in Snow White)

4 Lm anschl, in die 2. M von der Nd aus einstechen und wie folgt häkeln:
1. Rd: 2 fM, 3 fM in eine M, auf der anderen Seite der Lm-Kette fortfahren mit 1 fM, 2 fM in eine M (= 8 M).
2. Rd: 1 M zun, 2 fM, 1 Km.
Die zweite Rd wird nicht komplett gehäkelt, sonst werden die Augen zu groß. Den Faden lang abschneiden und durch die letzte M ziehen. Die gerade Kante zeigt nach unten. Bevor du die Augen annähst, fertige die Iris an.

IRIS UND PUPILLEN (in Cornflower und Jet Black)

In Cornflower 3 Lm anschl, in die 2. M von der Nd aus einstechen und wie folgt häkeln: 1 fM, 3 fM in eine M, auf der anderen Seite der Lm-Kette fortfahren mit 1 fM. Schließe die Rd mit 1 Km in die erste fM ab. Den Faden lang abschneiden und durch die letzte M ziehen. Nähe die Iris auf die Augen. Anschließend kannst du mit schwarzem Garn die Pupillen aufsticken, nutze dafür z. B. den Knötchenstich (siehe Seite 21). Danach die fertigen Augen direkt über den Wangen annähen. Nun kannst du mit schwarzem Garn noch Wimpern oberhalb der Augen aufsticken.

SCHWANZFEDER (in Primrose)

1. Rd: 4 fM in einen Fadenring häkeln.
2. Rd: 1 M zun, 1 fM, 1 M zun, 1 fM (= 6 M).
3. Rd: * 1 fM, 1 M zun *, von * bis * noch 2x wdh (= 9 M).
4. und 5. Rd: 1 fM in jede M der Vor-Rd.
6. Rd: * 1 fM, 1 M abn *, von * bis * noch 2x wdh (= 6 M).
Häkle 1 Km. Den Faden lang abschneiden und durch die letzte M ziehen. Nähe die Schwanzfeder an den Po.

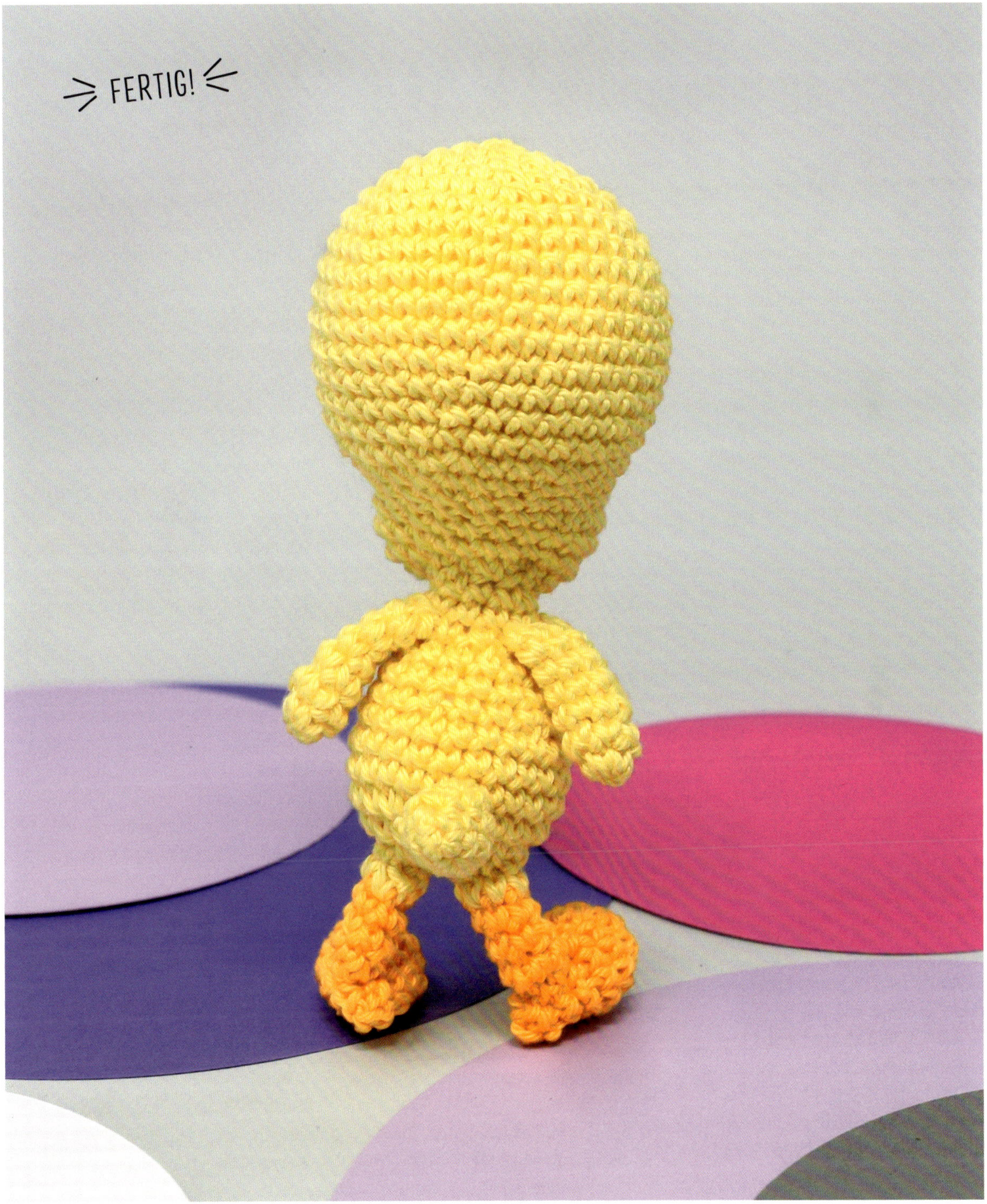
FERTIG!

Ein quakendes TRAUMPAAR

VOM PECH VERFOLGTER ERPEL

MATERIAL

- Scheepjes Catona (100 % Baumwolle, LL 125 m/50 g) in Snow White (Fb 106), Jet Black (Fb 110), Capri Blue (Fb 261), Baby Blue (Fb 509), Sweet Orange (Fb 411) und Poppy Rose (Fb 390), je einen Rest
- Häkelnadel 2,5 mm
- Füllwatte
- Stopfnadel zum Vernähen

SO WIRD'S GEMACHT

Alle Teile werden einzeln in Spiralrunden gehäkelt und zum Schluss zusammengenäht. Kragen und Mützenband werden in Reihen gehäkelt.

KOPF (in Snow White)

1. Rd: 6 fM in einen Fadenring häkeln.
2. Rd: 6x 1 M zun (= 12 M).
3. Rd: * 1 fM, 1 M zun *, von * bis * noch 5x wdh (= 18 M).
4. Rd: * 2 fM, 1 M zun *, von * bis * noch 5x wdh (= 24 M).
5. Rd: * 3 fM, 1 M zun *, von * bis * noch 5x wdh (= 30 M).
6. Rd: * 4 fM, 1 M zun *, von * bis * noch 5x wdh (= 36 M).
7. Rd: 1 fM in jede M der Vor-Rd.
8. Rd: * 5 fM, 1 M zun *, von * bis * noch 5x wdh (= 42 M).
9.–11. Rd: 1 fM in jede M der Vor-Rd.
12. Rd: 6 fM, 1 M abn, 12 fM, 1 M abn, 12 fM, 1 M abn, 6 fM (= 39 M).
13. Rd: 1 fM in jede M der Vor-Rd.
14. Rd: * 11 fM, 1 M abn *, von * bis * noch 2x wdh (= 36 M).
15. Rd: 1 fM in jede M der Vor-Rd.
16. Rd: * 4 fM, 1 M abn *, von * bis * noch 5x wdh (= 30 M).
17. Rd: 1 fM in jede M der Vor-Rd.
18. Rd: * 3 fM, 1 M abn *, von * bis * noch 5x wdh (= 24 M).
19. Rd: * 2 fM, 1 M abn *, von * bis * noch 5x wdh (= 18 M).
20. Rd: * 1 fM, 1 M abn *, von * bis * noch 5x wdh (= 12 M).
Häkle 1 Km in die übernächste M. Den Faden sehr lang abschneiden und durch die letzte M ziehen. Stopfe den Kopf fest mit Füllwatte aus.

KÖRPER (in Snow White und Capri Blue)

Beginne mit Snow White.
1. Rd: 6 fM in einen Fadenring häkeln.
2. Rd: 6x 1 M zun (= 12 M).
3. Rd: * 1 fM, 1 M zun *, von * bis * noch 5x wdh (= 18 M).
4. Rd: * 2 fM, 1 M zun *, von * bis * noch 5x wdh (= 24 M).
5. Rd: * 3 fM, 1 M zun *, von * bis * noch 5x wdh (= 30 M).
6.–9. Rd: 1 fM in jede M der Vor-Rd.
Fb-Wechsel zu Capri Blue.
10. Rd: 1 Km in jede M der Vor-Rd.
11. Rd: 1 fM in jede M der 9. Rd.
12. Rd: * 3 fM, 1 M abn *, von * bis * noch 5x wdh (= 24 M).
13. und 14. Rd: 1 fM in jede M der Vor-Rd.
15. Rd: * 2 fM, 1 M abn *, von * bis * noch 5x wdh (= 18 M).
16. und 17. Rd: 1 fM in jede M der Vor-Rd.
18. Rd: * 1 fM, 1 M abn *, von * bis * noch 5x wdh (= 12 M).
Fb-Wechsel zu Snow White.
19. Rd: 1 fM in jede M der Vor-Rd.
Häkle 1 Km. Den Faden abschneiden, durch die letzte M ziehen und vernähen. Stopfe den Körper fest mit Füllwatte aus. Anschließend kannst du den Körper unten an den Kopf nähen.

FÜSSE (2x, in Sweet Orange)

1. Rd: 6 fM in einen Fadenring häkeln.
2. Rd: * 1 M zun, 1 fM *, von * bis * noch 2x wdh (= 9 M).
3. und 4. Rd: 1 fM in jede M der Vor-Rd.

WEITER GEHT'S

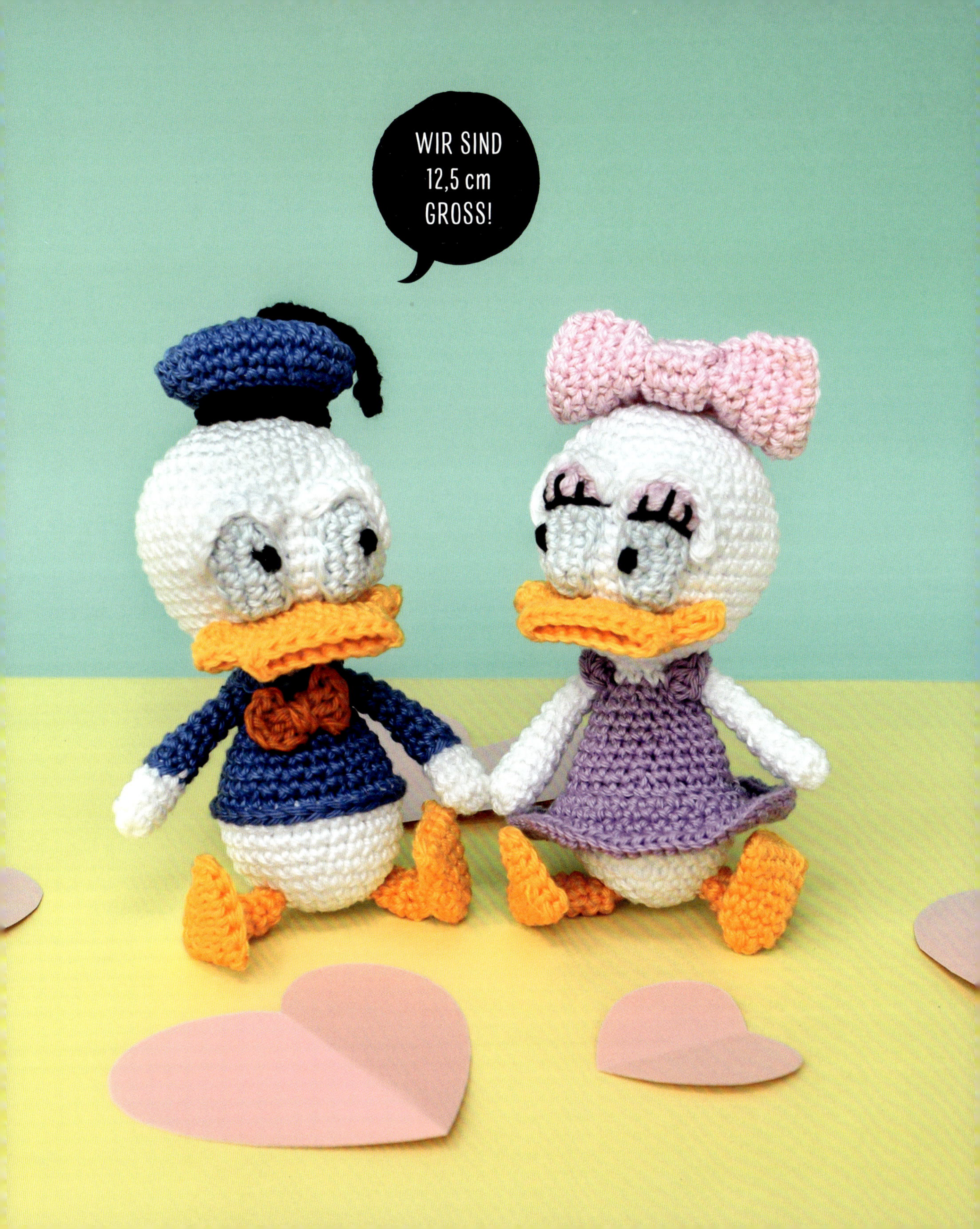
WIR SIND
12,5 cm
GROSS!

5. Rd: * 1 M zun, 2 fM *, von * bis * noch 2x wdh (= 12 M).
6. Rd: 1 fM in jede M der Vor-Rd. Drücke den Fuß flach zusammen und verschließe die Öffnung mit 6 fM. Den Faden abschneiden, durch die letzte M ziehen und vernähen.

BEINE (2x, in Sweet Orange)

Lass bei deinem Fadenring einen langen Anfangsfaden. Diesen Anfangsfaden ziehst du, nachdem du die 3. Rd gehäkelt hast, mithilfe deiner Häkelnadel durch den Mittelpunkt des Fadenrings nach außen. Damit nähst du zum Schluss das Bein an den Fuß.
1. Rd: 6 fM in einen Fadenring häkeln.
2.–4. Rd: 1 fM in jede M der Vor-Rd. Häkle 2 Km. Den Faden lang abschneiden, durch die letzte M ziehen und das Bein unten an den Körper nähen.

SCHNABEL (in Sweet Orange)

Du beginnst mit einer Lm-Kette. Lass einen langen Anfangsfaden stehen. Mit diesem wirst du später den Schnabel an den Kopf nähen. 14 Lm anschl, in die 2. M von der Nd aus einstechen und wie folgt häkeln:
1. Rd: 2 fM in eine M, 11 fM, 4 fM in eine M, auf der anderen Seite der Lm-Kette fortfahren mit: 11 fM, 2 fM in eine M (= 30 M).
2. Rd: 1 fM in jede M der Vor-Rd.
3. Rd: 12 fM, 6 M überspringen, 9 fM, 6 M überspringen, 9 fM. Die verkleinerte 4. Rd besteht nun aus 18 M.
4. Rd: 1 fM in jede M der Vor-Rd. Den Faden abschneiden, durch die letzte M ziehen und vernähen. Du kannst aber auch deinen Schnabel vorne zunähen, wenn du das möchtest. Nähe den Schnabel an den Kopf, sodass er die 17. und 18. Rd bedeckt. Der Schnabel soll auch in der Mitte leicht nach oben gewölbt sein.

AUGEN (2x, in Baby blue)

5 Lm anschl, in die 2. M von der Nd aus einstechen und wie folgt häkeln:
1. Rd: 2 fM in eine M, 2 fM, 4 fM in eine M, auf der anderen Seite der Lm-Kette fortfahren mit 2 fM, 2 fM in eine M (= 12 M).
2. Rd: 2x 1 M zun, 3 fM, 1 Km in die übernächste M.
Die zweite Rd wird nicht komplett gehäkelt, sonst werden die Augen zu groß. Den Faden lang abschneiden und durch die letzte M ziehen. Nähe die Augen direkt über dem Schnabel an. Das Ende der zweiten Rd zeigt nach unten. Sticke anschließend mit schwarzem Garn die Pupillen auf. Nutze hierfür z. B. den Knötchenstich (siehe Seite 21).

AUGENBRAUEN (2x, in Snow White)

7 Lm anschl. Stich in die 2. M von der Nd aus ein und häkle wie folgt: 1 M zun, 4 fM, 1 M zun und 1 Km in dieselbe M.
Den Faden lang abschneiden und durch die letzte M ziehen. Nähe die Augenbrauen über die Augen. Du kannst mit Position und Lage die Mimik bestimmen.

ARME (2x, in Snow White und Capri Blue)

Beginne mit Snow White.
1. Rd: 8 fM in einen Fadenring häkeln.
2.–4. Rd: 1 fM in jede M der Vor-Rd. Fb-Wechsel zu Capri Blue.
5. Rd: 1 Km in jede M der Vor-Rd.
6. Rd: 1 fM in jedes hintere M-Glied der Vor-Rd .
7. Rd: * 2 fM, 1 M abn *, von * bis * noch 1x wdh (= 6 M).
8.–12. Rd: 1 fM in jede M der Vor-Rd. Den Faden lang abschneiden und durch die letzte M ziehen. Nähe die Arme seitlich an die 18. Rd des Körpers.

KRAGEN (in Capri Blue)

Häkle in R. Jede R endet mit einer Wende-Lm. 8 Lm anschl, in die 2. M von der Nd aus einstechen und wie folgt häkeln:
1. R: 7 fM.
2.–5. R: 1 fM in jede M der Vor-R.
6. R: 5 Lm (mit der Wende-Lm nach der 5. R hast du nun 6 Lm), stich in die 2. M von der Nd aus ein und häkle 5 fM zurück, 7 fM entlang des Rechtecks, 6 Lm, stich in die 2. M von der Nd aus ein und häkle 5 fM zurück. Anschließend 1 Km in die übernächste M häkeln. Den Faden lang abschneiden und durch die letzte M ziehen. Lege den Kragen um den Hals und nähe ihn an den Schultern und vorne fest.

FLIEGE (in Poppy Rose)

Häkle wie folgt in einen Fadenring: * 3 Lm, 3 Stb, 3 Lm, 1 Km *, von * bis * noch 1x wdh. Anschließend den Anfangsfaden festziehen. Den Faden lang abschneiden, durch die letzte M ziehen und ein paarmal um die Fliege wickeln, um den Schleifenknoten anzudeuten. Danach die Fliege vorne am Körper, wo sich die Kragenenden treffen, aufnähen.

SCHWANZ (in Snow White)

1. Rd: 5 fM in einen Fadenring häkeln.
2. Rd: 1 fM in jede M der Vor-Rd.
3. Rd: 5x 1 M zun (= 10 M).
4. Rd: 1 fM in jede M der Vor-Rd.
Häkle 1 Km. Den Faden lang abschneiden, durch die letzte M ziehen und den Schwanz hinten an den Po nähen.

MÜTZE (in Capri Blue und Jet Black)

Beginne mit Capri Blue.
1. Rd: 8 fM in einen Fadenring häkeln.
2. Rd: 8x 1 M zun (= 16 M).
3. Rd: * 1 fM, 1 M zun *, von * bis * noch 7x wdh (= 24 M).
4. Rd: * 2 fM, 1 M zun *, von * bis * noch 7x wdh (= 32 M).
5. Rd: * 3 fM, 1 M zun *, von * bis * noch 7x wdh (= 40 M).
6. Rd: 1 fM in jede M der Vor-Rd.
7. Rd: * 2 fM, 1 M abn *, von * bis * noch 9x wdh (= 30 M).
8. Rd: * 3 fM, 1 M abn *, von * bis * noch 5x wdh (= 24 M).
Fb-Wechsel zu Jet Black.
9. Rd: 1 RfMv in jede M der Vor-Rd.
10. Rd: 1 fM in jede M der Vor-Rd.
Häkle 1 Km in die übernächste M. Den Faden lang abschneiden, durch die letzte M ziehen und die Mütze oben auf den Kopf nähen.

MÜTZENBAND (in Jet Black)

Häkle in R. Jede R endet mit einer Wende-Lm. 4 Lm anschl, in die 2. M von der Nd aus einstechen und wie folgt häkeln:
1. R: 3 fM.
2.–8. R: 1 fM in jede M der Vor-Rd.
9. R: Schlage nach der letzten Wende-Lm noch 4 weitere Lm an. Du hast nun insgesamt 5 Lm. Häkle 1 Km in die mittlere M der 8. R, 2 Lm, 1 Stb in die nächste M.
Den Faden lang abschneiden, durch die letzte M ziehen und das Band oben an die Mütze nähen.

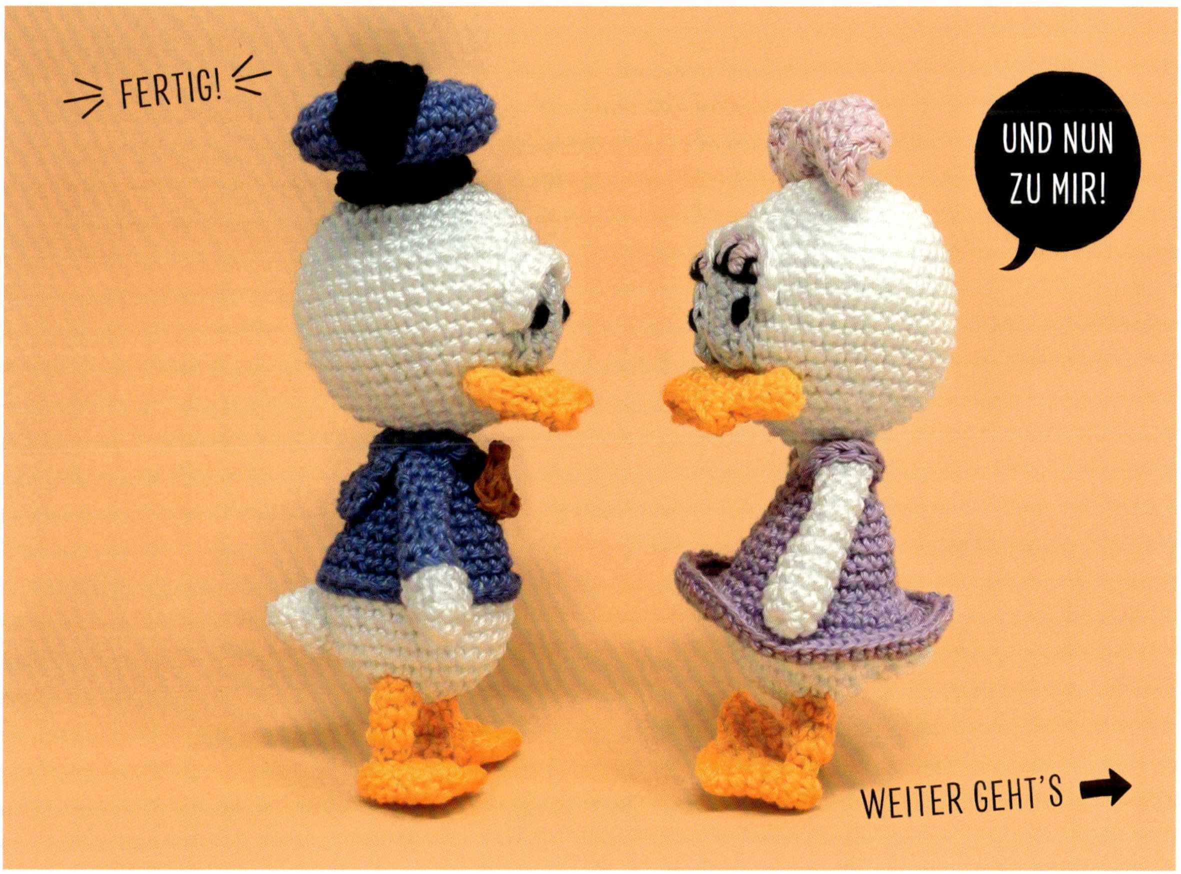

MATERIAL

- Scheepjes Catona (100 % Baumwolle, LL 125 m/50 g) in Snow White (Fb 106), Jet Black (Fb 110), Lavender (Fb 520), Icy Pink (Fb 246), Baby Blue (Fb 509) und Sweet Orange (Fb 411), je einen Rest
- Häkelnadel 2,5 mm
- Füllwatte
- Stopfnadel zum Vernähen

SO WIRD'S GEMACHT

Alle Teile werden einzeln in Spiralrunden gehäkelt und zum Schluss zusammengenäht.

KOPF (in Snow White)

- siehe Anleitung Erpel

KÖRPER (in Snow White und Lavender)

Beginne mit Snow White.
1. Rd: 6 fM in einen Fadenring häkeln.
2. Rd: 6x 1 M zun (= 12 M).
3. Rd: * 1 fM, 1 M zun *, von * bis * noch 5x wdh (= 18 M).
4. Rd: * 2 fM, 1 M zun *, von * bis * noch 5x wdh (= 24 M).
5. Rd: * 3 fM, 1 M zun *, von * bis * noch 5x wdh (= 30 M).
6.–8. Rd: 1 fM in jede M der Vor-Rd.
Fb-Wechsel zu Lavender.
9. Rd: 1 fM in jede M der Vor-Rd.
10. Rd: 1 fM in jedes hintere M-Glied der Vor-Rd.
11. Rd: * 3 fM, 1 M abn *, von * bis * noch 5x wdh (= 24 M).
12. und 13. Rd: 1 fM in jede M der Vor-Rd.
14. Rd: * 2 fM, 1 M abn *, von * bis * noch 5x wdh (= 18 M).
15. und 16. Rd: 1 fM in jede M der Vor-Rd.
17. Rd: * 1 fM, 1 M abn *, von * bis * noch 5x wdh (= 12 M).
Fb-Wechsel zu Snow White.
18. Rd: 1 fM in jede M der Vor-Rd.
Häkle 1 Km. Den Faden sehr lang abschneiden und durch die letzte M ziehen. Stopfe den Körper fest mit Füllwatte aus.

ROCK (in Lavender)

Häkle in die verbliebenen vorderen M-Glieder der 9. Rd des Körpers. Halte den Körper verkehrt herum. Beginne mit einer stehenden fM (siehe Seite 15), vorzugsweise in der Nähe des Fb-Wechsels. Diese Stelle soll später der Rücken sein.
1. Rd: * 4 fM, 1 M zun *, von * bis * noch 5x wdh (= 36 M).
2. und 3. Rd: 1 fM in jede M der Vor-Rd.
4. Rd: * 1 fM, 1 M zun *, von * bis * noch 17x wdh (= 54 M).
5. Rd: * 2 fM, 1 M zun *, von * bis * noch 17x wdh (= 72 M).
Häkle 1 Km in die übernächste M. Den Faden abschneiden, durch die letzte M ziehen und vernähen.
Nun kannst du den Körper unten an den Kopf nähen.

SCHLEIFE (in Icy Pink)

Häkle in R. Jede R endet mit einer Wende-Lm.
8 Lm anschl, in die 2. M von der Nd aus einstechen und wie folgt häkeln.
1. R: 7 fM.
2.–16. R: 1 fM in jede M der Vor-R.
Das Band für die Schleife ebenfalls in R mit Wende-Lm häkeln.
1. R: 3 fM.
2.–9. R: 1 fM in jede M der Vor-R.
Das Schleifenband um die Mitte der Schleife legen, festnähen und die fertige Schleife auf den Kopf nähen.

FÜSSE UND BEINE (2x, in Sweet Orange)

- siehe Anleitung Erpel

SCHNABEL (in Sweet Orange)

- siehe Anleitung Erpel

AUGEN (2x, in Baby Blue)

- siehe Anleitung Erpel

LIDSCHATTEN (2x, in Icy Pink)

Häkle 4 hStb in einen Fadenring. Den Faden abschneiden und durch die letzte M ziehen. Nähe den Lidschatten oben auf die Augen, der Fadenring zeigt nach unten.

AUGENBRAUEN (2x, in Snow White)

- siehe Anleitung Erpel

WIMPERN (in Jet Black)

Sticke anschließend mit schwarzem Garn die Wimpern und den Lidstrich auf.

ARME (2x, in Snow White)

1. Rd: 8 fM in einen Fadenring häkeln.
2.–6. Rd: 1 fM in jede M der Vor-Rd.
7. Rd: * 2 fM, 1 M abn *, von * bis * noch 1x wdh (= 6 M).
8.–12. Rd: 1 fM in jede M der Vor-Rd.
Den Faden lang abschneiden, durch die letzte M ziehen und die Arme seitlich an die 18. Rd des Körpers nähen.

ÄRMEL (2x, in Lavender)

6 Lm anschl, in die 2. M von der Nd aus einstechen und wie folgt häkeln:
1. R: 1 M zun, 3 fM, 2 fM und 1 Km in dieselbe M.
Den Faden lang abschneiden und durch die letzte M ziehen. Lege einen Ärmel, die Lm-Kette zeigt zum Hals, über eine Schulter und nähe ihn fest.

SCHWANZ (in Snow White)

☛ siehe Anleitung Erpel

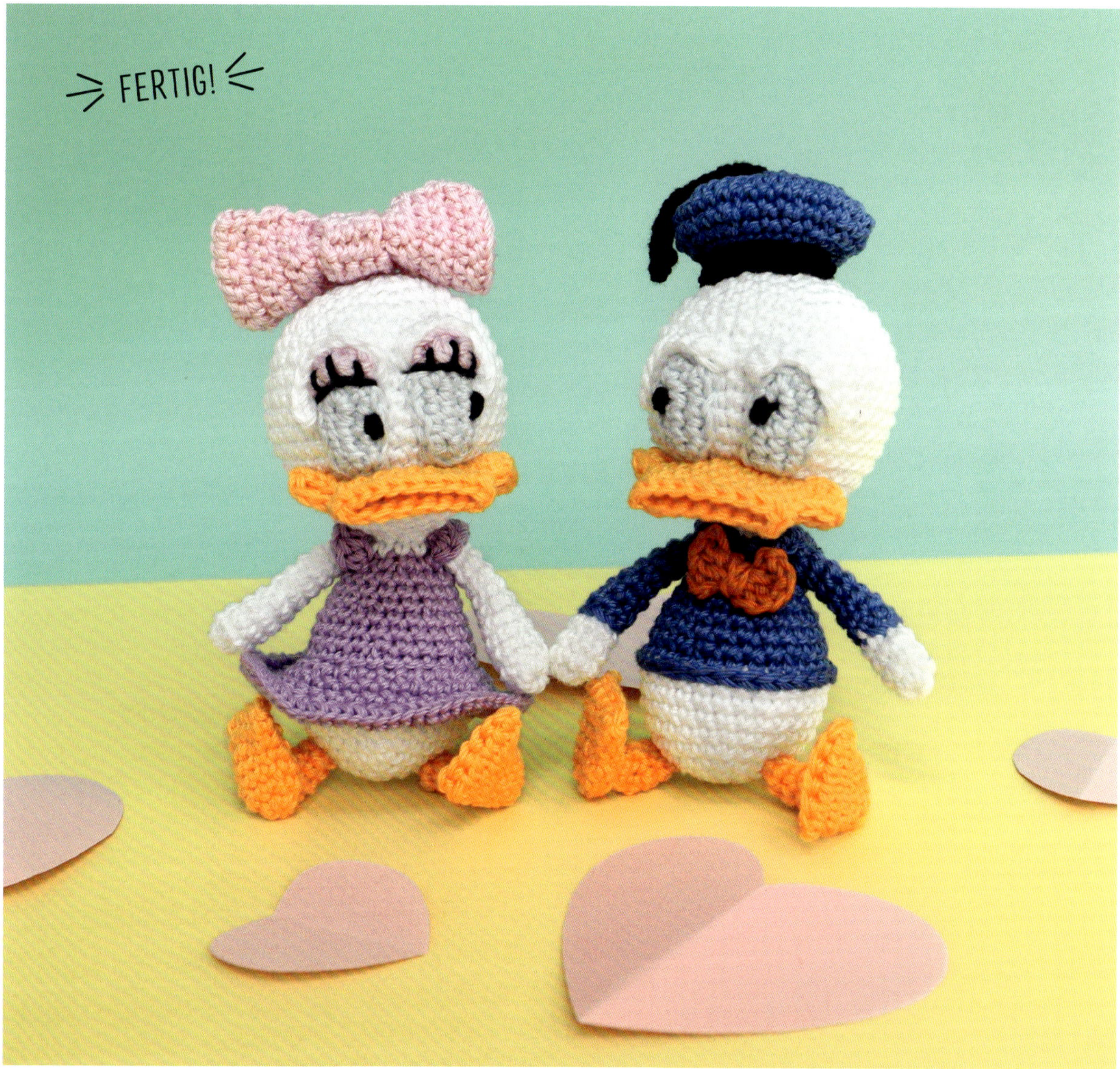

Philosophischer BEAGLE

MATERIAL

- Lana Grossa Cotone (100 % Baumwolle, LL 125 m/50 g) in Weiß (Fb 22), ca. 15 g, in Schwarz (Fb 21), und Rot (Fb 18), je einen Rest
- Häkelnadel 2,5 mm
- Füllwatte
- Stopfnadel zum Vernähen

SO WIRD'S GEMACHT

Kopf und Körper werden am Stück in Spiralrunden gehäkelt. Alle anderen Teile werden einzeln gehäkelt und angenäht.

KÖRPER (in Weiß)

1. Rd: 6 fM in einen Fadenring häkeln.
2. Rd: 6x 1 M zun (= 12 M).
3. Rd: * 1 fM, 1 M zun *, von * bis * noch 5x wdh (= 18 M).
4. Rd: * 2 fM, 1 M zun *, von * bis * noch 5x wdh (= 24 M).
5. Rd: * 3 fM, 1 M zun *, von * bis * noch 5x wdh (= 30 M).
6.–10. Rd: 1 fM in jede M der Vor-Rd.
11. Rd: * 3 fM, 1 M abn *, von * bis * noch 5x wdh (= 24 M).
12. und 13. Rd: 1 fM in jede M der Vor-Rd.
14. Rd: * 2 fM, 1 M abn *, von * bis * noch 5x wdh (= 18 M).
15. und 16. Rd: 1 fM in jede M der Vor-Rd.
17. Rd: * 1 fM, 1 M abn *, von * bis * noch 5x wdh (= 12 M).
18. Rd: 1 fM in jede M der Vor-Rd. Häkle 1 Km in die übernächste M. Stopfe den Körper fest mit Füllwatte aus. Es folgt direkt im Anschluss der Kopf.

KOPF (in Weiß)

19. Rd: 6 Lm, in die 2. M von der Nd aus einstechen und wie folgt häkeln: 2 fM in eine M, 4 fM, um den Hals weiterhäkeln mit * 1 fM, 1 M zun *, von * bis * noch 5x wdh, anschließend entlang der anderen Seite der Lm-Kette weiterhäkeln mit 4 fM, 2 fM in eine M (= 30 M).
20. Rd: 2x 1 M zun, 4 fM, * 2 fM, 1 M zun *, von * bis * noch 5x wdh, 4 fM, 2x 1 M zun (= 40 M).
21.–25. Rd: 1 fM in jede M der Vor-Rd. Häkle noch 2 fM (oder mehr oder weniger, je nachdem, wie fest du häkelst) bis zur Mitte der Nasenspitze. Setze einen MM in die nächste M. Dies ist dein neuer Rd-Beginn.
☛ siehe Bild 1

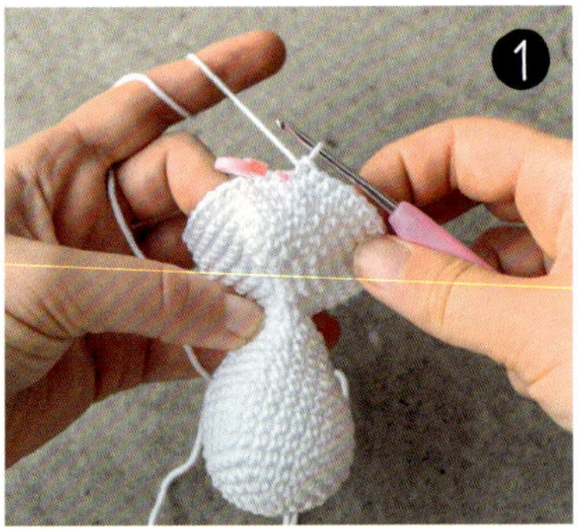
1

26. Rd: 2 fM, 1 M abn, 2 fM, 1 M abn, 26 fM, 1 M abn, 2 fM, 1 M abn (= 36 M).
27. Rd: 1 fM, 1 M abn, 1 fM, 1 M abn, 25 fM, 1 M abn, 1 fM, 1 M abn (= 32 M).
28. Rd: 2x 1 M abn, 24 fM, 2x 1 M abn (= 28 M).
29. Rd: 2x 1 M abn, 22 fM, 1 M abn (= 25 M).
30. Rd: 1 M abn, 23 fM (= 24 M).
31. Rd: 1 fM in jede M der Vor-Rd. Stopfe den Kopf fest mit Füllwatte aus. Im weiteren Verlauf stopfst du bis zum Schluss immer wieder fest aus.
32. Rd: * 2 fM, 1 M abn *, von * bis * noch 5x wdh (= 18 M).
33. Rd: * 1 fM, 1 M abn *, von * bis * noch 5x wdh (= 12 M).
34. Rd: 6x 1 M abn (= 6 M).

WEITER GEHT'S ➡

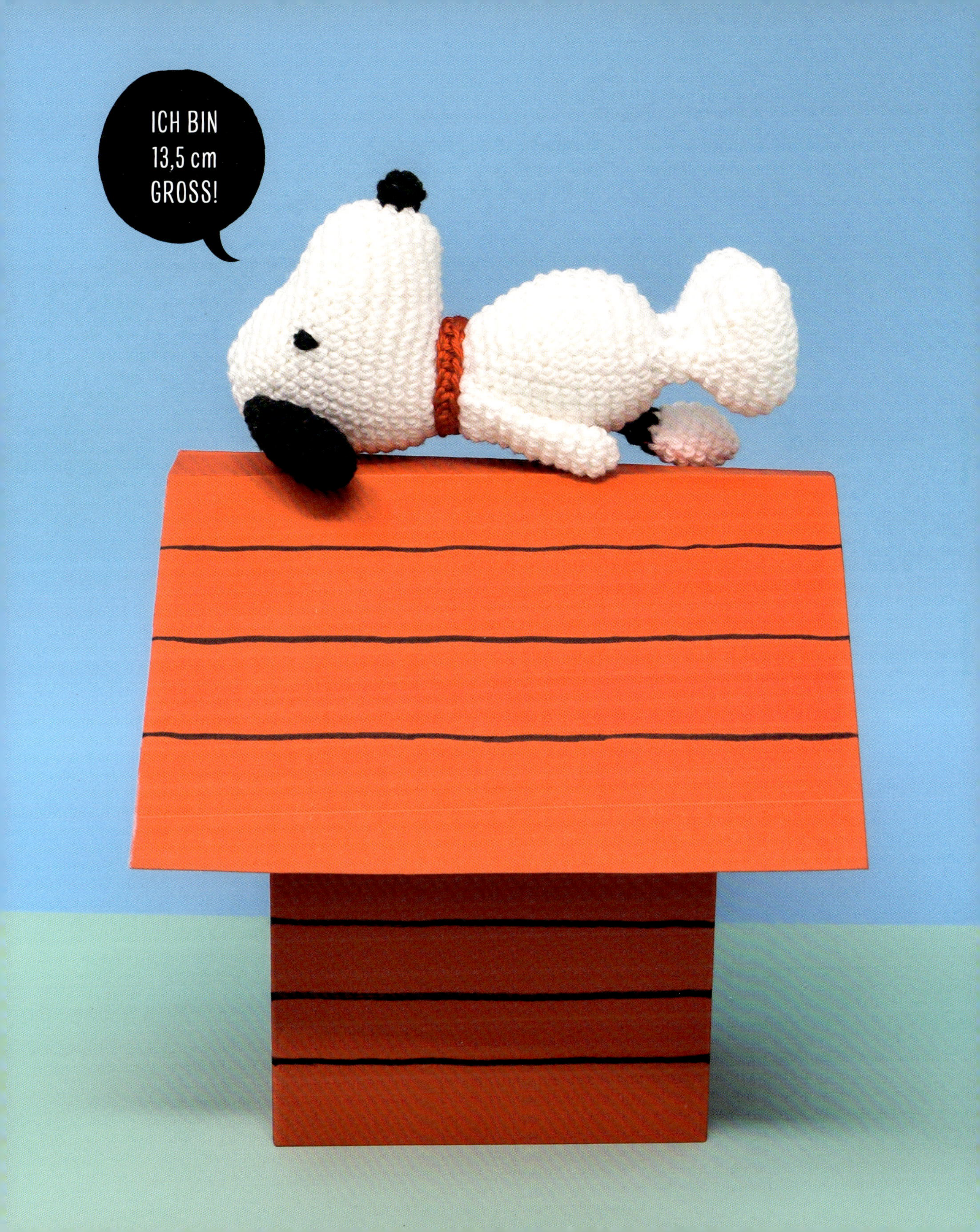
ICH BIN
13,5 cm
GROSS!

Den Faden lang abschneiden und durch die letzte M ziehen. Mit einer Stopf-Nd und dem Restfaden ivM der letzten Rd weben. Den Faden fest anziehen und somit die Rd schließen.

BEINE MIT FÜSSEN (2x, in Weiß)

6 Lm anschl, in die 2. M von der Nd aus einstechen und wie folgt häkeln:
1. Rd: 1 M zun, 3 fM, 6 fM in eine M, auf der anderen Seite der Lm-Kette fortfahren mit 3 fM, 1 M zun (= 16 M).
2. Rd: 2x 1 M zun, 3 fM, 6x 1 M zun, 3 fM, 2x 1 M zun (= 26 M).
Häkle 1 Km in die übernächste M und beginne die folgende Rd in derselben M.
3. und 4. Rd: 1 fM in jede M der Vor-Rd.
5. Rd: 6 fM, * 2 fM, 1 M abn *, von * bis * noch 3x wdh, 4 fM (= 22 M).
6. Rd: 6 fM, * 1 fM, 1 M abn *, von * bis * noch 3x wdh, 4 fM (= 18 M).
7. Rd: * 1 fM, 1 M abn *, von * bis * noch 5x wdh (= 12 M).
Stopfe den Fuß fest mit Füllwatte aus und später auch das Bein.
8. Rd: 6x 1 M abn (= 6 M).
9. und 10. Rd: 1 fM in jede M der Vor-Rd.
Häkle 1 Km. Den Faden lang abschneiden und durch die letzte M ziehen. Nähe die Beine unten an den Körper.

OHREN (2x, in Schwarz)

1. Rd: 6 fM in einen Fadenring häkeln.
2. Rd: 6x 1 M zun (= 12 M).
3. Rd: * 2 fM, 1 M zun *, von * bis * noch 3x wdh (= 16 M).
4.–6. Rd: 1 fM in jede M der Vor-Rd.
7. Rd: * 2 fM, 1 M abn *, von * bis * noch 3x wdh (= 12 M).
8. und 9. Rd: 1 fM in jede M der Vor-Rd.
10. Rd: 6x 1 M abn (= 6 M).
Den Faden lang abschneiden und durch die letzte M ziehen. Nähe die Ohren seitlich an den Kopf. Nutze den Restfaden, um Augen aufzusticken.

NASE (in Schwarz)

1. Rd: 6 fM in einen Fadenring häkeln.
2. Rd: 1 fM in jede M der Vor-Rd.
Häkle 1 Km in die übernächste M. Den Faden lang abschneiden und durch die letzte M ziehen. Nähe die Nase vorne auf die Nasenspitze des Kopfs.

ARME (2x, in Weiß)

1. Rd: 6 fM in einen Fadenring häkeln.
2. Rd: 2 fM, 1 M zun, 2 fM, 1 M zun (= 8 M).
3.–10. Rd: 1 fM in jede M der Vor-Rd.
Drücke den Arm oben flach zusammen und verschließe ihn mit 4 fM. Den Faden lang abschneiden und durch die letzte M ziehen. Nähe die Arme seitlich an den Körper.

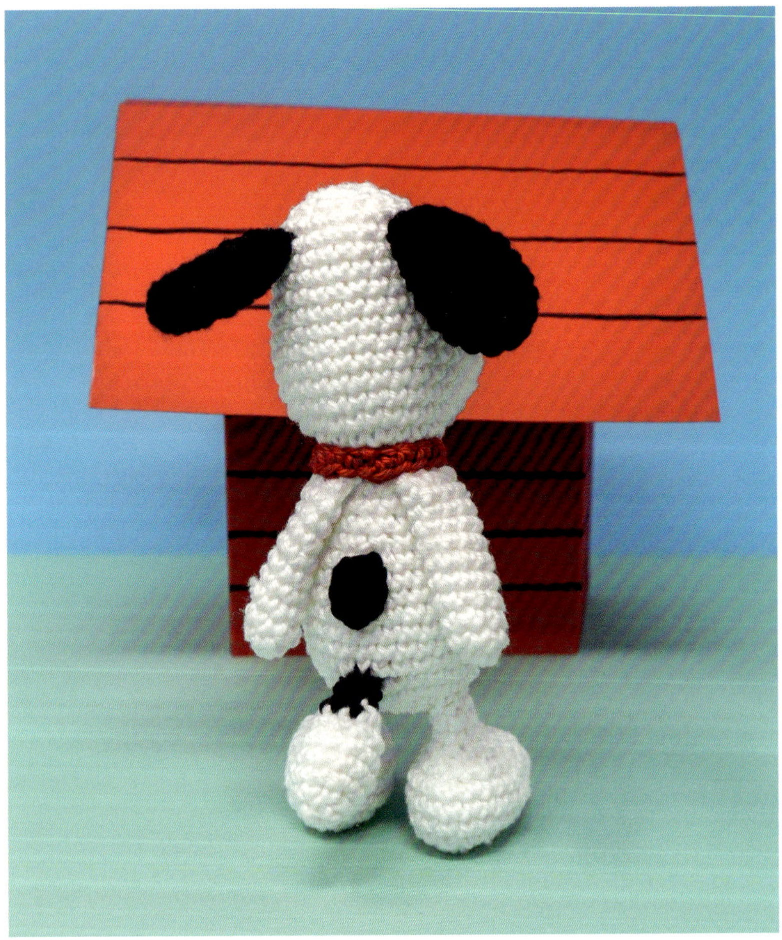

SCHWANZ (in Weiß und Schwarz)

Beginne mit Weiß.
1. Rd: 4 fM in einen Fadenring häkeln.
2. Rd: 1 M zun, 1 fM, 1 M zun, 1 fM (= 6 M).
3. Rd: 6x 1 M zun (= 12 M).
4.–6. Rd: 1 fM in jede M der Vor-Rd.
7. Rd: * 1 fM, 1 M abn *, von * bis * noch 3x wdh (= 8 M).
Fb-Wechsel zu Schwarz.
8. Rd: 1 fM in jede M der Vor-Rd.
9. Rd: 4x 1 M abn (= 4 M).
Schneide den Faden lang ab und ziehe ihn durch die letzte M. Nähe den Schwanz an den Po.

FLECK (in Schwarz)

Häkle wie folgt in einen Fadenring: 2 hStb, 2 fM, 2 hStb, 2 fM (= 8 M). Schließe die Rd mit 1 Km in die erste M ab. Schneide den Faden lang ab, ziehe ihn durch die letzte M und nähe den Fleck mittig an den Rücken.

HALSBAND (in Signalrot)

18 Lm anschl, in die 2. M von der Nd aus einstechen und 17 fM häkeln. Den Faden abschneiden, durch die letzte M ziehen, das Halsband um den Hals legen und es festnähen.

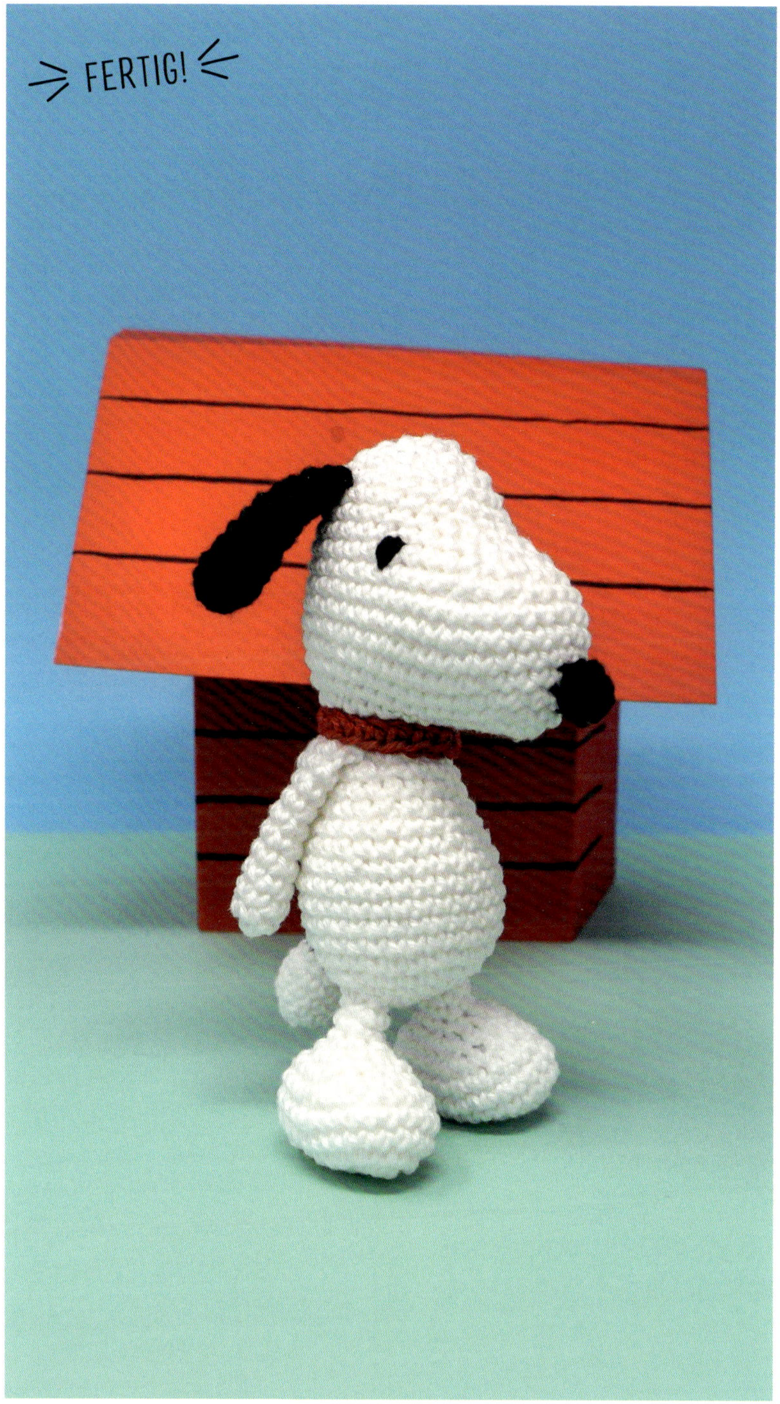

Hungriges MONSTER

MATERIAL

- Lana Grossa Cotone (100 % Baumwolle, LL 125 m/50 g) in Kornblume (Fb 76), ca. 25 g, in Weiß (Fb 22), Schwarz (Fb 21), Beigerot (Fb 68) und Pfirsich (Fb 56), je einen Rest
- Häkelnadel 2,5 mm
- Füllwatte
- Stopfnadel zum Vernähen

SO WIRD'S GEMACHT

Alle Teile werden einzeln in Spiralrunden gehäkelt und anschließend zusammengenäht. Die Felloptik entsteht durch den Einsatz einer Zupfbürste.

KÖRPER (in Kornblume)

1. Rd: 6 fM in einen Fadenring häkeln.
2. Rd: 6x 1 M zun (= 12 M).
3. Rd: * 1 fM, 1 M zun *, von * bis * noch 5x wdh (= 18 M).
4. Rd: * 2 fM, 1 M zun *, von * bis * noch 5x wdh (= 24 M).
5. Rd: * 3 fM, 1 M zun *, von * bis * noch 5x wdh (= 30 M).
6. Rd: * 4 fM, 1 M zun *, von * bis * noch 5x wdh (= 36 M).
7. Rd: * 5 fM, 1 M zun *, von * bis * noch 5x wdh (= 42 M).
8.–12. Rd: 1 fM in jede M der Vor-Rd.
13. Rd: * 5 fM, 1 M abn *, von * bis * noch 5x wdh (= 36 M).
14.–18. Rd: 1 fM in jede M der Vor-Rd.
19. Rd: * 4 fM, 1 M abn *, von * bis * noch 5x wdh (= 30 M).
20.–23. Rd: 1 fM in jede M der Vor-Rd.
24. Rd: * 3 fM, 1 M abn *, von * bis * noch 5x wdh (= 24 M).
25.–27. Rd: 1 fM in jede M der Vor-Rd.
28. Rd: * 2 fM, 1 M abn *, von * bis * noch 5x wdh (= 18 M).
29. und 30. Rd: 1 fM in jede M der Vor-Rd.
Häkle 1 Km in die übernächste M. Den Faden abschneiden, durch die letzte M ziehen und vernähen. Stopfe den Körper fest mit Füllwatte aus.

KOPF (in Kornblume)

1. Rd: 6 fM in einen Fadenring häkeln.
2. Rd: 6x 1 M zun (= 12 M).
3. Rd: * 1 fM, 1 M zun *, von * bis * noch 5x wdh (= 18 M).
4. Rd: * 2 fM, 1 M zun *, von * bis * noch 5x wdh (= 24 M).
5. Rd: * 3 fM, 1 M zun *, von * bis * noch 5x wdh (= 30 M).
6. Rd: * 4 fM, 1 M zun *, von * bis * noch 5x wdh (= 36 M).
7.–10. Rd: 1 fM in jede M der Vor-Rd.
11. Rd: 12 Lm, 12 M überspringen, 24 fM (= 36 M).
12. Rd: 1 fM in jede Lm der Vor-Rd, 24 fM (= 36 M).
13. Rd: 1 fM in jede M der Vor-Rd.
14. Rd: * 4 fM, 1 M abn *, von * bis * noch 5x wdh (= 30 M).
15. Rd: * 3 fM, 1 M abn *, von * bis * noch 5x wdh (= 24 M).
16. Rd: * 2 fM, 1 M abn *, von * bis * noch 5x wdh (= 18 M).
Häkle 1 Km in die übernächste M. Den Faden sehr lang abschneiden und durch die letzte M ziehen und zum späteren Annähen hängen lassen. Bevor du den Kopf ausstopfst, musst du noch den Mund häkeln.

MUND (in Schwarz)

Beginne mit einer stehenden fM (siehe Seite 15) in der ersten übersprungenen M der 10. Rd des Kopfs.
1. Rd: 12 fM ihM, 1 fM in den Mundwinkel, 12 fM entlang der Lm-Kette, 1 fM in den anderen Mundwinkel (= 26 M).

WEITER GEHT'S ➡

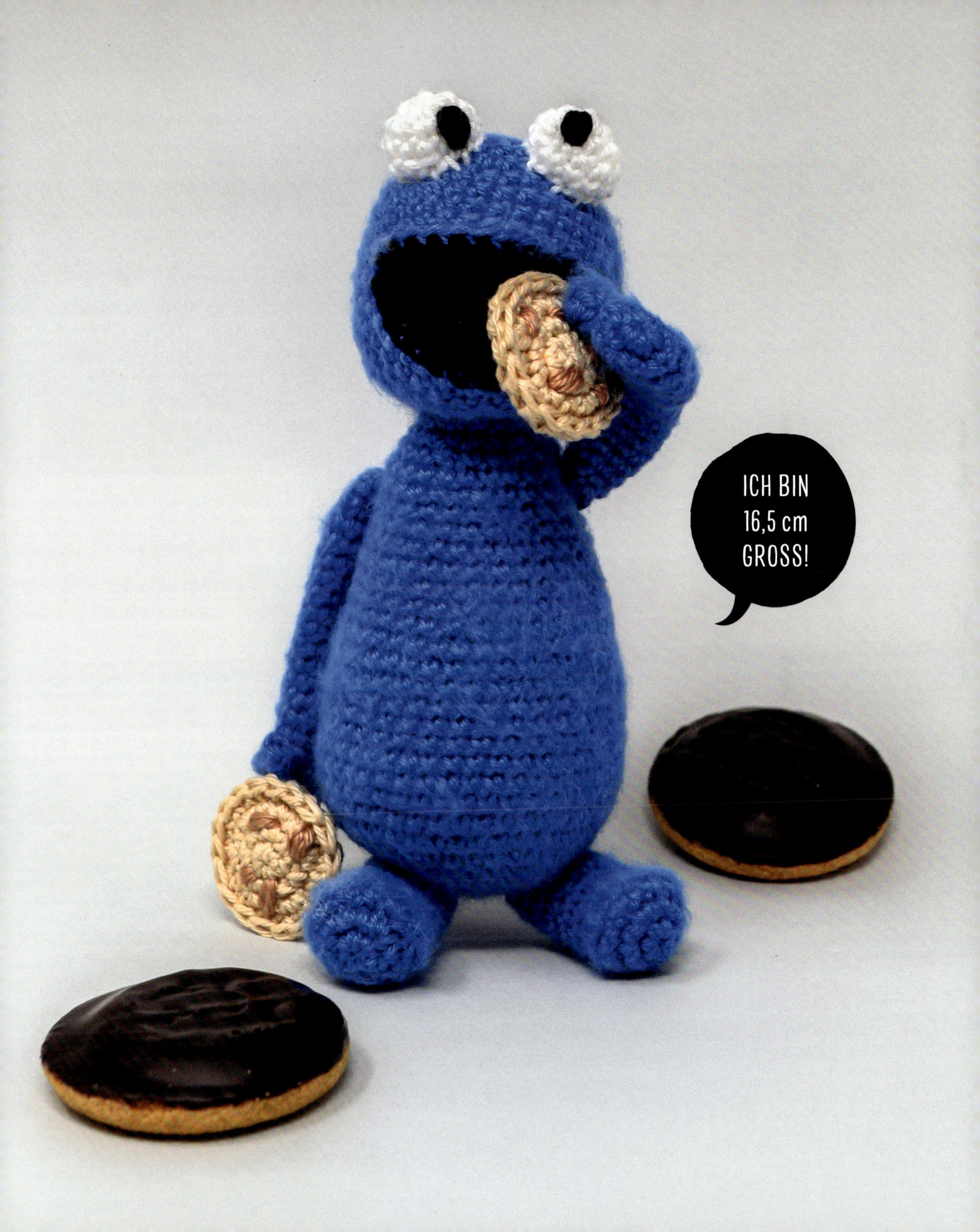
ICH BIN 16,5 cm GROSS!

2. Rd: 11 fM, 1 M abn, 11 fM, 1 M abn (= 24 M).
3. Rd: * 2 fM, 1 M abn *, von * bis * noch 5x wdh (= 18 M).
4. Rd: * 1 fM, 1 M abn *, von * bis * noch 5x wdh (= 12 M).
5. Rd: 6x 1 M abn (= 6 M).
Den Faden lang abschneiden und durch die letzte M ziehen. Mit einer Stopf-Nd und dem Restfaden ivM der letzten Rd weben. Den Faden fest anziehen und somit die Rd schließen. Stülpe den Mund in den Kopf. Nun kann der Kopf fest ausgestopft werden. Nähe den Kopf an den Körper. Damit der Mund wirklich tief im Kopf verbleibt, kannst du ihn mit dem Restfaden vom Annähen des Kopfs fixieren.

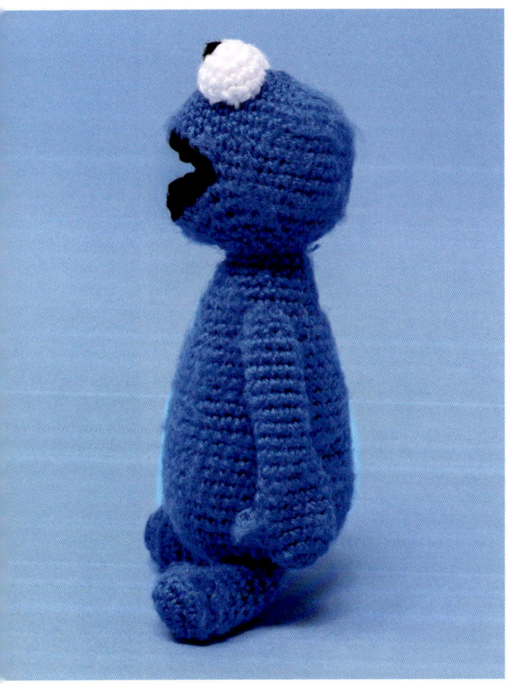

BEINE (2x, in Kornblume)

1. Rd: 6 fM in einen Fadenring häkeln.
2. Rd: 6x 1 M zun (= 12 M).
3. Rd: * 1 fM, 1 M zun *, von * bis * noch 5x wdh (= 18 M).
Häkle 1 Km in die übernächste M und beginne die folgende Rd in derselben M.
4. Rd: ihM 3 fM, 6x 1 M abn, 3 fM (= 12 M).
5.–11. Rd: 1 fM in jede M der Vor-Rd.
Häkle 1 Km in die übernächste M. Den Faden lang abschneiden und durch die letzte M ziehen. Stopfe die Beine fest mit Füllwatte aus und nähe sie unten an den Körper. Die Fußspitzen zeigen nach vorn. Du kannst beim Annähen entscheiden, ob du Schlenkerbeine haben möchtest oder fest stehende Beine. Für Schlenkerbeine drückst du die Beine oben flach zusammen und nähst sie so an den Körper.

ARME (2x, in Kornblume)

1. Rd: 6 fM in einen Fadenring häkeln.
2. Rd: 6x 1 M zun (= 12 M).
3. und 4. Rd: 1 fM in jede M der Vor-Rd.
5. Rd: Popcorn aus 4 Stb, 11 fM (= 12 M).
6. und 7. Rd: 1 fM in jede M der Vor-Rd.
8. Rd: * 2 fM, 1 M abn *, von * bis * noch 2x wdh (= 9 M).
9.–18. Rd: 1 fM in jede M der Vor-Rd.
19. Rd: * 2 fM, 1 M abn *, von * bis * noch 2x wdh (= 6 M).
20. Rd: 1 fM in jede M der Vor-Rd.
Den Faden lang abschneiden und durch die letzte M ziehen. Nähe die Arme zwischen der 25. und 26. Rd seitlich an den Körper. Die Daumen zeigen nach vorn.

Bevor du die Augen annähst, kannst du dem Krümelmonster mit einer Zupfbürste eine Felloptik verabreichen. Streiche damit über die Oberfläche des Monsters und das Baumwollgarn wird fusselig.

AUGEN (2x, in Weiß)

1. Rd: 6 fM in einen Fadenring häkeln.
2. Rd: 6x 1 M zun (= 12 M).
3. und 4. Rd: 1 fM in jede M der Vor-Rd.
Häkle 1 Km in die übernächste M. Den Faden lang abschneiden und durch die letzte M ziehen. Stopfe die Augen mit Füllwatte aus und nähe sie oben auf den Kopf. Die Augen sitzen auf der vorderen Hälfte.

PUPILLEN

Sticke mit schwarzem Garn die Pupillen auf die Augen. Sie sollten etwa 1 Rd überdecken. Das Krümelmonster schielt, denke daran.

KEKSE (in Pfirsisch und Beigerot)

Beginne mit Pfirsich.
1. Rd: 6 fM in einen Fadenring häkeln.
2. Rd: 6x 1 M zun (= 12 M).
3. Rd: * 1 fM, 1 M zun *, von * bis * noch 5x wdh (= 18 M).
Häkle 1 Km in die übernächste M. Den Faden abschneiden, durch die letzte M ziehen und vernähen. Arbeite nun einen zweiten Kreis. Wdh dafür die 1. bis 3. Rd. Halte den ersten Kreis hinter den zweiten Kreis, links auf links, und häkle beide mit 18 fM zusammen. Verschließe den entstandenen Keks mit 1 Km. Den Faden abschneiden, durch die letzte M ziehen und vernähen. Besticke den Keks mit Rotbeige, sodass er Flecken bekommt. Diese stellen Schokostückchen dar.

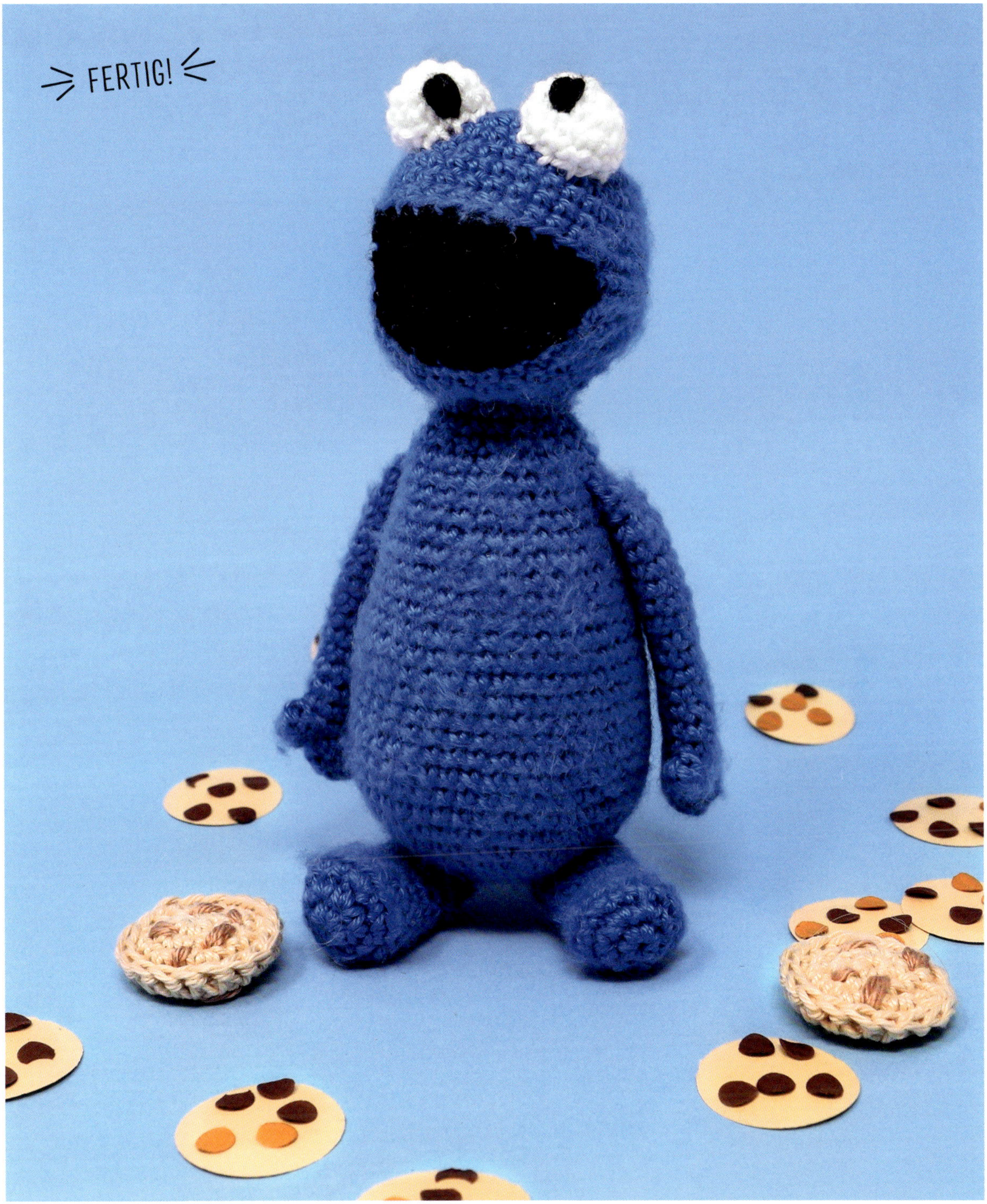

HUNGRIGES MONSTER

Kleine freche BIENE

MATERIAL

- Schachenmayr Catania (100 % Baumwolle, LL 125 m/50 g) in Honig (Fb 206), 15 g, in Schwarz (Fb 110), Sonne (Fb 208) und Weiß (Fb 106), je einen Rest
- Schachenmayr Catania Glamour in Weiß (Fb 101)
- Häkelnadel 2,5 mm
- Füllwatte
- Stopfnadel zum Vernähen

SO WIRD'S GEMACHT

Häkle in Spiral-Rd. Kopf und Körper entstehen am Stück. Arme, Beine, Flügel, Fühler, Augen und Haare werden einzeln gehäkelt und später angenäht.

KÖRPER UND KOPF (in Honig und Schwarz)

Beginne mit Schwarz.
1. Rd: 6 fM in einen Fadenring häkeln.
2. Rd: 6x 1 M zun (= 12 M).
3. Rd: * 1 fM, 1 M zun *, von * bis * noch 5x wdh (= 18 M).
4. Rd: * 2 fM, 1 M zun *, von * bis * noch 5x wdh (= 24 M).
5. Rd: * 3 fM, 1 M zun *, von * bis * noch 5x wdh (= 30 M).
6. Rd: * 4 fM, 1 M zun *, von * bis * noch 5x wdh (= 36 M).
7. Rd: 1 Km in jede M der Vor-Rd. Fb-Wechsel zu Honig.
8. Rd: 1 fM in jede M der 6. Rd.

Der Fb-Wechsel sieht besser aus, wenn du in die letzte M der Rd mit der neuen Fb so einstichst, dass du gleichzeitig auch in das hintere M-Glied der letzten Km mit einstichst. Der fertige Fb-Wechsel sieht dann so aus wie auf den Bildern.

siehe Bilder 1+2

9. und 10. Rd: 1 fM in jede M der Vor-Rd.
11. Rd: * 4 fM, 1 M abn *, von * bis * noch 5x wdh (= 30 M).
12. Rd: 1 Km in jede M der Vor-Rd. Fb-Wechsel zu Schwarz.
13. Rd: 1 fM in jede M der 11. Rd.
14. und 15. Rd: 1 fM in jede M der Vor-Rd.
16. Rd: * 3 fM, 1 M abn *, von * bis * noch 5x wdh (= 24 M).
17. Rd: 1 Km in jede M der Vor-Rd. Fb-Wechsel zu Honig.
18. Rd: 1 fM in jede M der 16. Rd.
19. und 20. Rd: 1 fM in jede M der Vor-Rd.

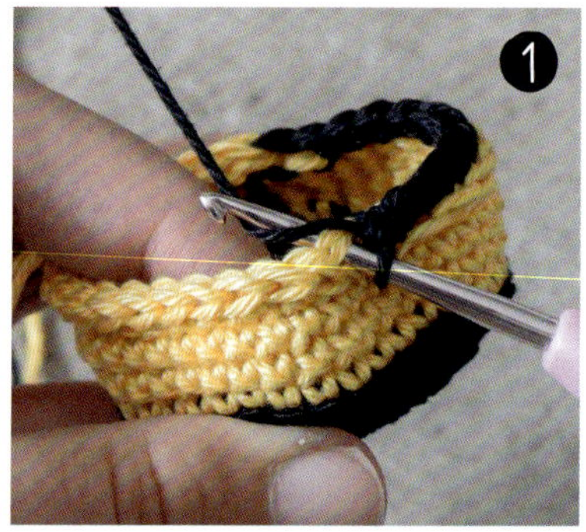

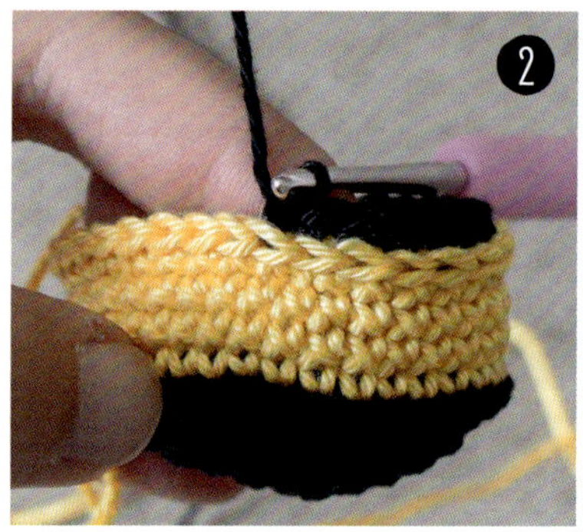

21. Rd: * 2 fM, 1 M abn *, von * bis * noch 5x wdh (= 18 M).
22. Rd: 1 Km in jede M der Vor-Rd. Fb-Wechsel zu Schwarz.
23. Rd: 1 fM in jede M der 21. Rd.
24.–27. Rd: 1 fM in jede M der Vor-Rd.
28. Rd: 1 Km in jede M der Vor-Rd. Fb-Wechsel zu Honig.
29. Rd: in die Km der Vor-Rd * 1 fM, 1 M zun *, von * bis * noch 8x wdh (= 27 M).

WEITER GEHT'S

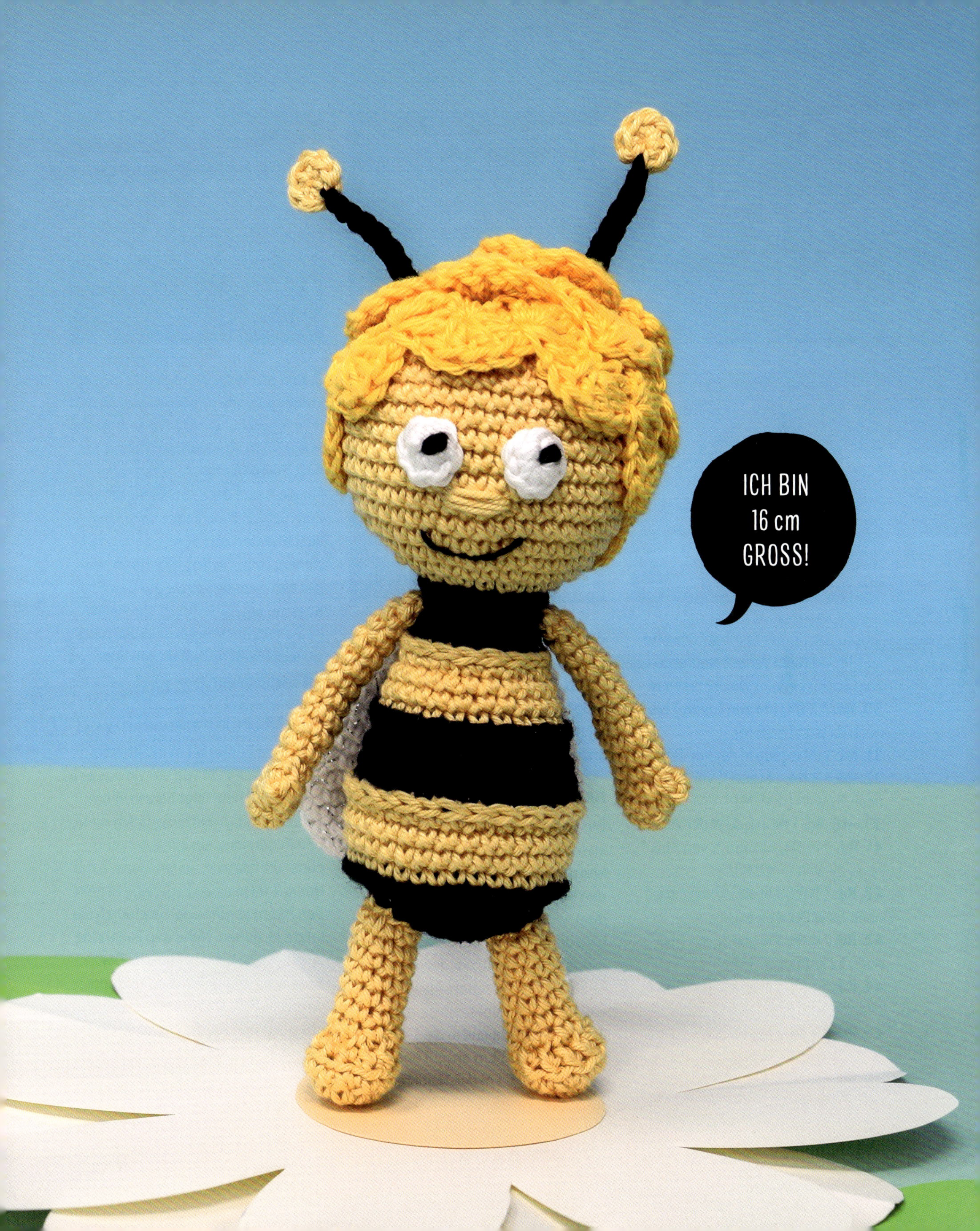
ICH BIN
16 cm
GROSS!

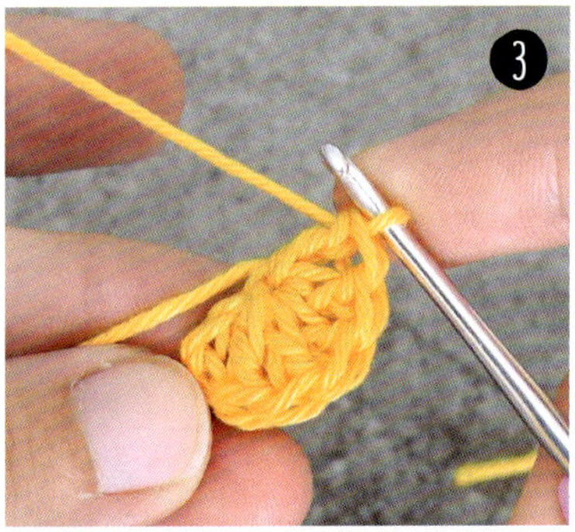

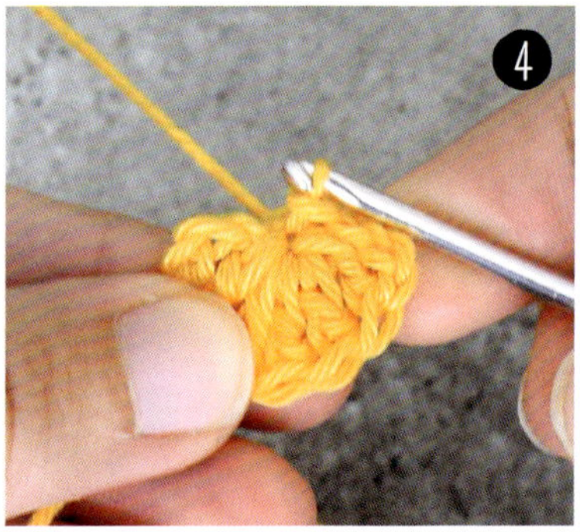

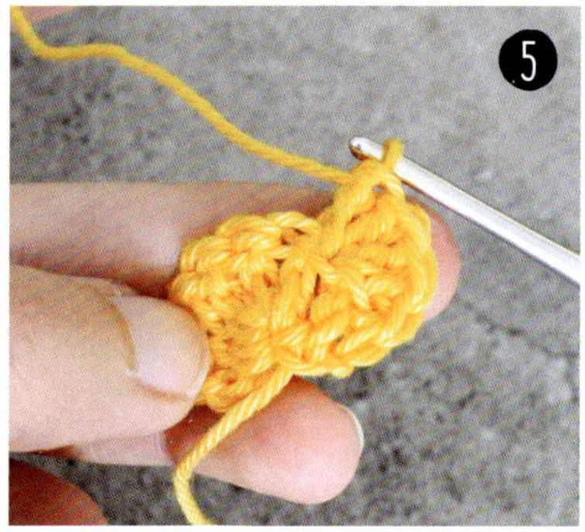

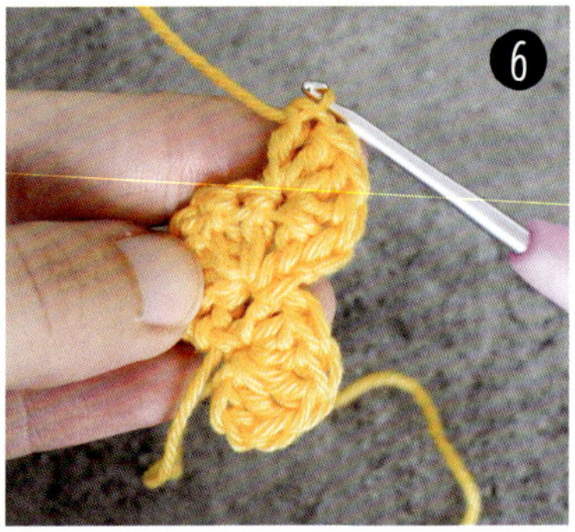

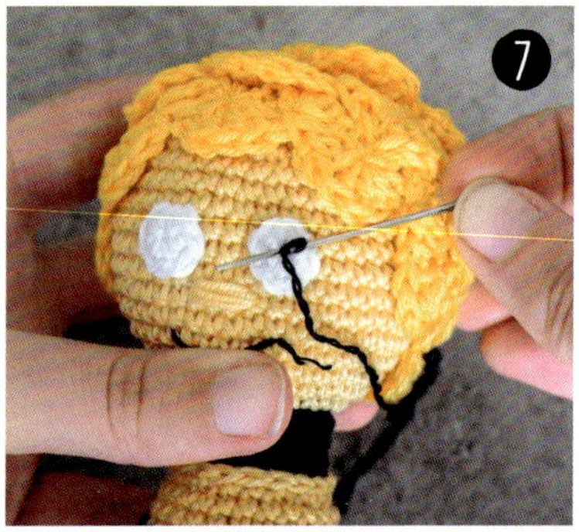

Stopfe den Körper fest mit Füllwatte aus. Im weiteren Verlauf stopfst du bis zum Schluss immer wieder fest aus.
30. Rd: * 2 fM, 1 M zun *, von * bis * noch 8x wdh (= 36 M).
31. Rd: 1 fM in jede M der Vor-Rd.
32. Rd: * 3 fM, 1 M zun *, von * bis * noch 8x wdh (= 45 M).
33.–40. Rd: 1 fM in jede M der Vor-Rd.
41. Rd: * 13 fM, 1 M abn *, von * bis * noch 2x wdh (= 42 M).
42. Rd: * 5 fM, 1 M abn *, von * bis * noch 5x wdh (= 36 M).
43. Rd: * 4 fM, 1 M abn *, von * bis * noch 5x wdh (= 30 M).
44. Rd: * 3 fM, 1 M abn *, von * bis * noch 5x wdh (= 24 M).
45. Rd: * 2 fM, 1 M abn *, von * bis * noch 5x wdh (= 18 M).
46. Rd: * 1 fM, 1 M abn *, von * bis * noch 5x wdh (= 12 M).
47. Rd: 6x 1 M abn (= 6 M).
Den Faden lang abschneiden und durch die letzte M ziehen. Mit einer Stopf-Nd und dem Restfaden ivM der letzten Rd weben. Den Faden fest anziehen und somit die Rd schließen.

HAARE (in Sonne)

Die Haare bestehen aus unendlich vielen aneinander gereihten Halbkreisen, die am Ende spiralförmig auf den Kopf gelegt werden. Je nachdem, wie fest oder locker du häkelst, wird die Anzahl der Halbkreise variieren, die nötig sind, um den Kopf ausreichend zu bedecken. Als Richtwert sind 50 Halbkreise zu häkeln.
1. R: 4 Lm anschl und in die 1. Lm 5 Stb häkeln. 3 Lm anschl und mit 1 Km in diese 1. Lm den Halbkreis abschließen, Wende-Lm (= 1. Halbkreis).
2. R: 5 Stb in die 1. Lm der 3 Lm vom vorhergehenden Halbkreisabschluss. 3 Lm anschl und mit 1 Km in dieselbe M der 5 Stb abschließen, Wende-Lm (= 2. Halbkreis).
Für die Haare die 2. R beliebig oft wdh. Zum Schluss den Faden sehr lang abschneiden und durch die letzte M ziehen. Lege die lange Reihe an Halbkreisen in einer Spirale auf den Kopf. Beginne am Hinterkopf. Stecke die Haare mit Stecknadeln fest und nähe sie anschließend fest an den Kopf.
☛ siehe Bilder 3–6

FÜHLER (2x, in Honig und Schwarz)

Für einen Fühler 9 Lm in Schwarz anschl, in die 2. M von der Nd aus einstechen und wie folgt häkeln: 8 Km entlang der Lm-Kette zurück häkeln. Den Faden lang abschneiden und durch die letzte M ziehen. Danach mit Honig 7 fM in einen Fadenring häkeln. Den Faden abschneiden und durch die letzte M ziehen. Nähe den Fadenring an die letzte Lm des Fühlers. Der Fadenring soll sich beim Annähen verschließen. Nähe die Fühler oben auf den Kopf.

AUGEN (2x, in Weiß)

Häkle 8 fM in einen Fadenring und schließe mit 1 Km zur Rd. Den Faden abschneiden und durch die letzte M ziehen.
Nähe die Augen auf den Kopf. Sie bedecken die 7. bis 9. Rd des Kopfs und haben einen Abstand von 2 bis 3 M zueinander. Spalte das schwarze Garn in zwei Hälften und sticke damit die Pupillen und den Mund auf (siehe Bild). Anschließend mit einem Restfaden in Honig die Nase zwischen die Augen aufsticken.
☛ siehe Bild 7

ARME (2x, in Honig)

1. Rd: 6 fM in einen Fadenring häkeln.
2. Rd: * 1 M zun, 1 fM *, von * bis * noch 2x wdh (= 9 M).
3. Rd: 1 fM in jede M der Vor-Rd.
4. Rd: Popcorn aus 3 Stb, 3 fM, 1 M abn, 3 fM (= 8 M).
5.–7. Rd: 1 fM in jede M der Vor-Rd.
8. Rd: 2 fM, 1 M abn, 2 fM, 1 M abn (= 6 M).
9.–15. Rd: 1 fM in jede M der Vor-Rd.
Den Faden abschneiden und durch die letzte M ziehen. Drücke die Arme oben flach zusammen und nähe sie so seitlich an den Körper, mittig an den letzten schwarzen Streifen.

BEINE (2x, in Honig)

1. Rd: 6 fM in einen Fadenring häkeln.
2. Rd: 6x 1 M zun (= 12 M).
3. Rd: * 1 fM, 1 M zun *, von * bis * noch 5x wdh (= 18 M).
Häkle 1 Km in die übernächste M und beginne die folgende Rd in derselben M.
4. Rd: ihM 3 fM, 6x 1 M abn, 3 fM (= 12 M).
5. Rd: 3 fM, 3x 1 M abn, 3 fM (= 9 M).
6.–11. Rd: 1 fM in jede M der Vor-Rd.
Häkle 1 Km. Den Faden lang abschneiden und durch die letzte M ziehen. Stopfe die Beine fest mit Füllwatte aus und nähe sie unten an den Körper. Die Fußspitzen zeigen nach vorn. Du kannst beim Annähen entscheiden, ob du Schlenkerbeine haben möchtest oder fest stehende Beine. Für Schlenkerbeine drückst du die Beine oben flach zusammen und nähst sie so an den Körper.

FLÜGEL (2x, mit Catania Glamour)

1. Rd: 6 fM in einen Fadenring häkeln.
2. Rd: 6x 1 M zun (= 12 M).
3. Rd: * 1 fM, 1 M zun *, von * bis * noch 5x wdh (= 18 M).
4.–6. Rd: 1 fM in jede M der Vor-Rd.
7. Rd: * 4 fM, 1 M abn *, von * bis * noch 2x wdh (= 15 M).
8.–10. Rd: 1 fM in jede M der Vor-Rd.
11. Rd: * 3 fM, 1 M abn *, von * bis * noch 2x wdh (= 12 M).
12. und 13. Rd: 1 fM in jede M der Vor-Rd.
14. Rd: * 2 fM, 1 M abn *, von * bis * noch 2x wdh (= 9 M).
15. Rd: 1 fM in jede M der Vor-Rd.
16. Rd: * 1 fM, 1 M abn *, von * bis * noch 2x wdh (= 6 M).
17. Rd: 1 fM in jede M der Vor-Rd.
Drücke den Flügel flach zusammen und häkle ihn oben mit 3 fM zusammen. Den Faden lang abschneiden, durch die letzte M ziehen und die Flügel hinten an den Rücken nähen, in die Mitte des letzten schwarzen Streifens.

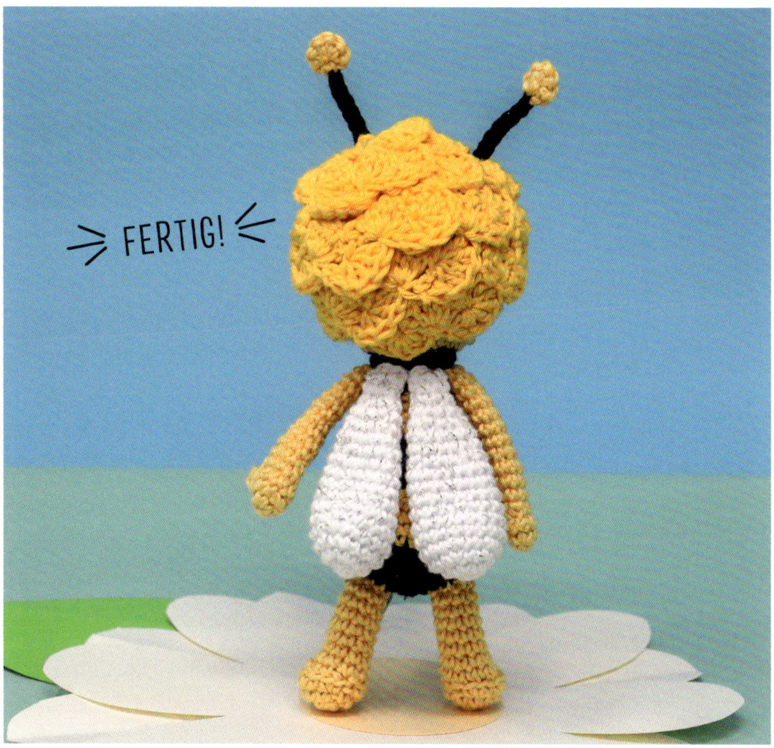

Schlaue MAUS

MATERIAL

- Schachenmayr Catania (100 % Baumwolle, LL 125 m/50 g) in Gold (Fb 249), in Marone (Fb 157), Schwarz (Fb 110) und Weiß (Fb 106), je einen Rest
- Häkelnadel 2,5 mm
- Füllwatte
- Stopfnadel zum Vernähen

SO WIRD'S GEMACHT

Häkle in Spiralrunden, nur der Bauch wird in Reihen gehäkelt. Jede Reihe endet mit einer Wende-Lm. Der Körper entsteht dann in einem Stück.

BAUCH (in Gold)

Häkle um eine Lm-Kette. 13 Lm anschl, in die 2. M von der Nd aus einstechen und wie folgt häkeln:
1. R: 11 fM, 3 fM in eine M, auf der anderen Seite der Lm-Kette weiterhäkeln mit 11 fM (= 25 M).
2. R: 11 fM, 3x 1 M zun, 11 fM (= 28 M).
3. R: 11 fM, * 1 fM, 1 M zun *, von * bis * noch 2x wdh, 11 fM (= 31 M).
4. R: 11 fM, * 2 fM, 1 M zun *, von * bis * noch 2x wdh, 11 fM (= 34 M).
Den Faden abschneiden, durch die letzte M ziehen und vernähen.

NASE (in Gold)

1. Rd: 6 fM in einen Fadenring häkeln.
2. Rd: 1 fM in jede M der Vor-Rd.
3. Rd: * 1 fM, 1 M zun *, von * bis * noch 2x wdh (= 9 M).
4. Rd: * 2 fM, 1 M zun *, von * bis * noch 2x wdh (= 12 M).
5. Rd: * 3 fM, 1 M zun *, von * bis * noch 2x wdh (= 15 M).
6. Rd: * 4 fM, 1 M zun *, von * bis * noch 2x wdh (= 18 M).
7. Rd: * 5 fM, 1 M zun *, von * bis * noch 2x wdh (= 21 M).
8. Rd: * 6 fM, 1 M zun *, von * bis * noch 2x wdh (= 24 M).
9. Rd: * 7 fM, 1 M zun *, von * bis * noch 2x wdh (= 27 M).
10. Rd: * 8 fM, 1 M zun *, von * bis * noch 2x wdh (= 30 M).
11. Rd: * 9 fM, 1 M zun *, von * bis * noch 2x wdh (= 33 M).
12. Rd: * 10 fM, 1 M zun *, von * bis * noch 2x wdh (= 36 M).
Lege den Bauch rechts auf rechts vor die Nase. Die gerade Kante des Bauchs liegt auf einer Höhe mit der letzten Rd der Nase. Häkle nun mit 9 fM beide Teile zusammen. Anschließend häkelst du direkt weiter um den Kopf. So entsteht im Anschluss der Körper.
siehe Bilder 1+2

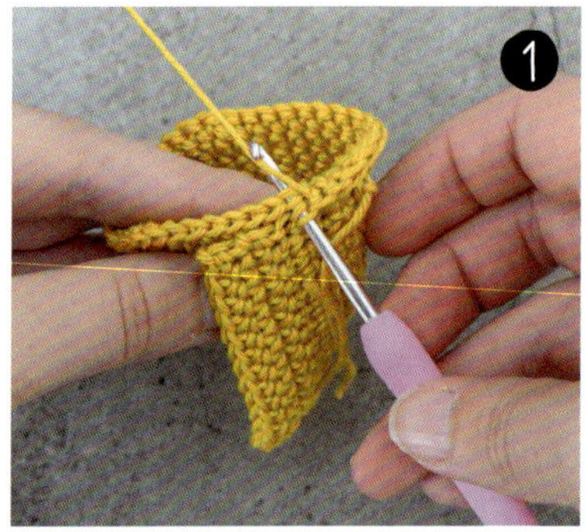

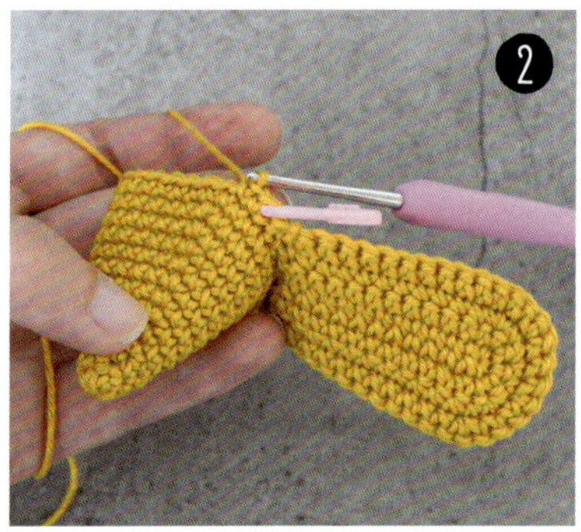

KÖRPER (IN GOLD)

1. Rd: 27 fM entlang des Kopfs häkeln und entlang des Bauchs wie folgt häkeln: 11 fM, * 3 fM, 1 M zun *, von * bis * noch 2x wdh, 11 fM (= 64 M).
2.–7. Rd: 1 fM in jede M der Vor-Rd.
8. Rd: * 14 fM, 1 M abn *, von * bis * noch 3x wdh (= 60 M).

WEITER GEHT'S

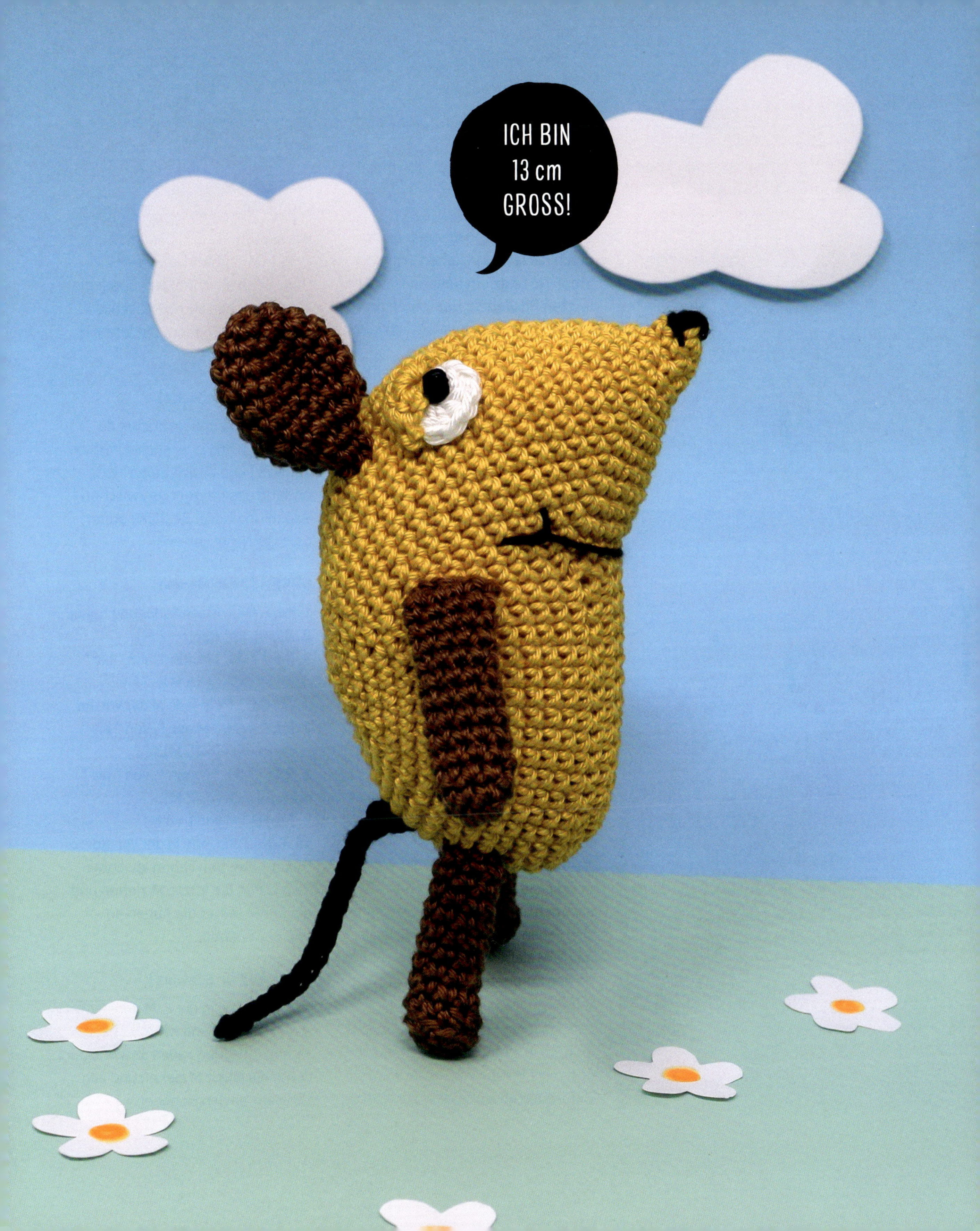
ICH BIN
13 cm
GROSS!

9. Rd: * 8 fM, 1 M abn *, von * bis * noch 5x wdh (= 54 M).
10. Rd: * 7 fM, 1 M abn *, von * bis * noch 5x wdh (= 48 M).
11. Rd: * 6 fM, 1 M abn *, von * bis * noch 5x wdh (= 42 M).
12. Rd: * 5 fM, 1 M abn *, von * bis * noch 5x wdh (= 36 M).
13. Rd: * 4 fM, 1 M abn *, von * bis * noch 5x wdh (= 30 M).
Beginne, die Figur fest mit Füllwatte auszustopfen. Im weiteren Verlauf stopfst du bis zum Schluss immer wieder fest aus.
14. Rd: * 3 fM, 1 M abn *, von * bis * noch 5x wdh (= 24 M).

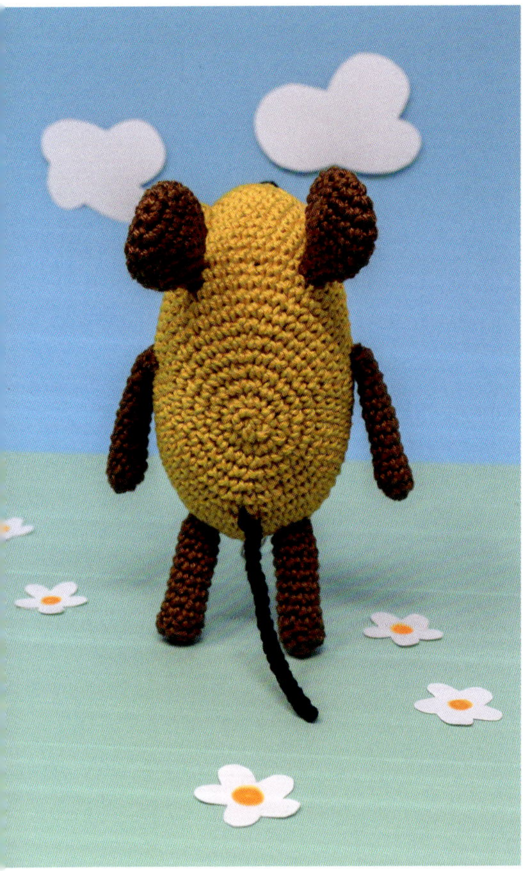

15. Rd: * 2 fM, 1 M abn *, von * bis * noch 5x wdh (= 18 M).
16. Rd: * 1 fM, 1 M abn *, von * bis * noch 5x wdh (= 12 M).
17. Rd: 6x 1 M abn (= 6 M).
Den Faden lang abschneiden und durch die letzte M ziehen. Mit einer Stopf-Nd und dem Restfaden ivM der letzten Rd weben. Den Faden fest anziehen und somit die Rd schließen.

BEINE (2x, in Marone)

1. Rd: 6 fM in einen Fadenring häkeln.
2. Rd: 6x 1 M zun (= 12 M).
Häkle 1 Km in die übernächste M und beginne die folgende Rd in derselben M.
3. Rd: ihM 3 fM, 3x 1 M abn, 3 fM (= 9 M).
4.–11. Rd: 1 fM in jede M der Vor-Rd.
Häkle 1 Km. Den Faden lang abschneiden und durch die letzte M ziehen. Stopfe die Beine mit Füllwatte aus, drücke sie oben zusammen und nähe sie leicht seitlich unten an den Körper. Die Fußspitzen zeigen nach vorn.

ARME (2x, in Marone)

1. Rd: 6 fM in einen Fadenring häkeln.
2. Rd: * 1 M zun, 1 fM *, von * bis * noch 2x wdh (= 9 M).
3.–12. Rd: 1 fM in jede M der Vor-Rd.
Drücke die Arme oben flach zusammen und verschließe sie mit 4 fM. Den Faden abschneiden, durch die letzte M ziehen und die Arme seitlich an den Körper nähen.

AUGEN (2x, in Weiß)

10 hStb in einen Fadenring häkeln und mit 1 Km zur Rd schließen. Den Faden abschneiden, durch die letzte M ziehen und die Augen auf den Kopf nähen.

LIDER (2x, in Gold)

1. R: 6 fM in einen Fadenring häkeln, Wende-Lm.
2. R: 1 fM in jede M der Vor-R.
Den Faden abschneiden, durch die letzte M ziehen und die Augenlider auf die Augen nähen. Die letzte R zeigt nach oben.

GESICHT (in Schwarz)

Mit schwarzem Garn stickst du Pupillen im Knötchenstich auf (siehe Seite 21) und stickst einen Mund entlang des Übergangs zwischen Bauch und Nase. Besticke außerdem die Nasenspitze.

OHREN (2x, in Marone)

1. Rd: 6 fM in einen Fadenring häkeln.
2. Rd: 6x 1 M zun (= 12 M).
3. Rd: * 1 fM, 1 M zun *, von * bis * noch 5x wdh (= 18 M).
4.–6. Rd: 1 fM in jede M der Vor-Rd.
7. Rd: * 4 fM, 1 M abn *, von * bis * noch 2x wdh (= 15 M).
8. Rd: * 3 fM, 1 M abn *, von * bis * noch 2x wdh (= 12 M).
9. Rd: 6x 1 M abn (= 6 M).
10. Rd: 1 fM in jede M der Vor-Rd.
Häkle 1 Km. Den Faden abschneiden, durch die letzte M ziehen und die Ohren hinter die Augen an den Kopf nähen.

SCHWANZ (in Schwarz)

19 Lm anschl, in die 2. M von der Nd aus einstechen und wie folgt häkeln: 16 Km, 2 fM. Den Faden abschneiden, durch die letzte M ziehen und den Schwanz an den Po nähen.

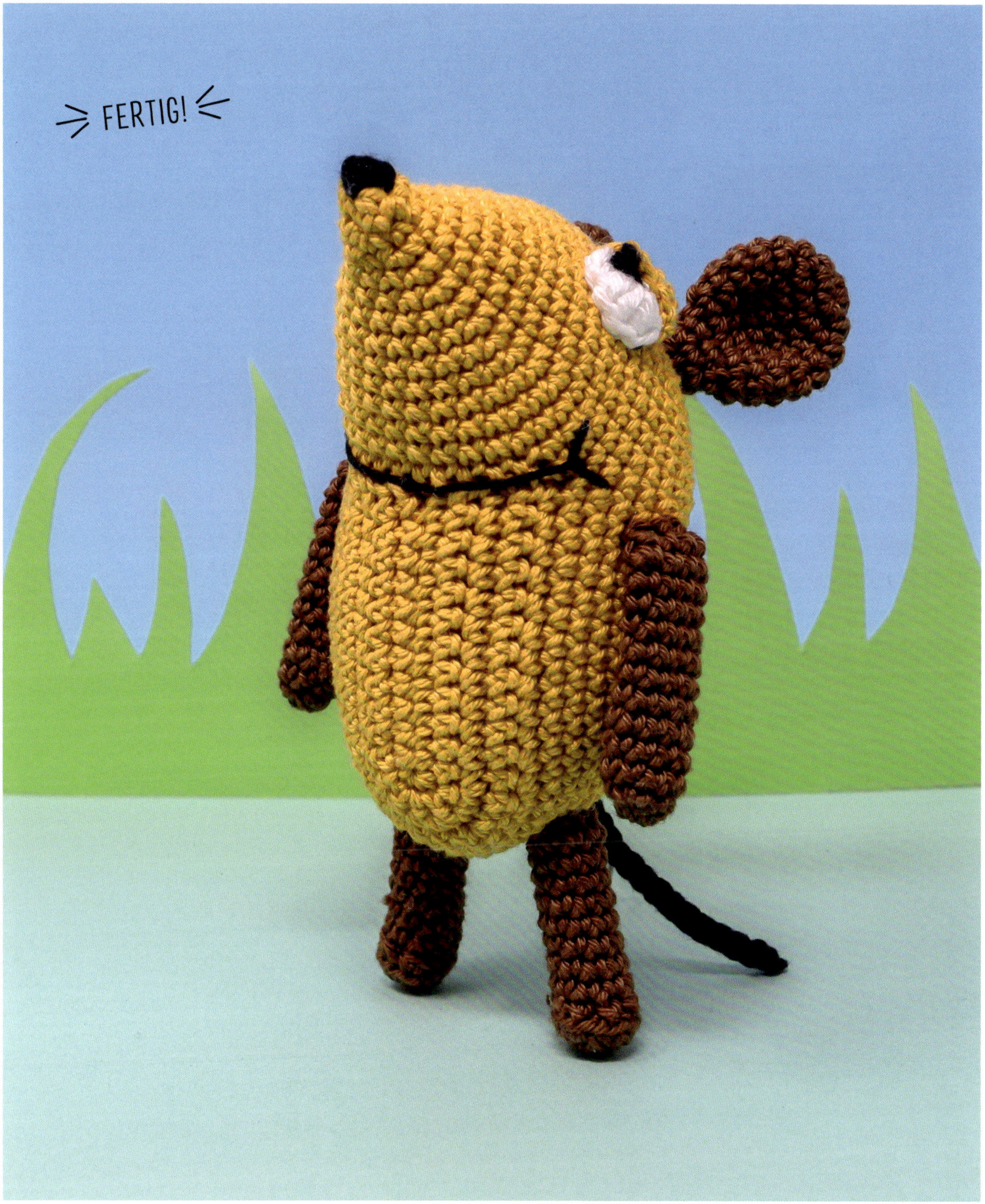
FERTIG!

Ein kleiner MAULWURF

MATERIAL

- Rico Design Ricorumi DK (100 % Baumwolle, LL 57,5 m/25 g) in Silbergrau (Fb 58) und Schwarz (Fb 60), je 25 g, in Weiß (Fb 01), Natur (Fb 54) und Rot (Fb 28), je einen Rest
- Häkelnadel 2,5 mm
- Füllwatte
- Stopfnadel zum Vernähen

SO WIRD'S GEMACHT

Häkle in Spiralrunden. Schnauze und Bauch werden einzeln gehäkelt und dann zusammengehäkelt. Daran wird anschließend der Körper gehäkelt. Arme und Füße werden einzeln gehäkelt und zum Schluss an den Körper genäht.

SCHNAUZE (in Schwarz)

1. Rd: 6 fM in einen Fadenring häkeln.
2. Rd: 1 fM in jede M der Vor-Rd.
3. Rd: * 1 fM, 1 M zun *, von * bis * noch 2x wdh (= 9 M).
4. Rd: * 2 fM, 1 M zun *, von * bis * noch 2x wdh (= 12 M).
5. Rd: * 3 fM, 1 M zun *, von * bis * noch 2x wdh (= 15 M).
6. Rd: * 4 fM, 1 M zun *, von * bis * noch 2x wdh (= 18 M).
Häkle 1 Km in die übernächste M. Schneide den Faden ab, ziehe ihn durch die letzte M und vernähe ihn.

BAUCH (in Silbergrau)

Häkle um eine Lm-Kette im Oval. 13 Lm anschl, in die 2. M von der Nd aus einstechen und wie folgt häkeln:
1. Rd: 11 fM, 3 fM in eine M, auf der anderen Seite der Lm-Kette weiterhäkeln mit 10 fM, 2 fM in eine M (= 26 M).
2. Rd: 1 M zun, 10 fM, 3x 1 M zun, 10 fM, 2x 1 M zun (= 32 M).
3. Rd: 1 fM, 1 M zun, 10 fM, * 1 fM, 1 M zun *, von * bis * noch 2x wdh, 11 fM, 1 M zun, 1 fM, 1 M zun (= 38 M).
4. Rd: 2 fM, 1 M zun, 10 fM, * 2 fM, 1 M zun *, von * bis * noch 2x wdh, 12 fM, 1 M zun, 2 fM, 1 M zun (= 44 M).
Häkle 1 Km in die übernächste M. Schneide den Faden lang ab und ziehe ihn durch die letzte M. Lege das graue Häkelstück mit der Seite der abschließenden Km leicht überlappend auf die Schnauze und nähe es fest. Die Nasenspitze bleibt frei. 10 schwarze M der letzten Rd der Nase bleiben unbedeckt und können somit später behäkelt werden. 9 graue Maschen der äußeren Rd des Bauchs werden genutzt, sodass sie beim späteren Umhäkeln nicht genutzt werden (können), weil ein Teil des Bauchs die Schnauze bedeckt.

KÖRPER (in Schwarz)

Häkle am Stück um Schnauze und Bauch. Beginne mit einer stehenden fM (siehe Seite 15) an der Schnauze, rechts außen an den noch 10 vorhandenen M. Die stehende fM zählt bei der 1. Rd mit. Häkle wie folgt weiter:
1. Rd: 1 M zun, * 1 fM, 1 M zun *, von * bis * noch 3x wdh, häkle ihM um den Bauch ** 6 fM, 1 M zun **, von ** bis ** noch 4x wdh (= 55 M).
2. Rd: * 4 fM, 1 M zun *, von * bis * noch 10x wdh (= 66 M).
3. Rd: * 10 fM, 1 M zun *, von * bis * noch 5x wdh (= 72 M).
4.–9. Rd: 1 fM in jede M der Vor-Rd.
10. Rd: * 10 fM, 1 M abn *, von * bis * noch 5x wdh (= 66 M).
11. Rd: * 9 fM, 1 M abn *, von * bis * noch 5x wdh (= 60 M).
12. Rd: * 8 fM, 1 M abn *, von * bis * noch 5x wdh (= 54 M).
13. Rd: * 7 fM, 1 M abn *, von * bis * noch 5x wdh (= 48 M).
14. Rd: * 6 fM, 1 M abn *, von * bis * noch 5x wdh (= 42 M).

WEITER GEHT'S ➡

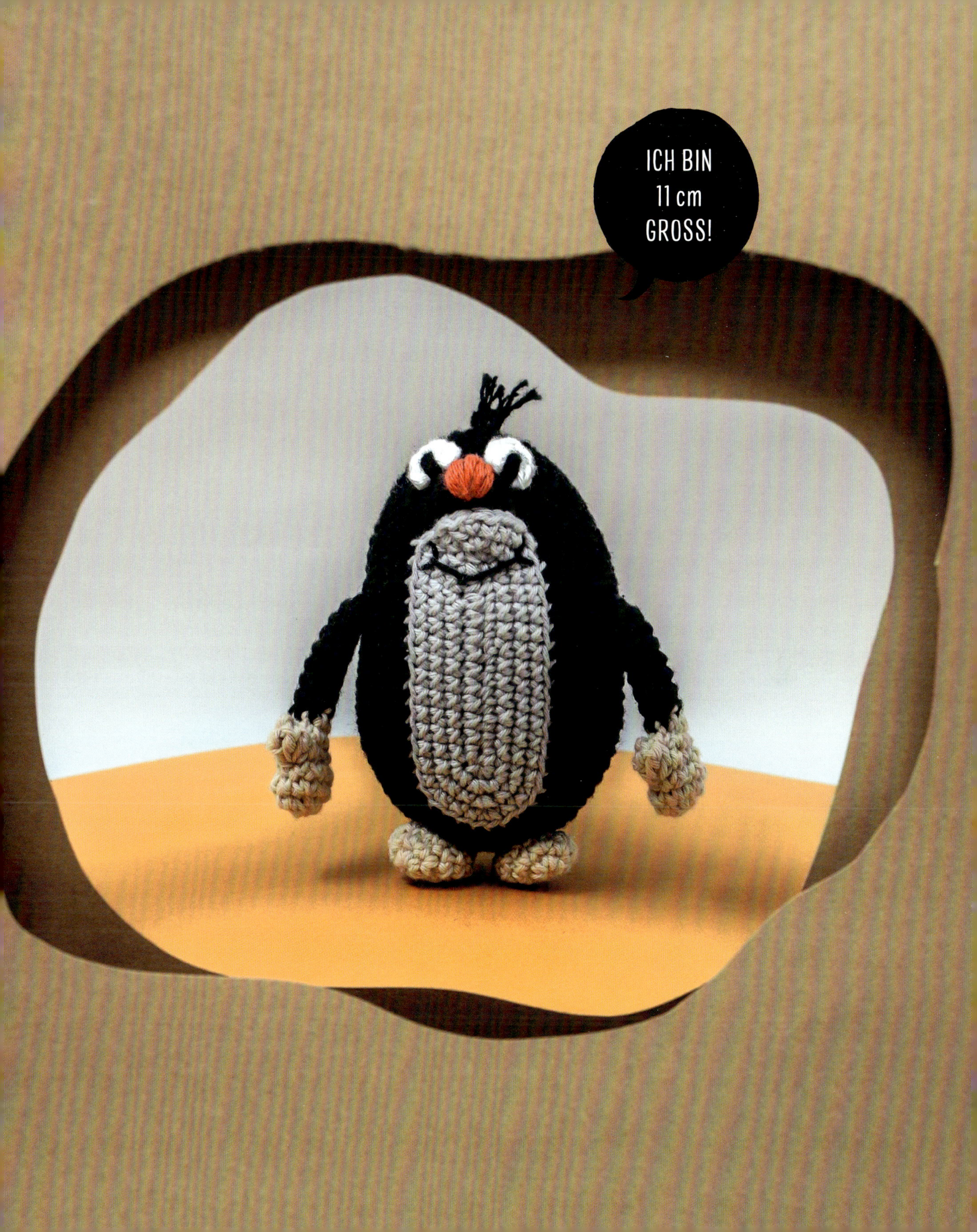
ICH BIN
11 cm
GROSS!

15. Rd: * 5 fM, 1 M abn *, von * bis * noch 5x wdh (= 36 M).
16. Rd: * 4 fM, 1 M abn *, von * bis * noch 5x wdh (= 30 M).
Beginne, den Körper fest mit Füllwatte auszustopfen. Im weiteren Verlauf stopfst du bis zum Schluss immer wieder fest aus.
17. Rd: * 3 fM, 1 M abn *, von * bis * noch 5x wdh (= 24 M).
18. Rd: * 2 fM, 1 M abn *, von * bis * noch 5x wdh (= 18 M).
19. Rd: * 1 fM, 1 M abn *, von * bis * noch 5x wdh (= 12 M).
20. Rd: 6x 1 M abn (= 6 M).
Den Faden lang abschneiden und durch die letzte M ziehen. Mit einer Stopf-Nd und dem Restfaden ivM der letzten Rd weben. Den Faden fest anziehen und somit die Rd schließen.

AUGEN (2x, in Weiß)

4 Lm anschl, in die 2. M von der Nd aus einstechen und wie folgt häkeln: 2 fM, 3 fM in eine M, auf der anderen Seite der Lm-Kette weiterhäkeln mit 2 fM. Den Faden lang abschneiden und durch die letzte M ziehen.
Nähe die Augen über der Nase fest. Sie bedecken die 1. bis 3. Rd des Körpers. Die gerade Kante sitzt unten.

GESICHT (in Schwarz und Rot)

Mit rotem Garn stickst du die Nasenspitze auf. Teile deinen Faden, sodass du nur zwei Stränge des Fadens benutzt. Für die Pupillen und den Mund nimmst du einen langen schwarzen Faden. Sticke erst die Pupillen auf und anschließend den Mund, der sich unter der Nase befindet. Du kannst mit dem Restgarn auch ein paar Strähnen oben auf den Kopf knüpfen.

ARME (2x, in Schwarz und Natur)

Beginne mit Natur.
1. Rd: 6 fM in einen Fadenring häkeln.
2. Rd: 6x 1 M zun (= 12 M).
3. Rd: 1 fM in jede M der Vor-Rd.
4. Rd: * 1 fM, 1 M abn *, von * bis * noch 3x wdh (= 8 M).
5. Rd: Popcorn aus 4 Stb, 7 fM (= 8 M).
6. Rd: 1 fM in jede M der Vor-Rd.
Fb-Wechsel zu Schwarz.
7.–14. Rd: 1 fM in jede M der Vor-Rd.
Schneide den Faden lang ab und ziehe ihn durch die letzte M. Nähe die Arme seitlich an den Körper, unterhalb des Munds. Achte darauf, dass die Daumen nach vorne zeigen.

Mit einem Restfaden in Schwarz kannst du über den Armen die Nd von der einen Seite des Körpers zur anderen so durchstechen und den Faden anziehen, dass der etwas schmalere Hals angedeutet wird.

FÜSSE (2x, in Natur)

1. Rd: 6 fM in einen Fadenring häkeln.
2. Rd: 6x 1 M zun (= 12 M).
3.–5. Rd: 1 fM in jede M der Vor-Rd.
6. Rd: 6x 1 M abn (= 6 M).
Schneide den Faden lang ab und ziehe ihn durch die letzte M. Drücke die Füße flach zusammen und nähe sie so unten an den Körper.

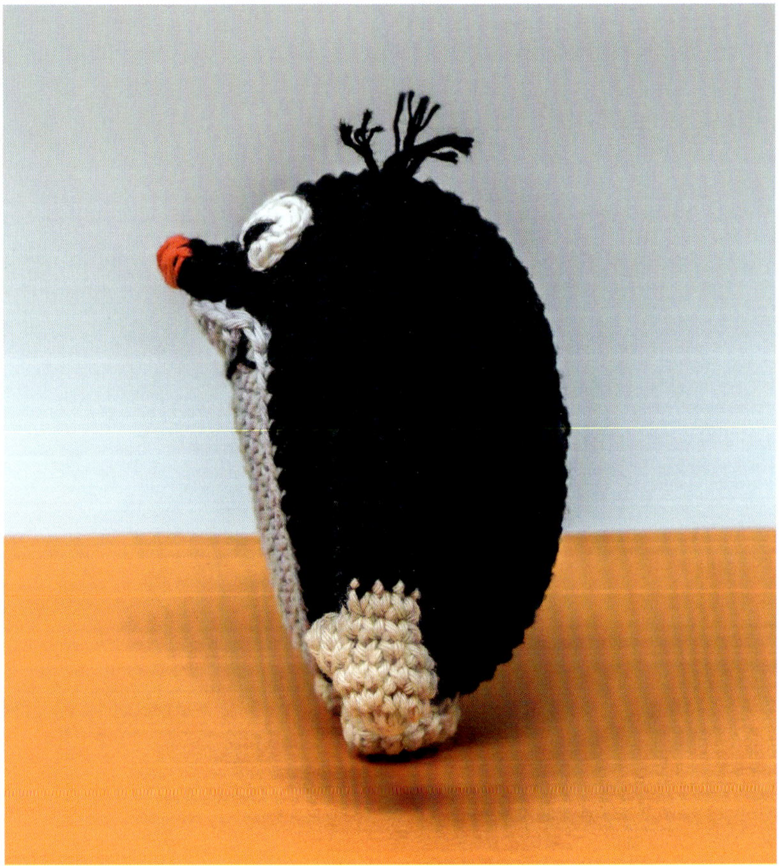

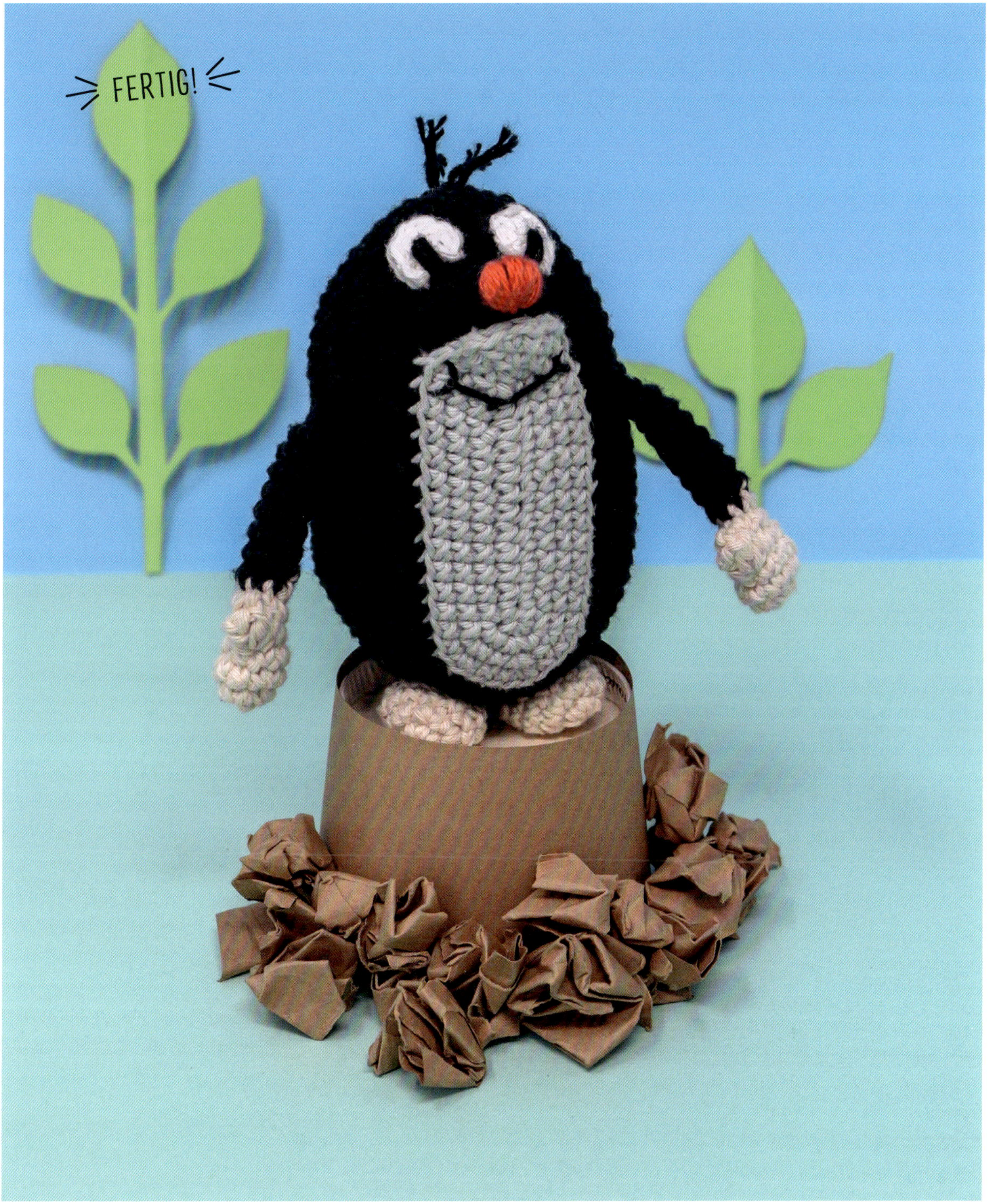
FERTIG!

Kleines blaues WESEN

MATERIAL

- Woll Butt Camilla (100 % Baumwolle, LL 125 m/50 g) in Royal und Weiß, je ca. 25 g, und in Schwarz, einen Rest
- Häkelnadel 2,5 mm
- Füllwatte
- Stopfnadel zum Vernähen

SO WIRD'S GEMACHT

Beine, Körper und Kopf werden am Stück in Spiralrunden gehäkelt. Alle übrigen Teile werden einzeln gehäkelt und angenäht.

BEINE MIT FÜSSEN (2x, in Weiß)

6 Lm anschl, in die 2. M von der Nd aus einstechen und wie folgt häkeln:
1. Rd: 1 M zun, 3 fM, 6 fM in eine M, auf der anderen Seite der Lm-Kette fortfahren mit 3 fM, 1 M zun (= 16 M).
2. Rd: 2x 1 M zun, 3 fM, 6x 1 M zun, 3 fM, 2x 1 M zun (= 26 M).
Häkle 1 Km in die übernächste M und beginne die folgende Rd in derselben M.
3. Rd: 1 fM in jedes hintere M-Glied der Vor-Rd.
4. Rd: 1 fM in jede M der Vor-Rd.
5. Rd: 5 fM, * 2 fM, 1 M abn *, von * bis * noch 3x wdh, 5 fM (= 22 M).
6. Rd: 5 fM, * 1 fM, 1 M abn *, von * bis * noch 3x wdh, 5 fM (= 18 M).
7. Rd: 5 fM, 4x 1 M abn, 5 fM (= 14 M).
8. Rd: 3 fM, 4x 1 M abn, 3 fM (= 10 M).
Stopfe den Fuß fest mit Füllwatte aus.
9.–13. Rd: 1 fM in jede M der Vor-Rd.
Häkle 1 Km in die übernächste M. Den Faden abschneiden, durch die letzte M ziehen und vernähen.
Arbeite ein zweites Bein. Wdh dafür die 1. bis 13. Rd, häkle am Ende jedoch keine Km und schneide den Faden nicht ab. Anschließend werden die Beine miteinander verbunden.
Halte die Beine so, dass die Füße leicht auseinanderzeigen. Häkle für den Körper wie folgt weiter:

KÖRPER (in Weiß und Royal)

14. Rd: 2 Lm, 1 Km (in das erste Bein und achte auf die Fußstellung), 9 fM, 2 fM in die Lm-Kette, 1 Km (in das andere Bein), 9 fM, 2 fM auf der anderen Seite der Lm-Kette (= 24 M).
Setze einen MM in die nächste M. Dies ist nun dein neuer Rd-Beginn.
15. Rd: * 3 fM, 1 M zun *, von * bis * noch 5x wdh (= 30 M).
16. Rd: 1 fM in jede M der Vor-Rd.
17. Rd: * 4 fM, 1 M zun *, von * bis * noch 5x wdh (= 36 M).
18.–20. Rd: 1 fM in jede M der Vor-Rd.
21. Rd: * 4 fM, 1 M abn *, von * bis * noch 5x wdh (= 30 M).
Häkle so viele M weiter entlang des Körpers, bis du zur Mitte des Rückens gelangst. Fb-Wechsel zu Royal.
Setze den MM in die nächste M. Dies ist dein neuer Rd-Beginn.
22. Rd: 1 fM in jedes hintere M-Glied der Vor-Rd.
Stopfe Beine und Körper mit Füllwatte aus. Im weiteren Verlauf stopfst du bis zum Schluss die Figur immer wieder fest aus.
23. Rd: 4 fM, 1 M abn, 8 fM, 1 M abn, 8 fM, 1 M abn, 4 fM (= 27 M).
24. Rd: 1 fM in jede M der Vor-Rd.
25. Rd: * 7 fM, 1 M abn *, von * bis * noch 2x wdh (= 24 M).
26. Rd: 1 fM in jede M der Vor-Rd.
27. Rd: 3 fM, 1 M abn, 6 fM, 1 M abn, 6 fM, 1 M abn, 3 fM (= 21 M).
28. Rd: 1 fM in jede M der Vor-Rd.
29. Rd: * 5 fM, 1 M abn *, von * bis * noch 2x wdh (= 18 M).
30. Rd: 1 fM in jede M der Vor-Rd.
31. Rd: 1 Km in jede M der Vor-Rd.
32. Rd: * 1 fM, 1 M zun *, von * bis * noch 8x wdh (= 27 M).
33. Rd: * 2 fM, 1 M zun *, von * bis * noch 8x wdh (= 36 M).
34. Rd: 1 fM in jede M der Vor-Rd.

WEITER GEHT'S ➜

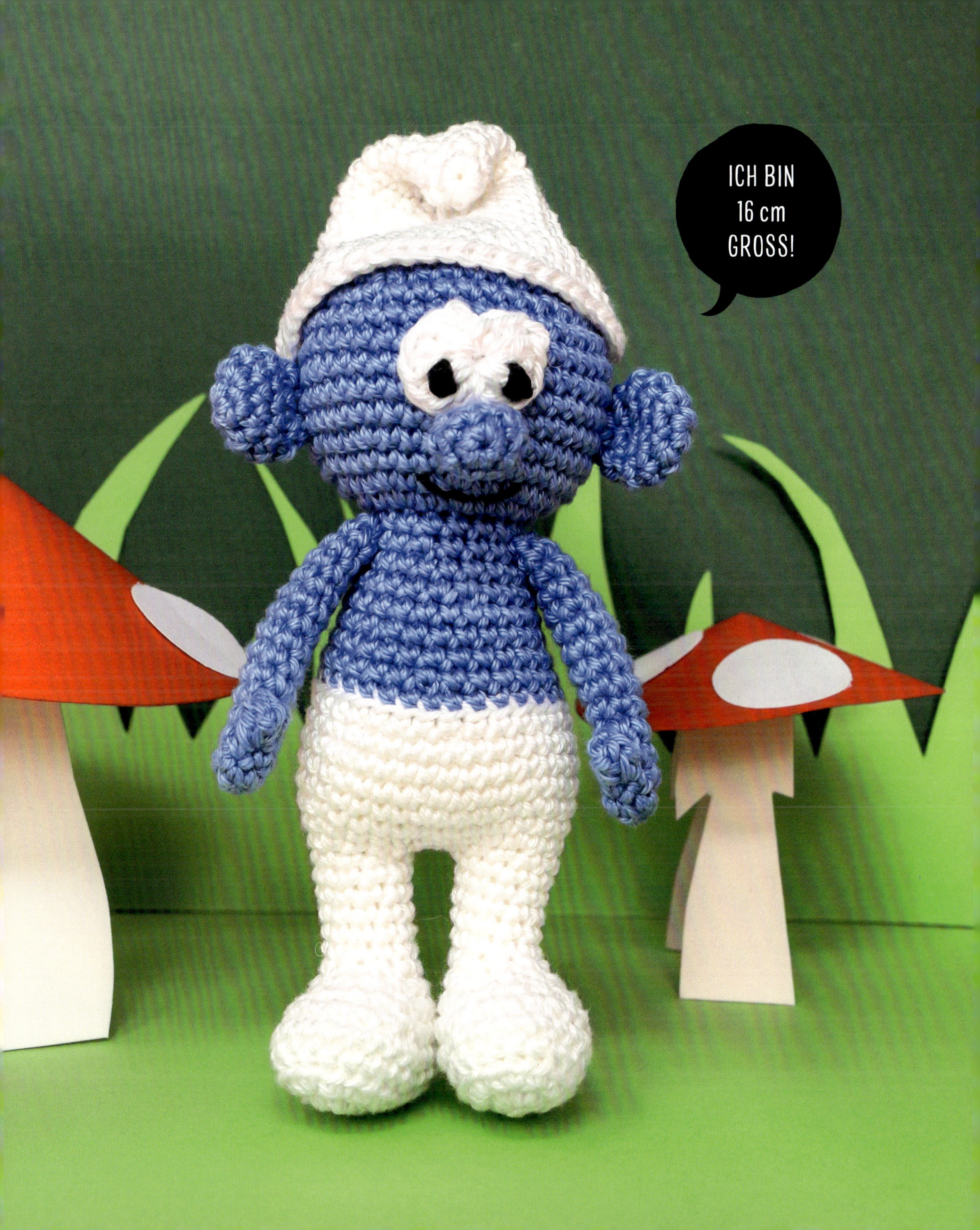
ICH BIN
16 cm
GROSS!

35. Rd: * 3 fM, 1 M zun *, von * bis * noch 8x wdh (= 45 M).
36.–40. Rd: 1 fM in jede M der Vor-Rd.
41. Rd: * 7 fM, 1 M abn *, von * bis * noch 4x wdh (= 40 M).
42. Rd: * 6 fM, 1 M abn *, von * bis * noch 4x wdh (= 35 M).
43. Rd: * 3 fM, 1 M abn *, von * bis * noch 6x wdh (= 28 M).
44. Rd: * 2 fM, 1 M abn *, von * bis * noch 6x wdh (= 21 M).
45. Rd: * 1 fM, 1 M abn *, von * bis * noch 6x wdh (= 14 M).
46. Rd: 7x 1 M abn (= 7 M).
Den Faden lang abschneiden und durch die letzte M ziehen. Mit einer Stopf-Nd und dem Restfaden ivM der letzten Rd weben. Den Faden fest anziehen und somit die Rd schließen.

OHREN (2x, in Royal)

1. Rd: 6 fM in einen Fadenring häkeln.
2. Rd: 6x 1 M zun (= 12 M).
3. und 4. Rd: 1 fM in jede M der Vor-Rd.
5. Rd: 6x 1 M abn (= 6 M).
Häkle 1 Km. Den Faden lang abschneiden, durch die letzte M ziehen und das Ohr flach zusammengedrückt seitlich an den Kopf nähen, über die 36. bis 38. Rd.

MÜTZE (in Weiß)

1. Rd: 6 fM in einen Fadenring häkeln.
2. Rd: 1 fM in jede M der Vor-Rd.
3. Rd: * 1 fM, 1 M zun *, von * bis * noch 2x wdh (= 9 M).
4. Rd: 1 fM in jede M der Vor-Rd.
5. Rd: * 2 fM, 1 M zun *, von * bis * noch 2x wdh (= 12 M).
6. Rd: 1 fM in jede M der Vor-Rd.
7. Rd: * 1 fM, 1 M zun *, von * bis * noch 5x wdh (= 18 M).
8. und 9. Rd: 1 fM in jede M der Vor-Rd.
10. Rd: * 2 fM, 1 M zun *, von * bis * noch 5x wdh (= 24 M).
11. und 12. Rd: 1 fM in jede M der Vor-Rd.
13. Rd: * 3 fM, 1 M zun *, von * bis * noch 5x wdh (= 30 M).
14. und 15. Rd: 1 fM in jede M der Vor-Rd.
16. Rd: * 4 fM, 1 M zun *, von * bis * noch 5x wdh (= 36 M).
17. Rd: * 5 fM, 1 M zun *, von * bis * noch 5x wdh (= 42 M).
18. Rd: * 6 fM, 1 M zun *, von * bis * noch 5x wdh (= 48 M).
19. Rd: 1 fM in jede M der Vor-Rd.
Häkle 1 Km in die übernächste M. Den Faden sehr lang abschneiden und durch die letzte M ziehen.
Nähe die Mütze am Kopf fest.

NASE (in Royal)

1. Rd: 6 fM in einen Fadenring häkeln.
2. Rd: * 1 fM, 1 M zun *, von * bis * noch 2x wdh (= 9 M).
3. Rd: 1 fM in jede M der Vor-Rd.
4. Rd: * 1 fM, 1 M abn *, von * bis * noch 2x wdh (= 6 M).
Häkle 1 Km. Den Faden lang abschneiden, durch die letzte M ziehen und die Nase auf das Gesicht nähen.

AUGEN UND GESICHT (in Weiß und Schwarz)

2 Lm anschl. In die erste Lm häkeln: 1 hStb, 4 Stb, 2 Lm, 1 Km, 2 Lm, 4 Stb, 1 hStb, 1 Lm, 1 Km. Den Faden abschneiden und durch die letzte M ziehen. Nähe das entstandene Augenpaar direkt über die Nase. Sticke mit schwarzem Garn die Pupillen auf. Du kannst dafür den Knötchenstich

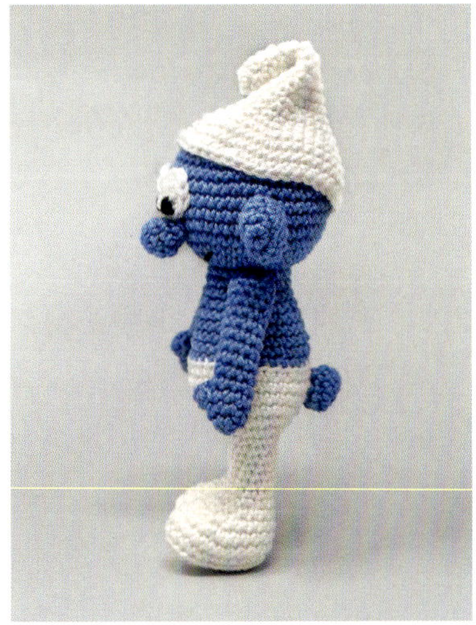

(siehe Seite 21) verwenden. Anschließend stickst du einen kleinen Bogen als Mund unterhalb der Nase auf.

SCHWANZ (in Royal)

1. Rd: 6 fM in einen Fadenring häkeln.
2. Rd: * 1 fM, 1 M zun *, von * bis * noch 2x wdh (= 9 M).
3. Rd: 1 fM in jede M der Vor-Rd.
4. Rd: * 1 fM, 1 M abn *, von * bis * noch 2x wdh (= 6 M).
Häkle 1 Km. Den Faden lang abschneiden, durch die letzte M ziehen und den Schwanz hinten an den Po nähen.

ARME (in Royal)

1. Rd: 6 fM in einen Fadenring häkeln.
2. Rd: 1 M zun, 2 fM, 1 M zun, 2 fM (= 8 M).
3. Rd: 1 fM in jede M der Vor-Rd.
4. Rd: Popcorn aus 3 Stb, 7 fM (= 8 M).
5.–14. Rd: 1 fM in jede M der Vor-Rd.
Häkle 1 Km. Den Faden lang abschneiden, durch die letzte M ziehen und die Arme seitlich an den Oberkörper nähen.

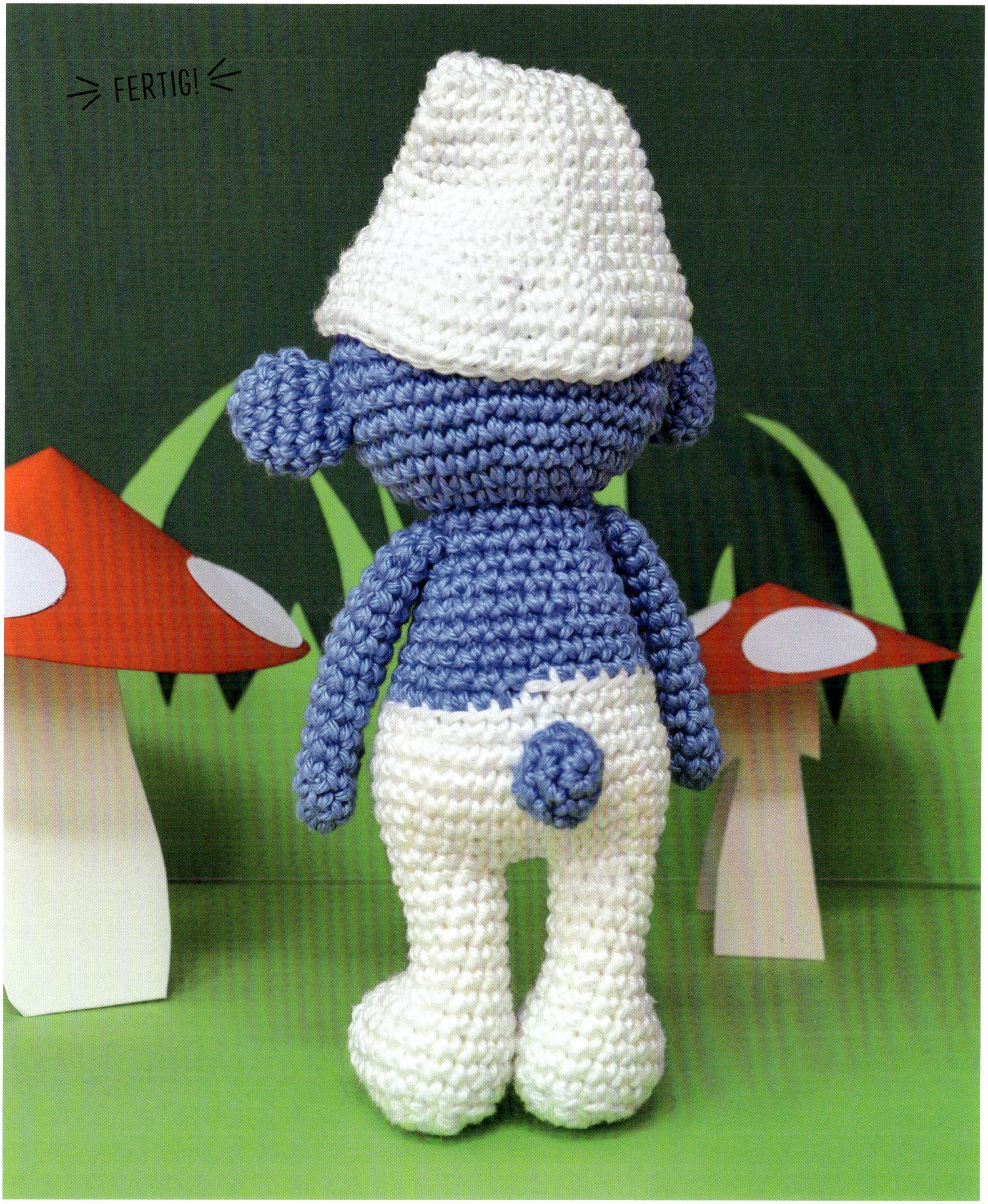
FERTIG!

NETTER BÄR

MATERIAL

- Schachenmayr Catania (100 % Baumwolle, LL 125 m/50 g) in Honig (Fb 206), ca. 25 g, und in Schwarz (Fb 110) und Tomate (Fb 390), je einen Rest
- Häkelnadel 2,5 mm
- Sicherheitsaugen, ∅ 6 mm
- Füllwatte
- Stopfnadel zum Vernähen

SO WIRD'S GEMACHT

Häkel in Spiral-Rd. Kopf und Körper entstehen am Stück. Schnauze, Beine, Arme und Ohren werden einzeln gehäkelt und später angenäht.

KÖRPER UND KOPF
(in Honig und Tomate)

Beginne mit Honig.
1. Rd: 6 fM in einen Fadenring häkeln.
2. Rd: 6x 1 M zun (= 12 M).
3. Rd: * 1 fM, 1 M zun *, von * bis * noch 5x wdh (= 18 M).
4. Rd: * 2 fM, 1 M zun *, von * bis * noch 5x wdh (= 24 M).
5. Rd: * 3 fM, 1 M zun *, von * bis * noch 5x wdh (= 30 M).
6. Rd: * 4 fM, 1 M zun *, von * bis * noch 5x wdh (= 36 M).
7.–12. Rd: 1 fM in jede M der Vor-Rd.
13. Rd: * 4 fM, 1 M abn *, von * bis * noch 5x wdh (= 30 M).
Fb-Wechsel zu Tomate.
14. Rd: 1 Km in jede M der Vor-Rd.
15. Rd: 1 fM in jede M der 13. Rd.
16. Rd: 1 fM in jede M der Vor-Rd.
17. Rd: * 3 fM, 1 M abn *, von * bis * noch 5x wdh (= 24 M).
18. und 19. Rd: 1 fM in jede M der Vor-Rd.
20. Rd: * 2 fM, 1 M abn *, von * bis * noch 5x wdh (= 18 M).
21. und 22. Rd: 1 fM in jede M der Vor-Rd.
Fb-Wechsel zu Honig.
23. Rd: 1 Km in jede M der Vor-Rd.
Stopfe den Körper fest mit Füllwatte aus. Bis zum Schluss stopfst du die Figur immer wieder fest aus.
24. Rd: in die Km der Vor-Rd 4 fM, 3x 1 M zun, 6 fM, 3x 1 M zun, 2 fM (= 24 M).
25. Rd: 4 fM, 6x 1 M zun, 6 fM, 6x 1M zun, 2 fM (= 36 M).
26. Rd: 1 fM in jede M der Vor-Rd.
27. Rd: * 5 fM, 1 M zun *, von * bis * noch 5x wdh (= 42 M).
28.–30. Rd: 1 fM in jede M der Vor-Rd.
31. Rd: * 5 fM, 1 M abn *, von * bis * noch 5x wdh (= 36 M).
32.–37. Rd: 1 fM in jede M der Vor-Rd.
Befestige die Sicherheitsaugen zwischen der 31. und 32. Rd. Zwischen den Augen lässt du 7 M frei.
38. Rd: * 4 fM, 1 M abn *, von * bis * noch 5x wdh (= 30 M).
39. Rd: * 3 fM, 1 M abn *, von * bis * noch 5x wdh (= 24 M).
40. Rd: * 2 fM, 1 M abn *, von * bis * noch 5x wdh (= 18 M).
41. Rd: * 1 fM, 1 M abn *, von * bis * noch 5x wdh (= 12 M).
42. Rd: 6x 1 M abn. (= 6 M).
Den Faden lang abschneiden und durch die letzte M ziehen. Mit einer Stopf-Nd und dem Restfaden ivM der letzten Rd weben. Den Faden fest anziehen, somit die Rd schließen, und den Faden vernähen.

SCHNAUZE (in Honig)

1. Rd: 6 fM in einen Fadenring häkeln.
2. Rd: 6x 1 M zun (= 12 M).
3. Rd: * 2 fM, 1 M zun *, von * bis * noch 3x wdh (= 16 M).
4. Rd: 1 fM in jede M der Vor-Rd.
Häkle 1 Km in die übernächste M. Den Faden lang abschneiden und durch die letzte M ziehen. Stopfe die Schnauze mit Füllwatte aus und nähe sie vorne an den Kopf. Die Schnauze beginnt am Fb-Wechsel des Halses.

WEITER GEHT'S ➡

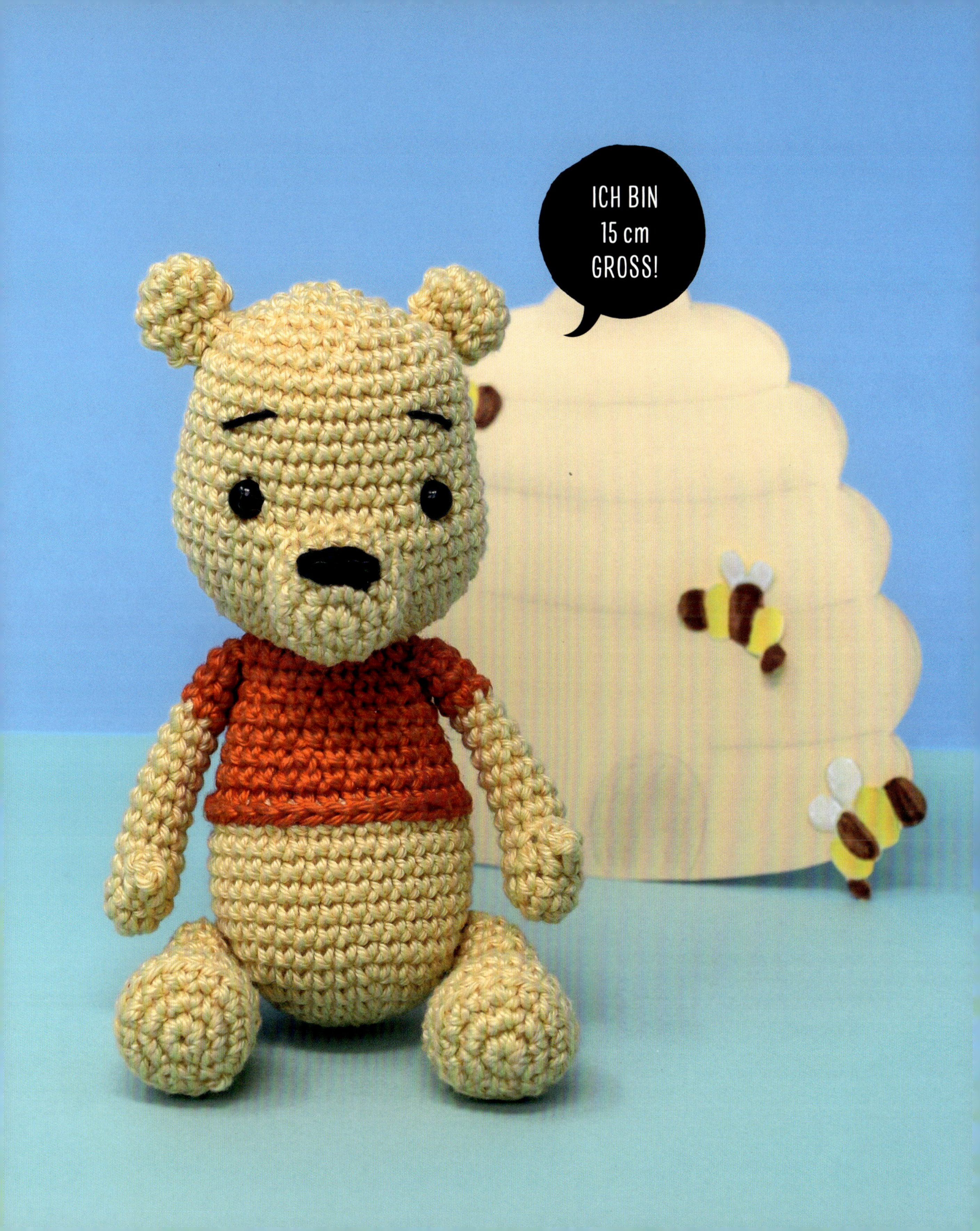
ICH BIN
15 cm
GROSS!

NASE UND GESICHT (in Schwarz)

Die Nase stickst du mit schwarzem Garn auf. Halbiere dafür den Faden, so wird das Ergebnis schöner. Für die Nase stichst du mehrmals den Faden quer über mehrere M hinweg. Im Anschluss daran kannst du die Augenbrauen aufsticken.

BEINE (2x, in Honig)

1. Rd: 6 fM in einen Fadenring häkeln.
2. Rd: 6x 1 M zun (= 12 M).
3. Rd: * 1 fM, 1 M zun *, von * bis * noch 5x wdh (= 18 M).
Häkle 1 Km in die übernächste M und beginne die folgende Rd in derselben M.
4. Rd: 1 fM in jedes hintere M-Glied der Vor-Rd.
5. und 6. Rd: 1 fM in jede M der Vor-Rd.
7. Rd: 3 fM, * 1 fM, 1 M abn *, von * bis * noch 3x wdh, 3 fM (= 14 M).
8. Rd: 3 fM, 4x 1 M abn, 3 fM (= 10 M).
9. und 10. Rd: 1 fM in jede M der Vor-Rd.
11. Rd: 4 fM, 1 M zun, 4 fM, 1 M zun (= 12 M).
12.–14. Rd: 1 fM in jede M der Vor-Rd.
Stopfe das Bein fest mit Füllwatte aus. Den Faden lang abschneiden und durch die letzte M ziehen. Mit einer Stopf-Nd und dem Restfaden ivM der letzten Rd weben. Den Faden fest anziehen und somit die Rd schließen. Anschließend die Beine unten am Körper seitlich annähen. Die Fußspitzen sollen nach vorne zeigen.

ARME (2x, in Honig und Tomate)

Beginne mit Honig.
1. Rd: 6 fM in einen Fadenring häkeln.
2. Rd: * 1 M zun, 1 fM *, von * bis * noch 2x wdh (= 9 M).
3. Rd: 1 fM in jede M der Vor-Rd.
4. Rd: Popcorn aus 3 Stb, 3 fM, 1 M abn, 3 fM (= 8 M).
5.–11. Rd: 1 fM in jede M der Vor-Rd.
Fb-Wechsel zu Tomate.
12.–14. Rd: 1 fM in jede M der Vor-Rd.
Häkle 1 Km. Den Faden lang abschneiden und durch die letzte M ziehen. Stopfe den Arm bis zur Hälfte mit Füllwatte aus. Drücke das offene Ende flach zusammen, der Daumen zeigt nach vorn, und nähe so die Arme seitlich an den Körper zwischen die 21. und 22. Rd.

OHREN (2x, in Honig)

1. Rd: 6 fM in einen Fadenring häkeln.
2. Rd: 6x 1 M zun (= 12 M).
3. Rd: 1 fM in jede M der Vor-Rd.
4. Rd: 6x 1 M abn (= 6 M).
Häkle 1 Km. Den Faden lang abschneiden und durch die letzte M ziehen. Drücke das Ohr flach zusammen und nähe es mit dem offenen Ende oben seitlich an den Kopf, mit etwa 4 Rd Abstand zum Scheitel.

SCHWANZ (in Honig)

1. Rd: 6 fM in einen Fadenring häkeln.
2. Rd: 6x 1 M zun (= 12 M).
3. Rd: 1 fM in jede M der Vor-Rd.
4. Rd: 6x 1 M abn (= 6 M).
Häkle 1 Km. Den Faden lang abschneiden und durch die letzte M ziehen. Nähe den Schwanz hinten an den Po, sodass die Kugelform erhalten bleibt.

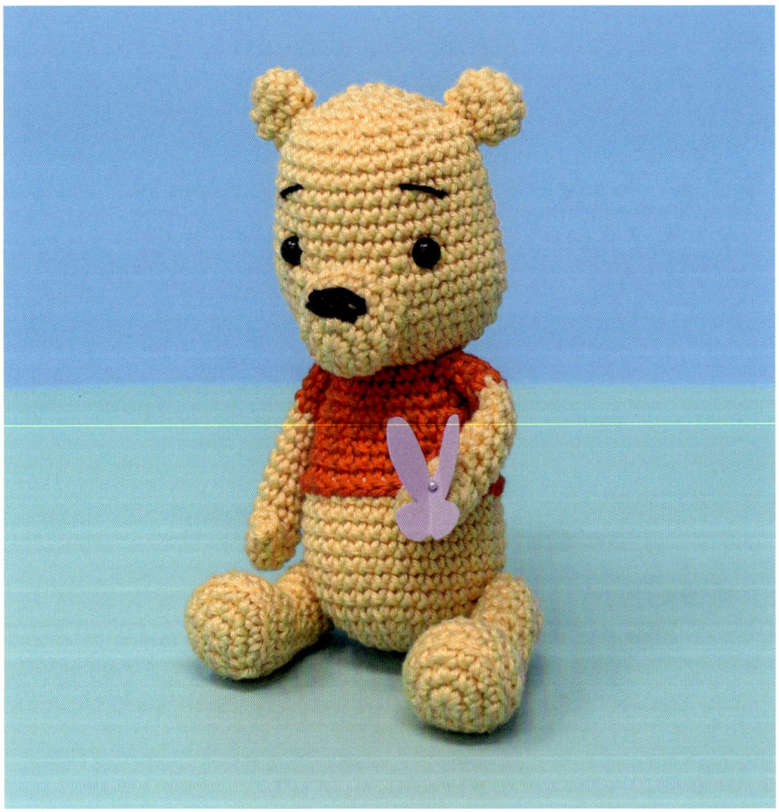

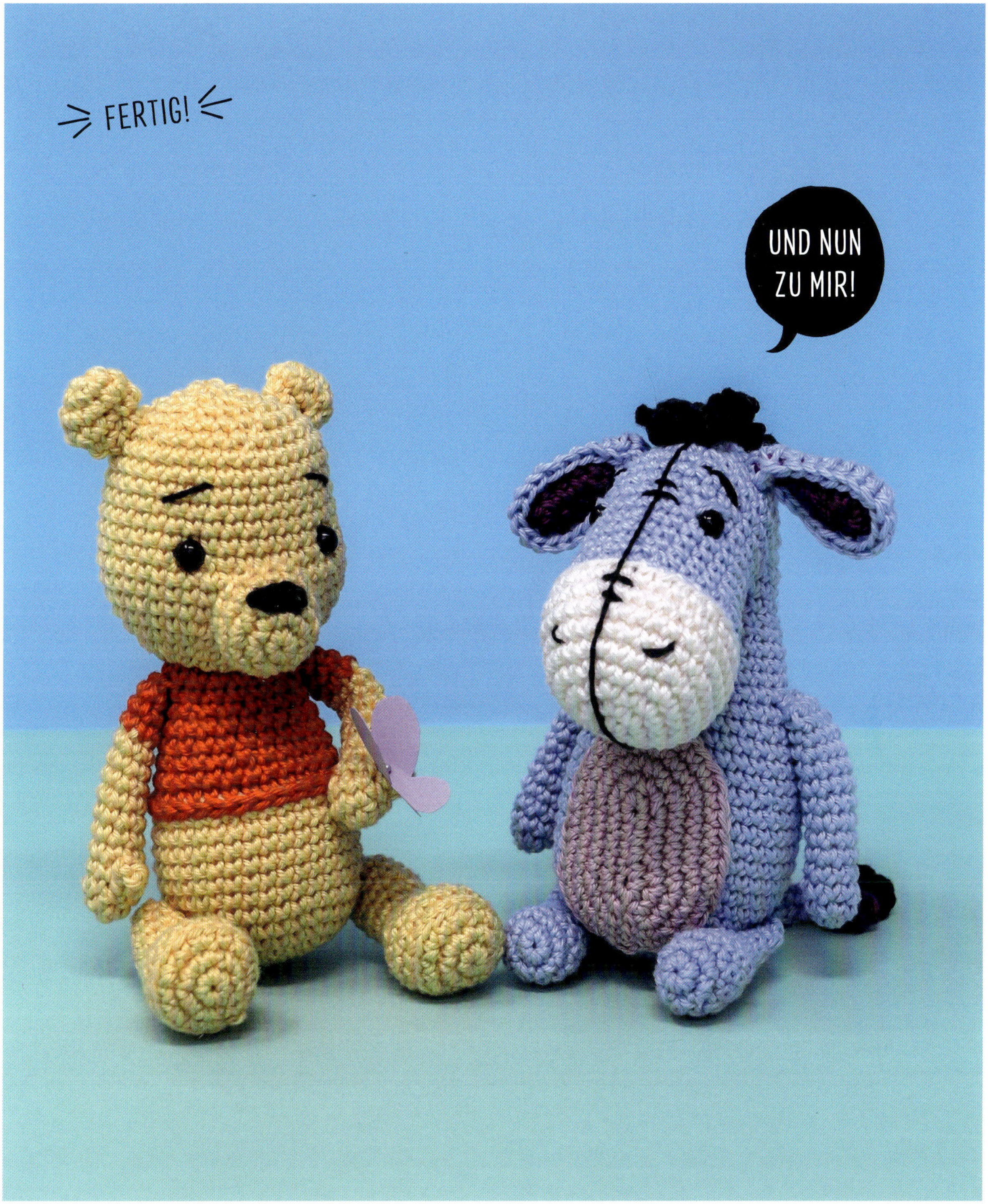
FERTIG!
UND NUN ZU MIR!

Trauriger ESEL

MATERIAL

- Schachenmayr Catania (100 % Baumwolle, LL 125 m/50 g) in Serenity (Fb 180), 25 g, in Schwarz (Fb 110), Crème (Fb 130), Fuchsia (Fb 128) und Vintage (Fb 423,) je einen Rest
- Häkelnadel 2,5 mm
- Sicherheitsaugen, ∅ 6 mm
- Füllwatte
- Stopfnadel zum Vernähen

SO WIRD'S GEMACHT

Kopf und Körper werden am Stück in Spiralrunden gehäkelt. Arme, Beine und Bauch werden einzeln in Spiralrunden gehäkelt. Schwanz, Mähne Ohren und Schleife werden ebenfalls einzeln gehäkelt und später angenäht.

KÖRPER (in Serenity)

1. Rd: 6 fM in einen Fadenring häkeln.
2. Rd: 6x 1 M zun (= 12 M).
3. Rd: * 1 fM, 1 M zun *, von * bis * noch 5x wdh (= 18 M).
4. Rd: * 2 fM, 1 M zun *, von * bis* noch 5x wdh (= 24 M).
5. Rd: * 3 fM, 1 M zun *, von * bis * noch 5x wdh (= 30 M).
6. Rd: * 4 fM, 1 M zun *, von * bis * noch 5x wdh (= 36 M).
7. und 8. Rd: 1 fM in jede M der Vor-Rd.
9. Rd: * 5 fM, 1 M zun *, von * bis * noch 5x wdh (= 42 M).
10. und 11. Rd: 1 fM in jede M der Vor-Rd.
12. Rd: * 12 fM, 1 M abn *, von * bis * noch 2x wdh (= 39 M).
13. und 14. Rd: 1 fM in jede M der Vor-Rd.
15. Rd: * 11 fM, 1 M abn *, von * bis * noch 2x wdh (= 36 M).
16. und 17. Rd: 1 fM in jede M der Vor-Rd.
18. Rd: * 10 fM, 1 M abn *, von * bis * noch 2x wdh (= 33 M).
19. und 20. Rd: 1 fM in jede M der Vor-Rd.
21. Rd: * 9 fM, 1 M abn *, von * bis * noch 2x wdh (= 30 M).
22. Rd: * 3 fM, 1 M abn *, von * bis * noch 5x wdh (= 24 M).
23. und 24. Rd: 1 fM in jede M der Vor-Rd.
25. Rd: * 2 fM, 1 M abn *, von * bis * noch 5x wdh (= 18 M).
26. Rd: 1 fM in jede M der Vor-Rd.
Häkle 1 Km in die übernächste M. Den Faden abschneiden, durch die letzte M ziehen und vernähen. Stopfe den Körper fest mit Füllwatte aus.

SCHNAUZE UND KOPF (in Crème und Serenity)

Beginne mit Crème.
1. Rd: 6 fM in einen Fadenring häkeln.
2. Rd: 6x 1 M zun (= 12 M).
3. Rd: * 1 fM, 1 M zun *, von * bis * noch 5x wdh (= 18 M).
4. Rd: * 2 fM, 1 M zun *, von * bis * noch 5x wdh (= 24 M).
5. Rd: * 3 fM, 1 M zun *, von * bis * noch 5x wdh (= 30 M).
6. Rd: 1 fM in jede M der Vor-Rd.
7. Rd: * 4 fM, 1 M zun *, von * bis * noch 5x wdh (= 36 M).
8. Rd: 1 fM in jede M der Vor-Rd.
9. Rd: * 4 fM, 1 M abn *, von * bis * noch 5x wdh (= 30 M).
Fb-Wechsel zu Serenity.
10. Rd: 1 fM in jedes hintere M-Glied der Vor-Rd .
11. Rd: * 3 fM, 1 M abn *, von * bis * noch 5x wdh (= 24 M).
12.–14. Rd: 1 fM in jede M der Vor-Rd.
Nun den Körper vor die Schnauze halten und beide mit 3 Km zus häkeln. Anschließend direkt entlang der Schnauze weiterhäkeln, so entsteht der Kopf.
15. Rd: 21 fM entlang der Schnauze und 15 fM entlang des Körpers häkeln (= 36 M).

WEITER GEHT'S ➡

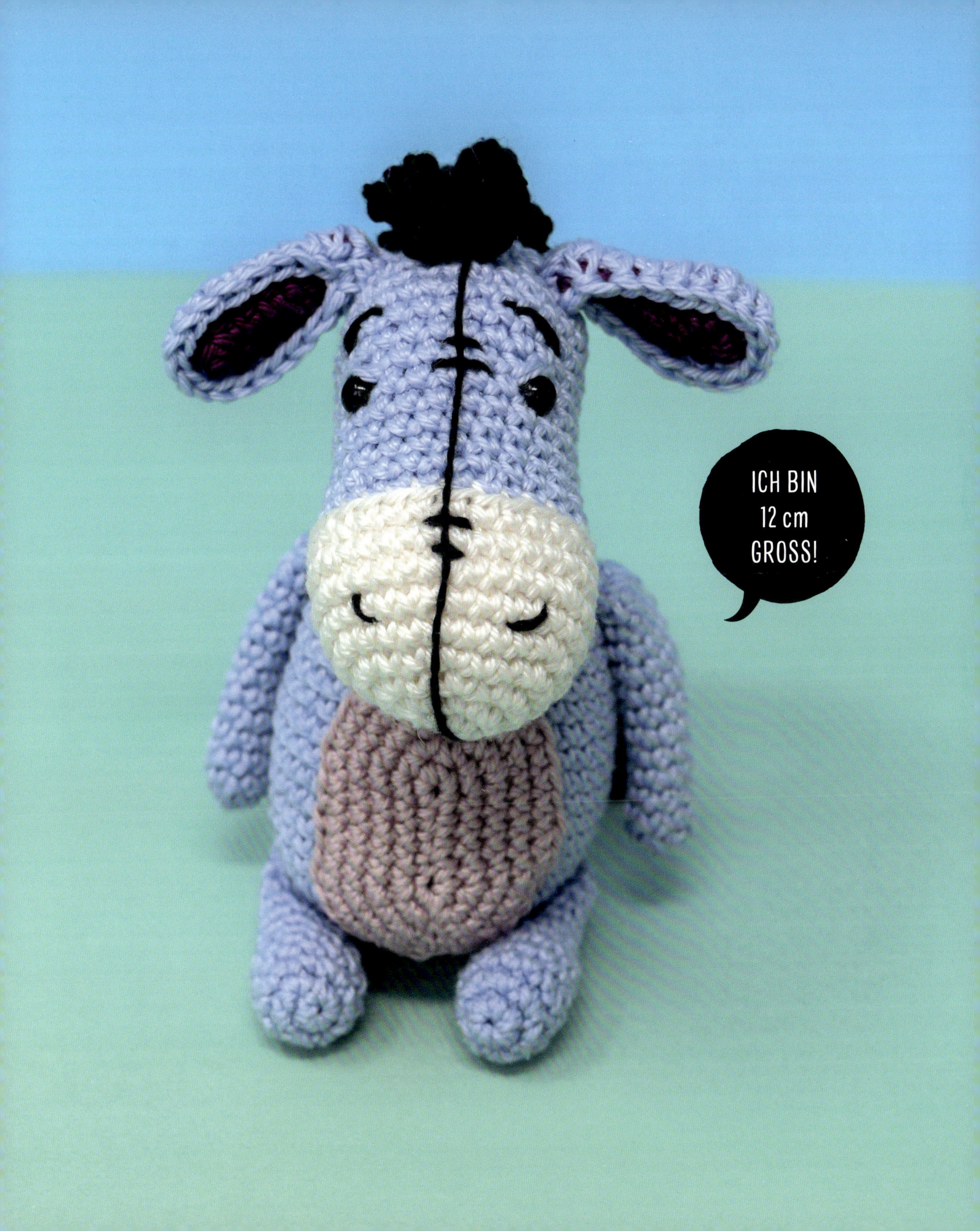
ICH BIN
12 cm
GROSS!

16.–19. Rd: 1 fM in jede M der Vor-Rd. Befestige die Augen zwischen der 15. und 16. Rd mit 6 M Abstand zueinander. Anschließend kannst du beginnen, den Kopf auszustopfen. Im weiteren Verlauf stopfst du bis zum Schluss immer wieder fest aus.
20. Rd: * 4 fM, 1 M abn *, von * bis * noch 5x wdh (= 30 M).
21. Rd: * 3 fM, 1 M abn *, von * bis * noch 5x wdh (= 24 M).
22. Rd: * 2 fM, 1 M abn *, von * bis * noch 5x wdh (= 18 M).
23. Rd: * 1 fM, 1 M abn *, von * bis * noch 5x wdh (= 12 M).
24. Rd: 6x 1 M abn (= 6 M).
Den Faden lang abschneiden und vollständig durch die letzte M ziehen. Mit einer Stopf-Nd und dem Restfaden ivM der letzten Rd weben. Den Faden fest anziehen und somit die Rd schließen. Anschließend kannst du mit dem Restfaden noch die müde wirkenden Augenlider direkt über den Augen aufsticken.

BAUCH (in Vintage)

Häkle um eine Lm-Kette herum. 6 Lm anschl, in die 2. M von der Nd aus einstechen und wie folgt häkeln:
1. Rd: 1 M zun, 3 fM, 4 fM in eine M, 3 fM, 1 M zun (= 14 M).
2. Rd: 2x 1 M zun, 3 fM, 4x 1 M zun, 3 fM, 2x 1 M zun (= 22 M).
3. Rd: 1 fM, 1 M zun, 1 fM, 1 M zun, 3 fM, * 1 fM, 1 M zun *, von * bis * noch 3x wdh, 4 fM, 1 M zun, 1 fM, 1 M zun (= 30 M).
4. Rd: 2 fM, 1 M zun, 2 fM, 1 M zun, 3 fM, * 2 fM, 1 M zun *, von * bis * noch 3x wdh, 5 fM, 1 M zun, 2 fM, 1 M zun (= 38 M).
5. Rd: 1 fM in jede M der Vor-Rd. Häkle 1 Km in die übernächste M. Den Faden lang abschneiden und durch die letzte M ziehen. Nähe den Bauch hochkant vorne an den Körper.

BEINE (2x, in Serenity)

1. Rd: 6 fM in einen Fadenring häkeln.
2. Rd: 6x 1 M zun (= 12 M).
3.–5. Rd: 1 fM in jede M der Vor-Rd.
6. Rd: * 2 fM, 1 M abn *, von * bis * noch 2x wdh (= 9 M).
7.–11. Rd: 1 fM in jede M der Vor-Rd. Stopfe das Bein mit Füllwatte aus und verschließe es oben mit 4 fM. Den Faden lang abschneiden und durch die letzte M ziehen. Nähe die Beine unten an den Körper, sodass dein Esel auch sitzen kann.

ARME (2x, in Serenity)

1. Rd: 6 fM in einen Fadenring häkeln.
2. Rd: * 1 fM, 1 M zun *, von * bis * noch 2x wdh (= 9 M).
3.–13. Rd: 1 fM in jede M der Vor-Rd. Verschließe den Arm oben mit 4 fM. Den Faden lang abschneiden und vollständig durch die letzte M ziehen. Nähe die Arme seitlich an den Körper.

SCHWANZ (in Schwarz und Serenity)

Beginne mit Schwarz. Häkle wie folgt in einen Fadenring: 1 hStb, 1 Stb, 1 DStb, 1 Lm anschl, 1 DStb, 1 Stb, 1 hStb. Fb-Wechsel zu Serenity und im Fadenring weiterhäkeln: 2 fM. Anschließend 1 Wende-Lm häkeln. Ab jetzt in R weiterhäkeln. Jede R endet mit einer Wende-Lm.

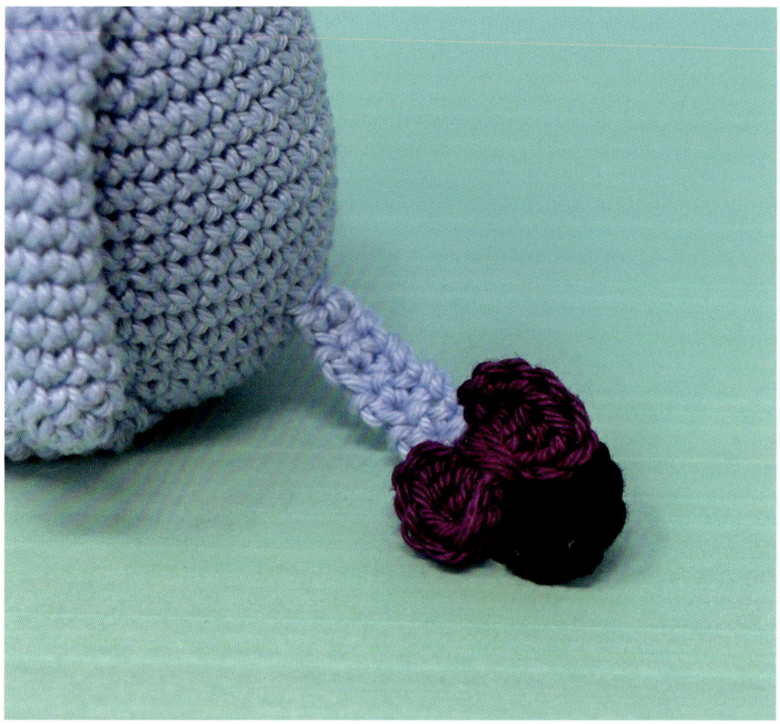

1.–10. R: 2 fM.
Den Faden lang abschneiden, durch die letzte M ziehen und den Schwanz an den Po nähen.

SCHLEIFE (in Fuchsia)

Häkle wie folgt in einen Fadenring: * 3 Lm, 3 Stb, 3 Lm, 1 Km *, von * bis * noch 1x wdh, anschließend festziehen. Den Faden lang abschneiden, durch die letzte M ziehen und ein paarmal um die Schleife wickeln, um den Schleifenknoten anzudeuten. Danach die Schleife auf den Schwanz direkt auf den Fb-Wechsel nähen.

MÄHNE (in Schwarz)

Für die Mähne * 6 Lm anschl, in die 1. Lm 1 Km häkeln *, von * bis * noch 20x wdh. Den Faden lang abschneiden und durch die letzte M ziehen. Lege die Mähne S-förmig zusammen, fixiere sie mit ein paar Stichen und nähe sie anschließend aufrecht auf Kopf und Hals.

GESICHT (in Schwarz)

Teile einen langen schwarzen Faden, sodass er nur noch aus 2 Einzelfäden besteht, und besticke Schnauze und Kopf für die angedeutete Nahtstelle, die Nüstern und die Augenbrauen.

OHREN (2x, pro Ohr je 1x Serenity und 1x Fuchsia)

Ein Ohr besteht aus Außen- und Innenohr. Beginne mit dem Innenohr.

Innenohr (in Fuchsia)

7 Lm anschl, in die 2. M von der Nd aus einstechen und wie folgt häkeln: 3 fM, 2 hStb, 5 hStb in eine M, auf der anderen Seite der Lm-Kette fortfahren mit 2 hStb, 3 fM. Den Faden abschneiden, vollständig durch die letzte M ziehen und vernähen.

Außenohr (in Serenity)

7 Lm anschl, in die 2. M von der Nd aus einstechen und wie folgt häkeln: 3 fM, 2 hStb, 5 hStb in eine M, auf der anderen Seite der Lm-Kette fortfahren mit 2 hStb, 3 fM, 1 Wende-Lm. Lege das Innenohr auf das Außenohr und häkle nun um beide Teile gleichzeitig herum mit 5 fM, 5x 1 M zun, 5 fM.
Den Faden lang abschneiden und vollständig durch die letzte M ziehen. Klappe das Ohr längs zusammen und nähe es in der Flucht der Augen und gleichzeitig neben der Mähne an.

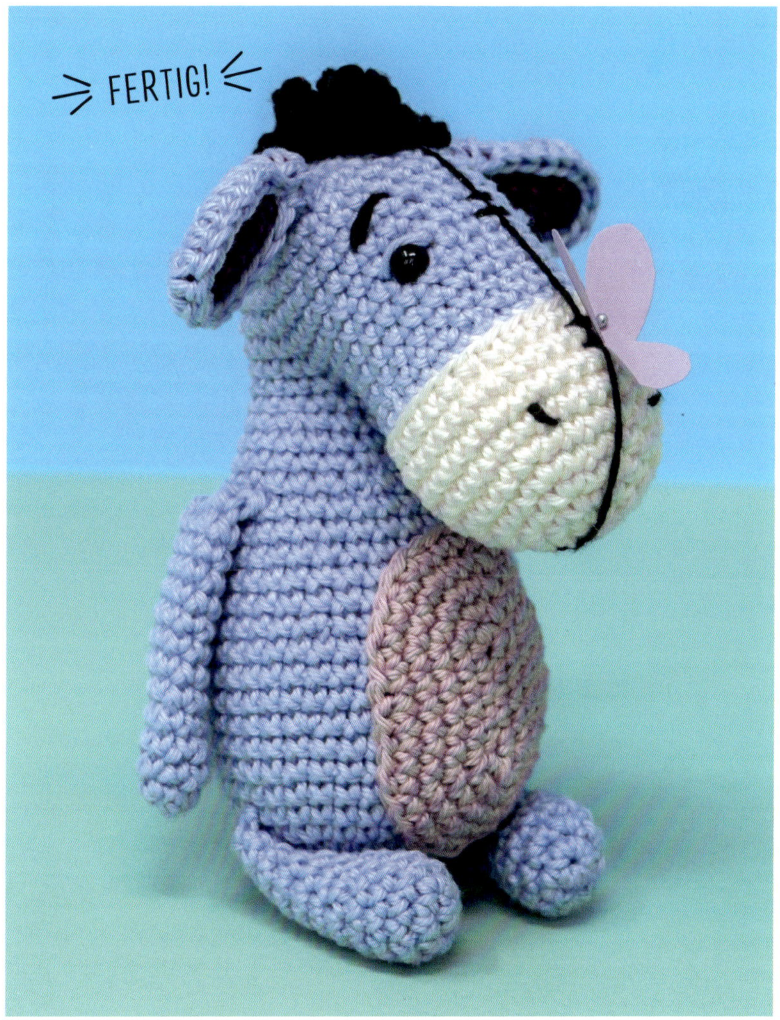

Noch mehr TOLLE BÜCHER!

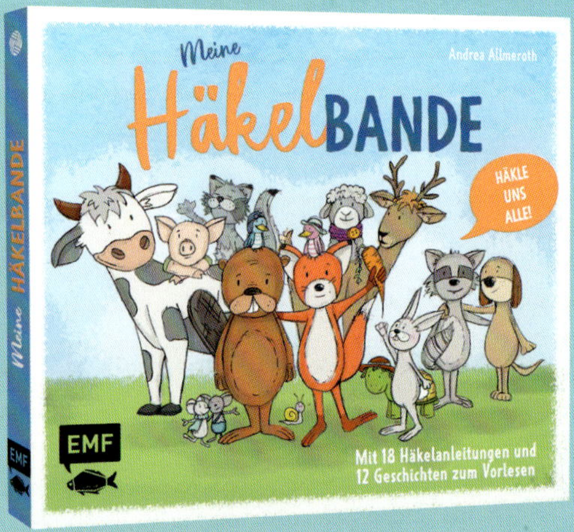

MEINE HÄKELBANDE
ISBN 978-3-96093-590-2
€ 16,99 (D); € 17,50 (A)

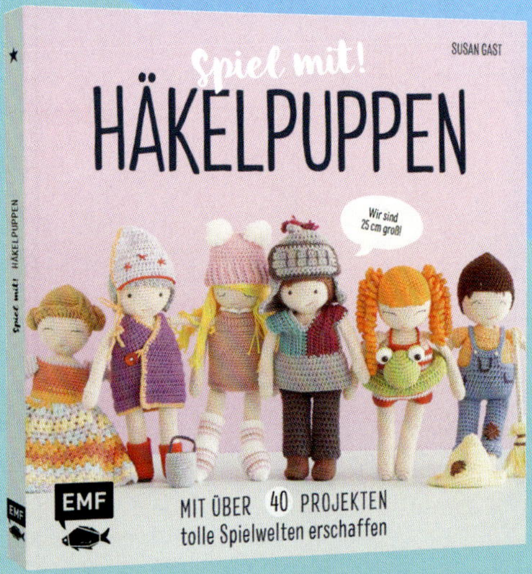

SPIEL MIT! HÄKELPUPPEN
ISBN 978-3-96093-255-0
€ 14,99 (D); € 15,50 (A)

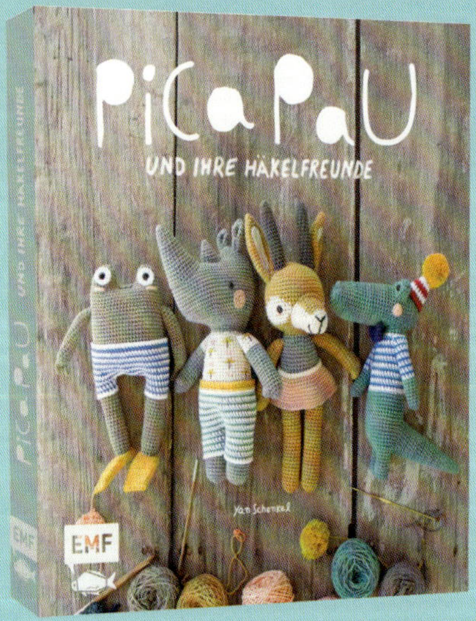

PICA PAU UND IHRE HÄKELFREUNDE
ISBN 978-3-86355-876-5
€ 16,99 (D); € 17,50 (A)

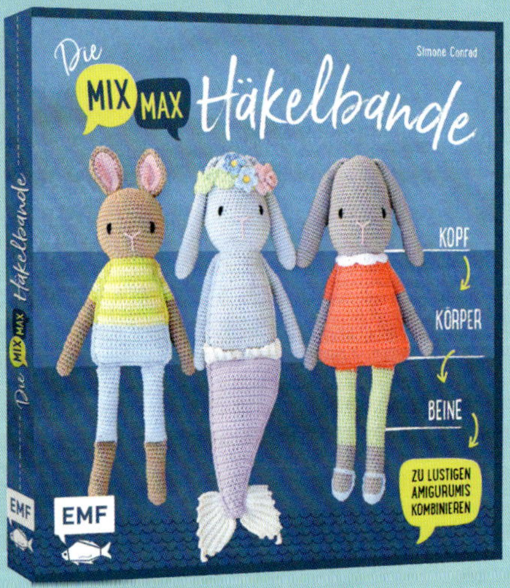

DIE MIX-MAX-HÄKELBANDE
ISBN 978-3-96093-247-5
€ 16,99 (D); € 17,50 (A)

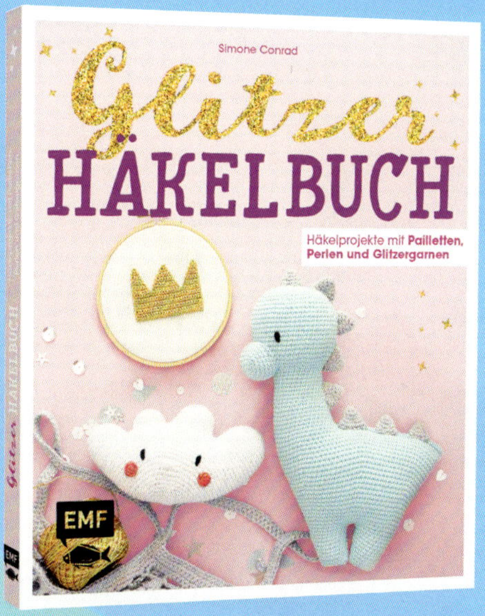

DAS GLITZER-HÄKELBUCH
ISBN 978-3-96093-486-8
€ 14,99 (D); € 15,50 (A)

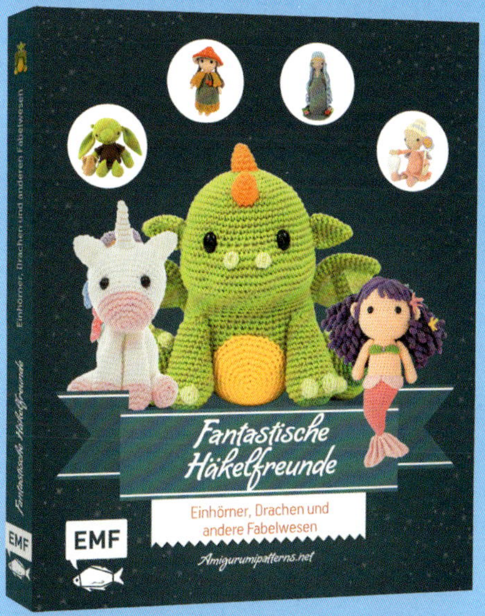

FANTASTISCHE HÄKELFREUNDE
ISBN 978-3-96093-427-1
€ 12,99 (D); € 13,40 (A)

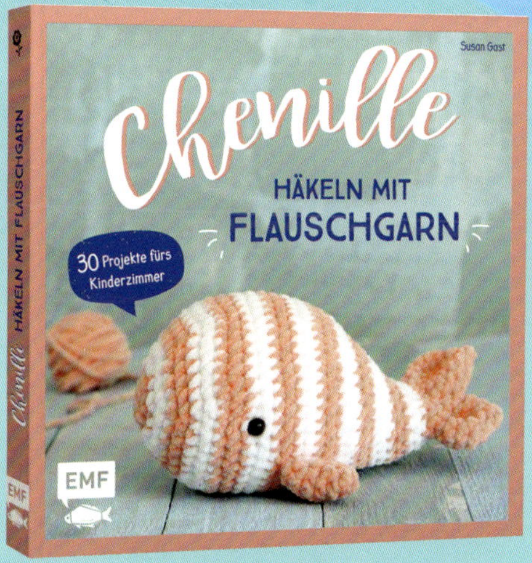

CHENILLE – HÄKELN MIT FLAUSCHGARN
ISBN 978-3-96093-029-7
€ 14,99 (D); € 15,50 (A)

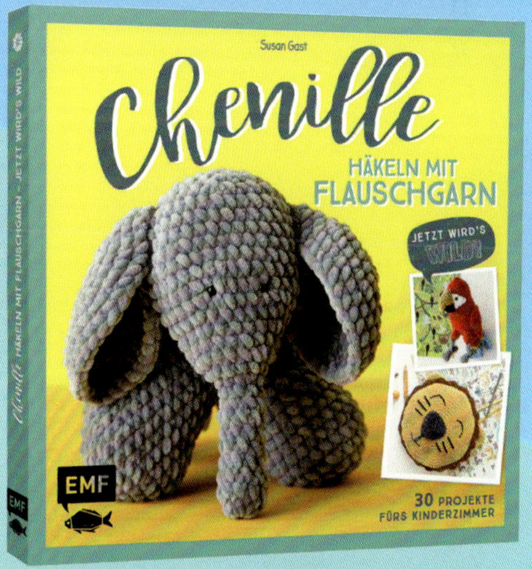

CHENILLE – HÄKELN MIT FLAUSCHGARN: JETZT WIRD'S WILD!
ISBN 978-3-96093-245-1
€ 14,99 (D); € 15,50 (A)

IMPRESSUM

Bibliografische Information der Deutschen Bibliothek.

Die Deutsche Bibliothek verzeichnet diese Publikation in der Deutschen Nationalbibliografie.

Detaillierte bibliografische Daten sind im Internet über
http://www.dnb.de/ abrufbar.

EIN BUCH DER EDITION MICHAEL FISCHER

4. Auflage 2020

Covergestaltung, Layout und Satz: Silvia Keller

Redaktion und Lektorat: Anja Sommerfeld

Bilder: Sophie Kirschbaum

Illustrationen: Shutterstock: © memej (S. 1, 46–47, 54, 74, 82, 86, 93–94, 110), © H Art (S. 1, 47–49, 70), © mhatzapa (S. 1, 74, 93–94, 100, 104, 110, 114, 126, 138), © Franzi (S. 1, 78–79, 93–94, 100, 118–119), © Pravdinal (S. 1, 93, 100), © Nikolaeva (S. 25–26, 138), © AuraArt (S. 25, 30), © owatta (S. 25, 34), © movaliz (S. 25, 42, 47, 58, 62–63), © Wanchana365 (S. 66, 93, 114, 134), © Evgeniya Mokeeva (S. 74, 114–115, 122), © JuliJuli (S. 78), © WINS86 (S. 93, 118, 134), © lineartestpilot (S. 93, 126), © LHF Graphics (S. 93, 128), © redchocolate (S. 114, 122), © Larisa Rusina (S. 130)

ISBN 978-3-96093-591-9

Gedruckt bei Polygraf Print, Čapajevova 44, 08001 Prešov, Slowakei

www.emf-verlag.de